Michel Pinçon
Monique Pinçon-Charlot

Tentative d'évasion (fiscale)

Zones

Des mêmes auteurs

Dans les beaux quartiers, Paris, Seuil, « L'épreuve des faits », 1989 (réédition 2001).

Quartiers bourgeois, quartiers d'affaires, Paris, Payot, « Documents », 1992.

La Chasse à courre, ses rites et ses enjeux, Paris, Payot, « Documents », 1993 (réédition dans la « Petite bibliothèque Payot », 1996 et 2003).

Grandes Fortunes. Dynasties familiales et formes de richesse en France, Paris, Payot, « Documents », 1996 (rééditions dans la « Petite bibliothèque Payot », 1998 et 2006).

Voyage en grande bourgeoisie. Journal d'enquête, Paris, PUF, « Sciences sociales et sociétés », 1997 (rééditions dans la collection « Quadrige », 2002 et 2005).

Les Rothschild. Une famille bien ordonnée, Paris, La Dispute, « Instants », 1998.

Nouveaux Patrons, nouvelles dynasties, Paris, Calmann-Lévy, 1999.

Sociologie de la bourgeoisie, Paris, La Découverte, « Repères », 2000, 2003 et 2007.

Paris mosaïque. Promenades urbaines, Paris, Calmann-Lévy, 2001.

Justice et politique : le cas Pinochet, Paris, Syllepse, 2003.

Sociologie de Paris, Paris, La Découverte, « Repères », 2004, 2008 et 2014.

Châteaux et Châtelains. Les siècles passent, le symbole demeure, Paris, Anne Carrière, 2005.

Les Ghettos du Gotha. Comment la bourgeoisie défend ses espaces, Paris, Seuil, 2007 (réédition chez « Points », Paris, 2010).

Paris. Quinze promenades sociologiques, Paris, Payot, 2009 (réédition dans la « Petite bibliothèque Payot », 2013).

Les Millionnaires de la chance. Rêve et réalité, Paris, Payot, 2010 (réédition dans la « Petite bibliothèque Payot », 2012).

Le Président des riches. Enquête sur l'oligarchie dans la France de Nicolas Sarkozy, Paris, Zones, 2010 (Paris, La Découverte, « Poche/Essais », 2011, nouvelle édition).

L'Argent sans foi ni loi. Conversation avec Régis Meyran, Paris, Textuel, 2012.

La Violence des riches. Chronique d'une immense casse sociale, Paris, Zones, 2013 (Paris, La Découverte, « Poche », 2014, nouvelle édition).

En collaboration

avec Marion Montaigne, *Riche, pourquoi pas toi ?*, Paris, Dargaud, 2013.

avec Étienne Lécroart, *Pourquoi les riches sont-ils de plus en plus riches et les pauvres de plus en plus pauvres ?*, Montreuil, La Ville brûle, 2014.

avec Pascal Lemaître, *C'est quoi être riche ?*, La Tour-d'Aigues, L'Aube, « Les grands entretiens d'Émile », 2015.

REMERCIEMENTS

Ce livre n'aurait pu aboutir sans l'aide généreuse, mais souvent anonyme, de ceux et celles qui ont accepté de témoigner. Nous les remercions infiniment pour leur confiance.

Merci à Éric Alt, Jacques Rigaudiat, Évelyne Sire-Marin et Frédric Toutain pour la relecture d'une première version de ce texte qu'ils ont beaucoup améliorée par leurs conseils et leurs critiques.

Nos collègues sociologues, Geoffrey Geuens et Paul Rendu, ont sacrifié de leur temps pour des relectures attentives suivies de propositions constructives. Nous sommes reconnaissants d'une telle solidarité.

Sans le soutien de l'« intellectuel collectif » des Éditions La Découverte, ce livre n'aurait jamais existé. Merci à Grégoire Chamayou pour ses encouragements et ses relectures efficaces et généreuses, et à Hugues Jallon, Marieke Joly et Marion Staub pour leur présence professionnelle et amicale.

INVITATION AU VOYAGE

Comment planquer son magot ? Inspirés par les récents exemples de Jérôme Cahuzac et de Liliane Bettencourt, nous décidons à notre tour, un beau matin, d'extrader notre maigre fortune. Un jeu de rôle commence, qui va nous mener au cœur du système organisé de l'évasion fiscale.

Cette tentative d'évasion aurait pu nous faire rester tranquillement chez nous, près de notre ordinateur, où, en 0,21 seconde, nous obtenons 524 000 résultats sur Google pour la recherche « création d'un compte *offshore* », c'est-à-dire un compte ouvert dans un autre pays que celui où il faut acquitter ses impôts, un compte qui doit rester fantôme, non décelable et non déclaré. Le voyage sur Internet est gratuit et vaut le détour. Les pays proposés concernent bien sûr des îles lointaines comme Hong Kong, Chypre ou les îles Vierges britanniques, mais également des pays développés moins exotiques, tels que le Royaume-Uni ou la Suisse et le Luxembourg, ou, plus loin, l'État du Delaware aux États-Unis. Cette prolifération des sites qui proposent ouvertement des moyens de ne pas acquitter ses impôts contribue à la banalisation de l'évasion fiscale.

Notre tentative aurait également pu nous faire échouer sur une île du Pacifique où nous aurions peut-être succombé au charme d'un paradis plus aguicheur, avec palmiers, sable blanc et belle bleue. Cependant, c'est par la Suisse que nous commencerons notre voyage, avec un séjour à Genève, là où les Français fortunés ont leurs habitudes, leurs contacts sociaux, fiscaux et financiers, et ce, souvent depuis plusieurs générations.

Nous vous proposons de nous accompagner dans une enquête sociologique au cœur des paradis fiscaux de la haute finance et des grandes fortunes. Nos séjours en Suisse et au Luxembourg seront l'occasion de vous faire vivre, avec des promenades sociologiques et des entretiens, l'évasion fiscale comme si vous y étiez. Ce guide de voyage ne vous apportera cependant pas la bouffée d'air frais à laquelle vous aspirez sans doute, car c'est dans des officines discrètes que se traitent les affaires délictueuses. Ce ne sera pas le tourisme tranquille des chemins balisés, mais plutôt la plongée dans l'univers opaque du secret bancaire et des montages financiers, dans le petit monde de ceux qui ne veulent pas contribuer, par des impôts à la hauteur de leurs revenus et de leurs patrimoines, aux besoins sociaux, à la construction des écoles et des hôpitaux.

Au fil des investigations, une vérité se fera jour : la grande évasion fiscale, si elle finit sa course sous les palmiers ou au pied de grands sommets enneigés, s'organise en réalité beaucoup plus près de chez nous. Nous vous associerons à un embarquement inattendu sur le « paquebot » de Bercy, sur la Seine à Paris. Où l'on découvrira les petits arrangements entre amis qui se trament autour de la Commission des infractions fiscales (CIF), plus communément appelée le « verrou de Bercy »... En pratique, c'est l'État qui organise lui-même l'impunité des délinquants en cols blancs.

Mais tous les membres de l'oligarchie sont en réalité mobilisés dans cette entreprise. Des énarques aux avocats fiscalistes, des banquiers aux économistes à la langue experte, des patrons à une partie de la presse à la solde d'actionnaires militants du néolibéralisme, c'est bien la classe dominante qui, depuis le sommet de l'État et des assemblées parlementaires, organise en France, mais aussi en Europe, le plus grand casse des temps dits « modernes ».

1. DÉPART EN SUISSE

Sur le chemin de la gare à notre hôtel, situé sur les bords du Rhône, avec une vue imprenable sur le quartier des banques, nous sommes surpris, en ce 5 novembre 2014, par des affiches électorales aux couleurs vives qui nous donnent, le temps de nous ressaisir, l'impression que nous sommes attendus : « Oui à la suppression des forfaits fiscaux. Halte aux privilèges fiscaux des millionnaires ! Vous payez vos impôts sur le revenu et la fortune, pas eux ! »

Nous continuons notre progression, facilitée par des panneaux indiquant le chemin à suivre pour atteindre le « quartier des banques » dont nous allons être les voisins pendant notre séjour. Tirant toujours nos valises à roulettes, nous passons devant un parking baptisé « Finances », nous confirmant notre approche des lieux sensibles.

Arrivés à bon port, nous découvrons un vaste paysage, de l'autre côté du Rhône, envahi par les immeubles des banques. La BNP Paribas, juste en face de nos fenêtres, occupe une énorme bâtisse quadrangulaire où fourmillent les employés, des premières heures de l'aube jusqu'à tard dans la nuit. Entièrement vitrées, les parois livrent au regard leurs allées et venues et leurs activités qui restent, elles, à cette distance, obscures. Sans doute y a-t-il parmi eux des traders faisant valser quelques millions en un clic. À côté, le « Crédit Agricole

(Suisse) SA », dont le conseil d'administration compte six avocats issus de six cabinets différents, brille lui aussi de tous ses feux en cette fin d'après-midi hivernale. Toutes concentrées dans ce quartier, les banques constituent une monoactivité locale qui manifeste sa puissance par la concentration des bâtiments et des personnels. Arrivés dans notre chambre, nous sortons nos armes, carnets et stylos, et commençons à rédiger nos premières impressions.

OUVRIR UN COMPTE EN SUISSE ?

Les brouillards matinaux dissipés, pleins d'une énergie nouvelle et d'enthousiasme, nous sommes tentés de renouveler l'essai que nous avions fait en 1994 : ouvrir un compte dans une des banques dont la spécialité consiste à gérer, dans la plus grande confidentialité, une richesse supposément malmenée par le fisc français. C'était alors à Lausanne. Ayant soigné notre apparence et répété nos rôles respectifs, nous nous étions retrouvés devant un imposant bâtiment. L'accueil y avait été déférent et notre demande accueillie avec un sourire entendu. Introduits dans un bureau capitonné, nous voilà racontant une fable classique, celle de l'héritage et du souci de sacrifier le moins possible aux prélèvements du fisc. Il nous avait alors été proposé d'ouvrir un compte numéroté, et vivement conseillé de ne pas téléphoner à la banque depuis la France. On nous avait offert les services d'un collaborateur à Paris, auquel nous pouvions adresser nos desiderata par courrier, qu'il communiquerait ensuite oralement aux responsables du siège à Lausanne. Nous avions remercié notre interlocuteur et demandé un temps de réflexion, ce qui lui avait paru bien normal. Nous ne pensions pas qu'il était aussi facile d'ouvrir un compte clandestin et frauduleux. Cela mettait en évidence la profondeur du mal, son inscription dans les démarches ordinaires de la vie quotidienne.

Dans le cadre de la préparation de ce nouveau voyage, vingt ans après, Monique a rencontré Ian Hamel, journaliste français spécialiste de la Suisse, et lui a fait part de nos velléités de répéter ce petit simulacre. Pour toute réponse, elle obtint un grand éclat de rire. Les banquiers suisses, très contrariés par l'offensive en cours sur la question du secret bancaire, sont aujourd'hui devenus très méfiants : « Il y a dix ou quinze ans, c'était possible, mais maintenant ils font gaffe. » Nous serions bien vite démasqués en notre qualité de sociologues critiques, sans compter que, en vingt ans, l'évasion fiscale a énormément gagné en opacité. D'où la prédilection actuelle pour des montages *offshore* compliqués qui permettent de masquer l'identité des propriétaires et de gommer tout lien avec leurs avoirs cachés. Or monter des trusts ou des sociétés écrans ne se fait pas en un seul rendez-vous : à la différence d'une simple ouverture de compte, ces démarches supposent des contacts prolongés entre les gestionnaires de fortune et leurs clients potentiels.

Nous en avons eu confirmation en entrant dans le hall du grand bâtiment de HSBC (Hong Kong & Shanghai Banking Corporation) sur le quai des Bergues, le long du Rhône, à deux pas de notre hôtel. Nous savons alors que cette filiale bancaire est au cœur d'un scandale d'évasion fiscale d'une ampleur internationale depuis qu'en 2008 un employé de la banque, l'informaticien français Hervé Falciani, s'est enfui en France avec de nombreuses données compromettantes : des milliards de francs suisses, de dollars et d'euros sont dans une situation précaire après le dévoilement de l'identité de nombre de leurs propriétaires.

Le hall est immense, mais surtout il est vide, dépouillé de toute documentation ou information. Deux hommes en costume noir, le teint hâlé, nous demandent ce qu'ils peuvent faire pour nous. « Nous venons de la banque UBS où nous avons pu nous procurer des brochures pour réfléchir au choix d'une banque en Suisse en fonction de nos objectifs. Nous voudrions savoir si vous avez des documents à nous remettre qui nous aideraient dans notre réflexion. — Vous voulez donc ouvrir un compte, n'est-ce pas ? En ce cas, ce n'est pas ici car nous ne faisons que de la gestion de fortune, nous déclare l'un d'eux, sans aménité, le regard froid, distant et scrutateur. — C'est bien de cela qu'il s'agit pour nous, même si nous devons vous apparaître comme des clients potentiels atypiques. — Ne vous inquiétez pas, nous voyons absolument de tout ! Il n'y a pas de clients atypiques pour nous, mais seulement des clients. » Entre-temps arrive un troisième homme tout aussi élégant qui nous propose alors fermement un rendez-vous avec un conseiller patrimonial. Nous déclinons cette aimable proposition : « Nous allons réfléchir à tout cela et nous reviendrons ! »

Grâce aux révélations d'Hervé Falciani, nous avions de toute façon déjà une idée de la suite : à condition de disposer d'au moins un million d'euros, les riches clients français que nous avons tenté de singer se seraient vu proposer un profil numéroté associé à un ou plusieurs comptes bancaires. Ces codes auraient été liés en moins de quarante-huit heures à un second profil dont le titulaire aurait été une personne morale, un trust enregistré par exemple aux îles Vierges britanniques ou au Panama. La publicité de HSBC Private Bank en Suisse met d'ailleurs en scène des montages complexes avec sept poupées gigognes qui s'emboîtent les unes dans les autres. Peut-être était-ce parce que nous connaissions l'ampleur de la fraude fiscale organisée par cette banque, mais, dans ce grand hall glacial et dans la courte interaction avec les trois hommes qui nous avaient accueillis, nous avons éprouvé le sentiment étrange d'être confrontés à un pouvoir écrasant et menaçant.

Les banques suisses n'en sont plus à l'accueil complice et amusé du tout-venant. L'heure est à la précaution. Celle-ci est de rigueur quand il s'agit de défendre les intérêts collectifs d'une classe sociale dominante et mondialisée à laquelle appartiennent à la fois les banquiers et leur clientèle.

Choisir l'exil fiscal, quel intérêt ?

Armés de nos calepins, nous partons à l'assaut du quartier des banques. Nous sommes surpris par un attroupement insolite sur la place Philibert Berthelier, au centre de Genève, devant les locaux de la Leumi Private Bank, un établissement bancaire discret mais à l'apparence néanmoins opulente. Deux messieurs bien mis, jusqu'à la caricature, queues-de-pie et hauts-de-forme, cigares probablement cubains, haranguent le petit attroupement qu'ils ont réussi à susciter. Ils proposent aux passants de calculer le forfait fiscal auquel se réduirait leur imposition s'ils n'étaient pas citoyens suisses et donc non concernés par cet avantage qui fait de la Suisse un refuge douillet pour les grandes fortunes du monde entier.

Le forfait fiscal concerne les « personnes physiques de nationalité étrangère qui prennent domicile en Suisse, sans y exercer d'activité lucrative ». Créé au début du XXe siècle dans le canton de Vaud, fort dépourvu en matière d'industrie, il fut généralisé à la Confédération suisse pour attirer la haute société étrangère. La contribution est calculée en fonction du « train de vie » du contribuable et des personnes à sa charge en Suisse. Cet impôt sur la dépense présumée comprend le loyer ou la valeur foncière du domicile ainsi que d'autres postes, dont l'emploi du personnel de maison, l'achat de voitures, de yacht, d'avion, de chevaux, d'œuvres d'art, ou les frais de scolarité des enfants dans l'un des établissements sélects du pays, tel le collège du Rosey qui accueille des héritiers de têtes couronnées, de milliardaires du pétrole ou de stars d'Hollywood.

Pour les quelques passants qui se prêtent au jeu de calculer à combien se monterait leur forfait s'ils avaient accès à cette formule avantageuse, la leçon est claire : l'impôt sur le revenu qu'ils acquittent en tant que citoyens suisses est incomparablement plus élevé. Une « votation » devait avoir lieu le 30 novembre 2014 pour décider du maintien ou de la suppression de cet impôt forfaitaire, ce qui explique les slogans que nous avions remarqués dans les rues. Les forfaits fiscaux étaient au nombre de 5 729 en 2014, dont 3 000 accordés à des Français. Nous nous prêtons au jeu en déclarant la valeur de notre pavillon banlieusard et la possession d'une Kangoo rouge, ce qui conduirait à un impôt annuel de 3,20 francs suisses, soit 3 euros, le prix d'un café – boisson réconfortante qui nous est d'ailleurs immédiatement servie par les militants de Solidarités en remerciement du versement de notre nouvel impôt.

Le forfait fiscal est le plus souvent négocié par les services de gestion de fortune d'une banque ou par les cabinets d'avocats-conseils spécialisés. La différence avec l'impôt du citoyen suisse peut être très considérable. Pour une fortune évaluée par le mensuel *Bilan* à 3 milliards de francs suisses, une riche étrangère paie 400 000 francs (384 000 euros) au titre du forfait alors que, si elle était de nationalité suisse, ses impôts s'élèveraient à 8 millions de francs (7,7 millions d'euros). Les intermédiaires juridiques ou fiscalistes s'occupe également de l'expatriation des heureux élus. Outre la négociation du forfait fiscal, un service d'installation vous conseille sur le choix de votre résidence, la scolarité de vos enfants, et vous guide dans toutes les démarches administratives, de l'obtention de votre assurance médicale obligatoire jusqu'à celle de votre carte de séjour.

Nous avons été témoins de la proximité amicale, voire affectueuse entre un couple récemment installé à Genève et la responsable de leur accueil, rencontrée par l'intermédiaire du service de gestion privée de leur banque française. La jeune femme est venue les attendre à l'aéroport puis elle a pris en charge la gestion de leur appartement de 500 mètres carrés dans un immeuble en bordure d'un grand parc. Le jour de notre visite, elle souhaitait récupérer un jeu de clés pour en faire réaliser des doubles, la sophistication des serrures exigeant que leurs copies soient réalisées par l'installateur lui-même. Cette jeune femme, qui s'occupe également de la sécurité de l'appartement lors des absences du couple, s'est même souciée de mettre en place un système d'arrosage automatique des fleurs et des plantes.

Si le forfait fiscal est si avantageux, c'est qu'il se fonde sur un train de vie *estimé*, dont la mesure est en partie affaire de négociation. Celle-ci s'effectue dans l'entre-soi feutré des banques et des bureaux d'avocats fiscalistes. Bref : entre personnes de bonne compagnie. La faiblesse des droits de succession contribue par ailleurs à expliquer la constitution de véritables dynasties familiales ancrées dans le pays.

UNE SOCIABILITÉ MONDAINE ET ANCIENNE

Les mondanités accompagnent l'évasion fiscale. Celle-ci est intégrée à la vie ordinaire et fait partie du patrimoine collectif des grands de ce monde qui n'ont de comptes à rendre qu'à « la » société, c'est-à-dire à « leur » société. Les grandes familles se retrouvent chez elles, entre elles, sur les bords du lac Léman et dans les stations huppées de sports d'hiver, comme Gstaad ou Saint-Moritz. Les établissements privés d'enseignement, de haut niveau, complètent cette panoplie parfaite des signes de l'excellence. Ils sont un indicateur supplémentaire de l'intégration des grandes familles fortunées au cœur de ce pays au secret bancaire encore bien gardé. Le collège du Rosey sur les bords du lac Léman, près de Lausanne, se transporte l'hiver à la montagne, à Gstaad, pour que les élèves puissent y pratiquer le ski. Le sport est en effet l'une des dimensions particulièrement soignées de l'éducation de ces futures élites. Ce type d'établissement permet aussi aux élèves de cultiver un capital de relations internationales, dans ses dimensions culturelles mais aussi sociales. Ce sont en général des établissements non confessionnels. La classe dominante mondialisée doit pouvoir exister par-delà ces variables secondaires que sont les langues et les religions [1].

1. Sur ces thèmes, voir Michel PINÇON et Monique PINÇON-CHARLOT, *Grandes Fortunes. Dynasties familiales et formes de richesse en France*, Paris, Payot, « Petite bibliothèque Payot », 2006.

Les palaces parachèvent ce sentiment d'être chez soi ou, mieux, entre soi, entouré de ses pairs, de ses compagnons de grande fortune. Au Gstaad Palace, les grandes maisons de luxe sont représentées par vitrines interposées jusque dans les cabines d'ascenseur. Lorsque la saison bat son plein, lors des vacances de Noël et de février, les clients descendent dîner en smoking et les clientes en robe longue.

La Suisse est aussi un carrefour où de nouveaux enrichis peuvent venir se frotter aux vieilles familles européennes, comme nous avons pu le constater au cours d'une vente aux enchères de prestige.

Ventes aux enchères : le luxe de classe

Nous arrivons avec une heure d'avance à l'hôtel Four Seasons, quai des Bergues, ce dimanche 9 novembre 2014, pour assister à l'anniversaire des cent soixante-quinze ans des montres Patek Philippe, l'une des marques phares de l'horlogerie suisse. L'ancienneté, le prestige et le coût de ces petits joyaux mécaniques attirent un public international. Les tenues vestimentaires sont d'un éclectisme surprenant, du tailleur haute couture à la casquette en jean, de l'élégance stricte des personnels de Christie's International, la société de vente aux enchères, propriété de François Pinault, qui organise cette soirée, à la décontraction des pulls et des blousons. Mais les baskets sont rarissimes. Difficile pour nous de distinguer les collectionneurs des marchands venus là pour faire des affaires. Le marché des montres suisses a en effet quadruplé entre 2000 et 2013, passant de 4,8 milliards d'euros à 19,3 milliards. Une partie des enchérisseurs est au téléphone depuis Hong Kong, Taïwan ou l'Arabie saoudite. Les prix estimés des cent pièces rares, datant du début du XIXe siècle jusqu'aux années 1980, oscillent entre 3 300 et 1 330 000 dollars pour une montre en or qui, outre l'heure, indique les mouvements de la Lune et propose un calendrier perpétuel. Les enchères monteront en fonction de la rareté de la montre, mais aussi de la notoriété de ses anciens propriétaires, qu'il s'agisse de William E. Boeing, l'un des pères fondateurs de l'industrie aéronautique américaine, ou du roi Farouk d'Égypte. La vente a rapporté 19,7 millions de dollars ce jour-là. Le capital financier s'auréole d'un capital symbolique dont le clinquant est censé nous faire oublier la brutalité de telles sommes dans un monde où des millions d'humains vivent avec moins d'un dollar par jour.

Le 11 novembre, dans une autre vente menée cette fois par la société Sotheby's, qui, tout comme Christie's, comprend d'actuels ou anciens administrateurs de HSBC dans son comité consultatif, les enchères ont atteint les 24 millions de dollars pour une montre de poche « Graves », fabriquée entre 1927 et 1933 sur commande du banquier new-yorkais Henry Graves.

L'obscénité de telles sommes d'argent est maquillée par le rituel. Les pratiquants sont silencieux et n'indiquent que par un geste discret leur volonté d'enchérir ou de renoncer. Seul le prêtre – ici, le commissaire-priseur – officie, mais dans un débit verbal dont la rapidité et la théâtralité sont chargées de faire monter la pression et la tension dans la communion de l'argent. Les quelques minutes de ces enchères ont été intenses : le silence qui régnait durant la réflexion des deux enchérisseurs restant en lice et les applaudissements du public à chaque nouvelle enchère, les téléphones portables qui tentaient d'immortaliser par une photo ce moment unique, puis les embrassades généralisées une fois que le commissaire-priseur a assené vigoureusement un coup de son marteau magique, signifiant ainsi la fin de la cérémonie. Tout faisait penser à une communion : des fidèles de l'argent formant une secte si soudée que les deux concurrents concluent leur lutte pécuniaire en s'embrassant chaleureusement dans une bonne et sympathique accolade.

Au-delà de la concurrence objective, ces cérémonies manifestent une unité essentielle qui transcende les rivalités ponctuelles. Il serait erroné d'interpréter ce dernier geste comme de l'hypocrisie. La solidarité du groupe ou de la classe se construit aussi dans le jeu, dans la concurrence : il y a du sportif aguerri dans ces enchérisseurs qui savent encaisser les coups ou modérer leur triomphe.

Œuvres d'art et pierres précieuses à l'abri dans les ports francs

La sophistication des techniques d'évasion fiscale et d'opacification du patrimoine passe aujourd'hui par le développement de ports francs, immenses coffres-forts où s'entassent les richesses à l'abri de la curiosité et des convoitises. Leur prolifération accompagne celle des paradis fiscaux. Ils sont apparus en Europe, en Suisse et au Luxembourg, et il s'en construit aujourd'hui à Singapour et en Chine, à Shanghai et à Pékin.

La Suisse a été la première à offrir la possibilité de stocker des objets de luxe et des œuvres d'art dans les territoires *offshore* que sont les ports francs, à l'intérieur même des paradis fiscaux. La Confédération en compte une dizaine, et 245 « entrepôts douaniers ouverts » qui permettent de mettre à l'abri de taxes diverses, TVA ou droits de douane, des objets d'art, mais aussi des pierres précieuses, de grands vins, voire du matériel de guerre [2]. Bénéficiant d'une sorte d'extraterritorialité, à la manière des ambassades, les biens peuvent y être vendus et achetés sans que le fisc local, ou celui du pays d'origine des acheteurs ou des vendeurs, soit même tenu au courant.

L'un des ports francs de Genève est installé dans des bâtiments offrant une superficie de 155 000 mètres carrés, situés près de l'aéroport, construits en 1888 pour stocker des céréales. Mais nous lui avons préféré le port franc du quartier de La Praille, sur la commune de Lancy, qui abrite sur 20 000 mètres

2. Voir Ian HAMEL, « L'autre secret de la Suisse », *Le Point*, 15 mai 2014.

carrés des œuvres d'art. Nous y avions pénétré par l'intermédiaire d'une émission de télévision, *Pièces à conviction*, diffusée le 16 novembre 2009 sur France 3, sous le titre « Comment les riches paient aussi peu d'impôts ». C'est ainsi que nous avons pu voir Sylvia Wildenstein contemplant ses dix-neuf tableaux de Bonnard. Devenue usufruitière de ce trésor en 2001, à la mort de son mari, le grand collectionneur d'art Daniel Wildenstein, elle pouvait venir les admirer, dans ce port franc, dans des conditions techniques dignes d'un grand musée. Mais elle ne pouvait les déplacer et encore moins les vendre puisque c'étaient ses deux beaux-fils, Alec, depuis décédé, et Guy, un ami très proche de Nicolas Sarkozy, qui en avaient, et en ont encore, la nue-propriété.

Daniel Wildenstein a utilisé l'outil juridique anglo-saxon, le trust, pour assurer la transmission d'un patrimoine composé d'œuvres d'art de très grande valeur, avec, entre autres, outre Bonnard, des tableaux de Picasso et de Gauguin. Daniel Wildenstein a confié à des trusts créés dès 1963 et domiciliés dans des paradis fiscaux aux îles Caïmans, aux Bahamas, à Guernesey et au Luxembourg une part importante de ses collections. Les trusts sont des montages qui permettent à une personne de ne rien posséder à son nom. Au cours de l'émission de France 3, un homme politique, Hervé Morin, alors ministre de la Défense de Nicolas Sarkozy, a justifié l'existence des trusts montés par Daniel Wildenstein par la volonté d'éviter la dispersion des collections qu'il avait réunies. Pourquoi alors ne pas les avoir léguées à un musée ? Voilà donc un ministre légitimant publiquement ce qui est surtout un moyen de contourner les obligations fiscales liées aux successions.

Le port franc de la banlieue de Genève, considéré comme le plus grand musée du monde – on parle de 1 000 tableaux de Picasso et d'un million d'autres œuvres –, n'est évidemment pas ouvert au public. N'y accèdent que les propriétaires des chefs-d'œuvre qui y sont stockés, hors douane, et donc exemptés de toute taxe tant qu'ils n'en sortent pas, même s'ils peuvent être vendus et achetés à l'intérieur du port franc. Claude Dumont-Beghi, avocate d'affaires internationale, spécialisée dans la lutte contre la fraude et l'évasion fiscales, a été chargée par Sylvia Wildenstein de la défendre dans le conflit qui l'opposait à ses deux beaux-fils. Elle a décrit sa première visite au port franc. « Ce lieu est impersonnel et froid. Nous longeons plusieurs bâtiments sinistres. Nous passons sous douane. Une porte battante, un escalier de service, l'environnement est toujours aussi glacial. Un employé nous attend. Quelques minutes suffisent à installer les tableaux. Nous pénétrons dans un salon aux murs sombres. Les dix-neuf Bonnard sont là, sous mes yeux. "Bonnard, c'est la couleur." C'est vrai, le contraste est saisissant entre la clarté des œuvres et l'étrangeté des lieux[3]. » Des experts, des restaurateurs, des encadreurs et des photographes travaillent également à l'intérieur de ce qui ressemble pour le promeneur à de chics entrepôts de logistique.

Ce port franc est desservi par la ligne 14 du tramway. Il se situe en contrebas de la station Petit-Lancy. Les deux imposants bâtiments, aveugles du côté de la rue, sont très clairement identifiés par des enseignes explicites : « Ports francs et Entrepôts de Genève, SA ». Celui qui abrite les œuvres d'art est revêtu de plaques de tôle qui parviennent presque à rendre sa façade attrayante grâce à une savante déclinaison de gris élégants. Cet immense container de luxe tranche avec l'autre bâtiment, dédié aux tâches administratives, recouvert de tôles d'un marron uniforme et sans grâce. De hauts grillages surmontés de fils de fer barbelés dissuadent de franchir les limites qu'ils signalent. Seuls les camions et camionnettes transportant des œuvres d'art peuvent pénétrer sur le vaste parking et se présenter à reculons devant le quai de déchargement. Le spectacle

3. Claude Dumont-Beghi, *L'Affaire Wildenstein. Histoire d'une spoliation*, Paris, L'Archipel, 2012, p. 118-119.

s'apparente à un vulgaire transfert de palettes, voire à un trafic peu reluisant, tant il est vrai que l'œuvre d'art est malmenée, au moins symboliquement, dans l'opération. Cette impression d'étrangeté est renforcée par le voisinage de l'endroit : des entreprises diverses, des logements sociaux, un McDonald's, une autoroute et une ligne de chemin de fer. La piste d'hélicoptère relève un peu le niveau, les grands de ce monde utilisant ce moyen de transport pour ne pas perdre un temps précieux.

L'origine de ces ports francs stockant des œuvres d'art est liée au lobbying suisse des marchands de ce secteur. Ceux-ci se sont mobilisés pour empêcher que la Confédération helvétique ratifie la convention de l'Unesco interdisant que des œuvres volées puissent être présentées dans des musées ou proposées au cours de ventes aux enchères. Cette convention admet le principe d'une prescription de trente ans, au-delà de laquelle les biens peuvent revenir sur le marché. Mais la Suisse, elle, a réduit ce délai à cinq ans. « La technique, écrit le journaliste Ian Hamel, est toujours la même : les trafiquants d'art louent un local hors douane dans un port franc suisse et attendent patiemment cinq ans pour récupérer en toute légalité les tablettes d'argile et les vases sumériens dérobés au musée de Bagdad [4]. »

Mais, depuis le 1er mai 2009, les ports francs suisses ont perdu leur statut extraterritorial. « Obligation est faite en Suisse de déclarer les objets déposés dans les ports francs, de les décrire et d'en estimer la valeur, depuis l'adoption de cette loi, écrit Ian Hamel dans l'hebdomadaire *Le Point* en 2014. Toutefois, la loi est facilement contournée. Les effectifs de douaniers sont insuffisants et leur pouvoir d'investigation limité. Ils ne contrôleraient qu'un peu moins de 1 % des marchandises. »

4 Ian Hamel, *Et si la Suisse ne servait plus à rien ?*, Paris, Larousse, « À dire vrai », 2010, p. 73.

Pourtant, à Genève, les douaniers sont installés dans le même bâtiment que la société « Ports francs et Entrepôts de Genève, SA » et que la « Mobilière, assurance et prévoyance » dont les voitures de fonction sont des Citroën… *Picasso*. Dans l'entrée, on est accueilli par un couple de bronze voluptueusement enlacé. À côté se trouve une boîte aux lettres au nom d'Yves Bouvier, directeur des sociétés Fine Art Logistics Natural Le Coultre, une société spécialisée dans la manutention, le déplacement et l'entreposage des œuvres d'art, et EuroAsia Investment, qui officie à Singapour depuis 2010. Yves Bouvier a également supervisé l'ouverture du port franc de l'aéroport de Luxembourg en septembre 2014. Cet entrepreneur dynamique est l'une des heureuses 300 plus grandes fortunes helvètes recensées par la revue *Bilan* en 2014, avec 300 à 400 millions de francs suisses. Son prochain projet est le « plus grand port franc culturel du monde », à Pékin, d'une superficie de 120 000 mètres carrés. Shanghai a également mis à l'étude la construction d'un port franc.

C'est encore Yves Bouvier qui a été retenu comme promoteur d'un centre culturel sur l'île Seguin, à Boulogne-Billancourt, à l'emplacement des usines Renault – un espace de 30 000 mètres carrés, opération dont le coût a été estimé à 120 millions d'euros. Ce projet, dessiné par Jean Nouvel, devrait être inauguré fin 2017.

« On peut comparer les ports francs à un gouffre et la Suisse à un trou noir d'une rare violence pour l'Europe », a déclaré Claude Dumont-Beghi lors de son audition au Sénat en 2012 dans le cadre d'une mission parlementaire au titre accrocheur : « L'évasion fiscale internationale, et si on arrêtait [5] ? ». Le marché de l'art est en effet un des moyens importants de l'évasion fiscale et du blanchiment de l'argent. Son expansion

5. Sénat, *L'Évasion fiscale internationale, et si on arrêtait ?*, rapport d'information n° 673, tome II (procès-verbaux des auditions), Philippe Dominati, président, Éric Bocquet, rapporteur, Paris, 2011-2012, p. 677.

est liée aux menaces sur le secret bancaire avec la mise en place de l'échange automatique d'informations entre les pays.

Aussi n'avons-nous pas été surpris d'apprendre l'arrestation d'Yves Bouvier à Monaco, le 25 février 2015, et sa mise en examen pour « escroquerie » et « complicité de blanchiment » par un juge de Monaco à la suite de la plainte d'un ex-oligarque russe, Dimitri Rybolovlev, de nationalité monégasque et propriétaire du club de football de la principauté, l'AS Monaco. Le conflit porte sur la valeur réelle de la collection de tableaux qu'il s'est constituée par l'intermédiaire d'Yves Bouvier. Le *Nu couché au coussin bleu* de Modigliani n'aurait coûté que 93,5 millions de dollars, mais il aurait été vendu, à Dimitri Rybolovlev, 156e fortune mondiale du palmarès Forbes, pour 118 millions de dollars. Yves Bouvier est donc soupçonné d'avoir fait, en toute discrétion, un bénéfice de 24 millions de dollars sur la transaction. Selon l'avocate de Rybolovlev, Bouvier lui aurait vendu dix-sept œuvres pour un montant de 465 millions de dollars [6].

Par son rôle dans le négoce des œuvres d'art, *via* les différents ports francs dont il est le principal actionnaire, Yves Bouvier a des informations sur les échanges entre les différents collectionneurs et marchands d'art. « La tentation est alors grande, écrit *Le Canard enchaîné* du 4 mars 2015, de monnayer ces informations. C'est-à-dire, plus vulgairement, de jouer aussi les courtiers à l'aide de sociétés *offshore*, tout en encaissant de jolies commissions dans les paradis fiscaux. » Yves Bouvier a dû verser une caution de 10 millions d'euros pour retourner à ses affaires. À la demande de la justice monégasque, les policiers suisses ont mené une perquisition dans le port franc de Genève. La justice de Singapour, où Yves Bouvier est domicilié depuis 2008, ainsi que celle de Hong Kong, où il a un compte, ont ordonné le gel de ses avoirs. Mais le ministère

6. *Le Monde*, 12 avril et 6 mai 2015.

public genevois refuse de faire de même. Aucune enquête n'a encore été ouverte sur une éventuelle fraude fiscale.

Que va-t-il advenir du projet de centre culturel sur l'île Seguin ? Les responsables politiques locaux et notamment le maire LR de Boulogne-Billancourt, Pierre-Christophe Baguet, vont-ils poursuivre leur collaboration avec quelqu'un qui baigne dans les vapeurs torrides de l'évasion et de l'optimisation fiscales ? Le risque d'un prochain scandale international révélant les turpitudes financières autour de l'amour de l'art doit faire trembler et cogiter le monde des grandes fortunes françaises, ses collectionneurs et ses propriétaires de sociétés de vente aux enchères.

DES LISTES DE RICHES FRANÇAIS EN SUISSE

1932 : une affaire rocambolesque

Parmi les listes de fraudeurs que nous avons recensées, la première, en 1932, concerne les Français et l'évasion fiscale en Suisse. Cette année-là, trois ans après la crise de 1929, sous le deuxième gouvernement de centre gauche d'Édouard Herriot, trois banquiers suisses sont arrêtés, le 26 octobre, dans un hôtel particulier de la rue de La Trémoille, dans le 8e arrondissement, tout près des Champs-Élysées. Cette arrestation permet à la police française de mettre la main sur une liste de 1 100 noms de détenteurs de comptes en Suisse, non déclarés, avec leurs numéros. Tout le Gotha français apparaît impliqué. La justice découvre toute une série de documents dévoilant les noms de personnes, plutôt bien nées, ayant utilisé la Banque commerciale de Bâle pour ne pas payer la taxe de 20 % sur les revenus placés à l'étranger.

Le 10 novembre 1932, le député socialiste Fabien Albertin révèle quelques noms de fraudeurs dont il a eu connaissance. Parmi eux, trois sénateurs, dont Louis Viellard, sénateur du Haut-Rhin, Paul Jourdain, un ancien ministre du Travail, Abraham Schrameck, un ancien ministre du Cartel des gauches (et grand-oncle d'Olivier Schrameck, ex-directeur de cabinet du Premier ministre Lionel Jospin de 1997 à 2002), des membres de la famille Coty, propriétaires du *Figaro*, de nombreux représentants de l'aristocratie, une douzaine de généraux, des magistrats, l'archevêque de Paris, deux évêques, le recteur de l'Université catholique de Paris, membre de l'Académie française, plusieurs patrons de presse dont monsieur et madame Sapène du *Matin*, le directeur de *L'Ami du Peuple* et des industriels, comme les frères Peugeot ou les propriétaires de la firme de meubles Levitan. Au total, conclut le député Fabien Albertin, « les fonctionnaires des Finances et les personnalités des banques, avec lesquels je me suis entretenu ces jours derniers, m'ont dit que la fraude ainsi réalisée pouvait atteindre le chiffre de 4 milliards par an [7] ».

« Le scandale est alors immense, nous explique Sébastien Guex, professeur d'histoire à l'université de Lausanne. Mais il est vite étouffé. Le gouvernement français bloque les comptes de la Banque commerciale de Bâle en France. Elle ne s'en relèvera jamais et sera reprise vingt ans plus tard par UBS, l'Union des banques suisses, l'une des plus actives dans la gestion de fortune. Les comptes sont bloqués, les banquiers suisses mis en détention provisoire. La France exige l'ouverture des fichiers à Bâle pour poursuivre l'identification d'éventuels autres fraudeurs. » Mais elle se heurte à une opposition ferme des banquiers suisses. « C'est ainsi que le secret bancaire est renforcé, en 1934, dans l'article 47 de la loi bancaire. Son non-respect peut entraîner un délit pénal. Le rapport de force change, poursuit Sébastien Guex, ce n'est plus une banque suisse qui se trouve face à l'État français, c'est désormais le ministre des Affaires étrangères qui va faire valoir les droits de

7. Soit environ 2,25 milliards d'euros. Voir Christian CHAVAGNEUX et Ronen PALAN, *Les Paradis fiscaux*, Paris, La Découverte, « Repères », 2012, 3e édition.

la Suisse dans les négociations. Le secret bancaire permet ainsi de déplacer le rapport de force d'État à État. » La violation de ce secret, que l'on soit directeur de banque ou simple employé, tombe désormais sous le coup du droit pénal. « Elle entraîne de fortes amendes et des peines d'emprisonnement, allant jusqu'à six mois, et doit en principe être poursuivie d'office par les autorités judiciaires, même si la partie lésée ne porte pas plainte [8]. » La hantise des responsables des banques suisses est en effet que des employés ayant accès aux registres des clients divulguent leurs noms.

Les autorités helvétiques ont rejeté la demande d'entraide judiciaire. « Quant aux milieux d'affaires et à leurs divers représentants, ils ont vigoureusement dénoncé les mesures françaises comme une campagne visant à affaiblir, voire à ruiner la place financière suisse [9] », écrit encore Sébastien Guex.

Ce scandale de la liste des fraudeurs révélée en 1932 éclaire l'ancienneté d'une solidarité transnationale des plus riches dans leur refus de contribuer, par l'intermédiaire de l'impôt, à la reconstruction d'une société alors largement ravagée par la Première Guerre mondiale. Les banquiers suisses se sont montrés compréhensifs à l'égard des fraudeurs de l'Hexagone en cherchant, à travers un secret bancaire renforcé, à consolider les bénéfices des banques suisses, mais aussi à inciter durablement à la fraude fiscale. Au point qu'actuellement, selon les calculs de l'économiste Gabriel Zucman, « les Français détiennent à peu près 350 milliards d'euros *offshore*, dont la moitié en Suisse [10] ».

8. Sébastien GUEX, « Les origines du secret bancaire suisse et son rôle dans la politique de la Confédération au sortir de la Seconde Guerre mondiale », *Genèses*, n° 34, 1999, p. 9.
9. *Ibid.*, p. 16.
10. Gabriel ZUCMAN, *La Richesse cachée des nations. Enquête sur les paradis fiscaux*, Paris, Seuil, 2013, p. 13.

Les riches Français, Suisses d'adoption

Parmi les 300 plus riches de Suisse, le palmarès de l'hebdomadaire économique *Bilan* a recensé, en 2014, 49 exilés français, dont 18 milliardaires (en francs suisses), pour un patrimoine total de 66 milliards. Pour figurer dans ce palmarès, il faut une fortune évaluée à au moins 100 millions de francs suisses, ce qui représente en 2015 environ 96 millions d'euros. L'estimation de ces fortunes est réalisée par l'équipe de *Bilan*, pilotée par sa rédactrice en chef, Myret Zaki, et l'économiste Luigino Canal. Celui-ci nous a confié, au cours d'un entretien à Genève, que les Français sont particulièrement discrets, « car ils sont là avant tout pour des raisons fiscales, ils se reçoivent entre eux et je les rencontre rarement dans les événements mondains auxquels je suis invité. Paul Dubrule, cofondateur du groupe Accor, a été le seul à accepter une interview en toute transparence et à parler d'aspects fiscaux ouvertement ». Les estimations de *Bilan* sont fondées sur des données économiques et financières publiques ou semi-publiques. « On connaît souvent, précise Luigino Canal, le prix de vente de l'entreprise, mais après on ne sait pas l'usage qui a été fait de ce patrimoine au fil des ans. Du coup, si on ne trouve pas de sources pour estimer le niveau actuel de la fortune, on est dans le flou. Notre travail nécessite une certaine modestie, car nous pouvons nous tromper. Et, parfois, il faut renoncer à défendre une estimation contestée si nous n'avons pas une preuve irréfutable pour contrer l'estimation, souvent très minimaliste, de ceux que nous souhaitons inscrire dans notre classement. » Luigino Canal contacte systématiquement tous les nouveaux promus.

Parmi les cinq nouveaux Français en 2014, figure, en deuxième position du palmarès, Patrick Drahi, avec une fortune estimée entre 8 et 9 milliards de francs suisses. Établi fiscalement à Zermatt, dans le Valais, il habite avec sa famille en Suisse depuis 1999. Sa fortune repose sur la holding Altice fondée au Luxembourg en 2001. Elle a été constituée par l'achat de câble-opérateurs et d'opérateurs de télécommunications, avec SFR, dont Vivendi devrait terminer de se séparer en 2015. Le groupe est présent au Benelux, au Portugal, en Afrique australe, en Israël, à l'île Maurice, en République dominicaine, etc. Patrick Drahi s'intéresse aussi à la presse écrite. Devenu le principal actionnaire de *Libération*, il a acquis en février 2015, toujours avec son associé Marc Laufer, *Mieux vivre votre argent*, *Lire*, *Classica* et, en mai 2015, deux des titres publiés en France par le groupe belge Roularta, *L'Expansion* et *L'Express*. Enfin, Patrick Drahi possède une holding personnelle, immatriculée dans l'île anglo-normande de Guernesey.

Une complexité qui s'embrouille encore avec le rôle joué par les conjointes ou conjoints, et par les collaborateurs les plus proches. Ainsi, l'épouse de Patrick Drahi possède, en tant que seule propriétaire, un domaine de 2 428 mètres carrés dans la commune de Cologny, près de Genève, lieu de concentration de riches familles du monde entier. Les journalistes de *Bilan* ont découvert que la société genevoise Canef, dont l'administratrice unique, analyste depuis 2009 chez Altice, est l'assistante française de Patrick Drahi, a récemment acheté, pour le compte de cette société, deux grands domaines à Cologny : en juin 2014, une propriété de 2 987 mètres carrés, pour 20 millions de francs suisses, et, en septembre 2014, un autre terrain de 2 180 mètres carrés, pour 18 millions de francs suisses.

L'argent est le fruit de multiples affaires, il s'accumule et s'investit sous des formes très différentes. Le patrimoine passe par une forme monétaire, puis investit d'autres dimensions, les propriétés immobilières et foncières, mais aussi les œuvres d'art, les fondations plus ou moins caritatives, les forêts pour les chasseurs, les vignobles pour les bons vivants, en chaque cas d'ailleurs avec des avantages fiscaux. Les biens immobiliers, lorsqu'ils sont acquis pour en faire un usage personnel, sont aussi une manière d'affirmer une réussite et d'en favoriser la reprise par les héritiers. Cologny offre avec brio cette fonction légitimatrice de la richesse acquise : sortir de l'ordinaire.

Cologny, un ghetto du Gotha

Cologny est, avec ses 5 000 habitants, une des quarante-cinq communes du canton de Genève que nous rejoignons à pied depuis la capitale helvétique en longeant la rive Est du lac Léman. Le nom de la commune n'a pas besoin d'être indiqué par le moindre panneau car la richesse se découvre par des bateaux qui deviennent plus imposants et la société nautique de Genève, club privé réservé aux seuls membres. La très jolie plage de Genève, payante, se trouve à la disposition des habitants de Cologny, qui peuvent y louer une cabine à l'année. Ils n'ont qu'à descendre le chemin de Righi dont le charme est réservé aux piétons.

Nous avons déjà arpenté de nombreux ghettos du Gotha et celui de Cologny ressemble étrangement à ceux du Vésinet, de Maisons-Laffitte ou des Parcs de Saint-Tropez. De vastes maisons d'architecte se dressent au milieu de jardins et de vergers qui forment un paysage de campagne dont la verdure n'est pas lézardée par de méchants trottoirs de bitume. Ceux-ci ont cédé la place à des « banquettes anglaises » qui encadrent les petites routes de leur pelouse verdoyante. Les demeures qui s'étagent le long de cette colline haute et pentue jouissent d'une vue splendide sur le lac Léman et les montagnes enneigées du Jura. De petits panneaux jaunes fluorescents, indiquant que les villas sont protégées, sont posés en nombre sur les portails, sur les haies avec parfois un encastrement dans le thuya, afin que de jour comme de nuit le promeneur se tienne à carreau. Les caméras de surveillance sont autant de piqûres de rappel, de même que l'avertissement donné par une pancarte supplémentaire : « Ce site est protégé par des patrouilles de police et sous surveillance électronique. »

Les plus riches Français de Suisse

Nom de famille	*Canton de résidence*	*En millions d'euros*
Gérard Wertheimer	Genève	8 400 à 9 400
Patrick Drahi	Valais	7 500 à 8 400
Famille Castel	Genève	7 500 à 8 400
Famille Margarita Louis-Dreyfus	Grisons	2 800 à 3 700
Famille Primat Famille Bich Benjamin de Rothschild Famille Peugeot	Genève Vaud Genève Vaud	1 900 à 2 800
Marina Picasso Famille Mimran Famille Lescure Paul-Georges Despature	Genève Berne Genève Genève	1 400 à 1 900
Rolland-Yves Mauvernay Monique Roosmale Nepveu Famille Murray Claude Dauphin Nicolas Puech Claude Berda	Fribourg Genève Vaud Genève Valais Genève	900 à 1 400
Martin Michaeli	Schwytz	800 à 900
Familles Defforey et Fournier	Genève	700 à 800
Jean-Paul et Martine Clozel Roger Zannier	Bâle Genève	500 à 600
Famille David Amar Famille Lejeune Nicole Bru-Magniez Philippe Jabre Famille Harari Michel Lacoste	Genève Genève Genève Genève Genève Genève	400 à 500

Nom de famille	*Canton de résidence*	*En millions d'euros*
Georges Cohen	Genève	
Famille Zorbibe	Genève	
Jean-Pierre Guichard	Genève	300 à 400
Éric Guerlain	Berne	
Alexandra Pereyre de Nonancourt	Vaud	
Denis Dumont	Genève	
Paul Dubrule	Genève	
Michel Reybier	Genève	
Éric de Turckheim	Genève	200 à 300
Antoine Zacharias	Genève	
Hugues de Montfalcon de Flaxieu	Vaud	
Jean Pigozzi	Genève	
Claude Léoni	Genève	
Thierry Roussel	Vaud	
Daniel Hechter	Vaud	
Jean-Louis David	Vaud	
Maurice et David Giraud	Vaud	100 à 200
Michel Ducros	Vaud	
Famille Jutheau de Witt	Genève	
Stéphane Nicolas	Genève	
Christian Picart	Vaud	

Source : *Bilan*, novembre 2014.
Tableau publié avec l'aimable autorisation de la rédactrice en chef de *Bilan*.

Dans un tel cadre, les habitants ne peuvent être que prestigieux. Des photos aériennes des résidences de cinq exilés français ont été publiées dans l'hebdomadaire *Challenges* le 12 juillet 2012. Suivons ce guide pour commencer notre promenade sociologique dans cette enclave de la richesse.

Gérard Wertheimer, première fortune du palmarès 2014 de *Bilan*, avec une fortune estimée entre 9 et 10 milliards de francs suisses, est le propriétaire, avec son frère Alain, de la maison Chanel. Alain vit à New York et préside le conseil de surveillance de Chanel. Gérard, depuis Genève, dirige le secteur « montres » de la maison. Ces deux petits-fils de Pierre Wertheimer, l'associé de Coco Chanel, possèdent plus d'une centaine de chevaux de course. Ils ont également investi dans de grands crus du Bordelais et dans une propriété de chasse en Sologne. Ils font tous deux la couverture du numéro spécial de *Challenges 2014* sur les 500 plus grandes fortunes professionnelles de France, dont ils occupent la 5ᵉ place, avec 14,5 milliards d'euros. La fortune des Wertheimer a été multipliée par douze entre 1996 et 2014. Les paradis fiscaux font partie intégrante de la géographie mondiale du groupe Chanel : les Pays-Bas hébergent Chanel International BV, entité néerlandaise qui contrôle le groupe de luxe et ses quatre-vingt-deux filiales dont six au Luxembourg, douze en Suisse, deux dans l'île de Guam, deux à Hong Kong, une dans les îles Vierges britanniques.

Michel Reybier, dont les marques Cochonou, Aoste et Julien Bridou ne sont plus à présenter, possède également une résidence cossue à Cologny. Sa fortune est agrémentée de vignobles et d'hôtels de luxe gérés par une société luxembourgeoise. Avec 475 millions d'euros de patrimoine professionnel, il figure à la 127ᵉ place du classement de *Challenges* en 2014. *Bilan* évalue sa fortune à 300 millions de francs suisses, soit 288 millions d'euros, la même année. La différence est de taille et met en évidence la difficulté de ces calculs. Michel Reybier confie au périodique *Bilan* qu'il habite désormais à Verbier car il trouve Genève trop près de la France. « Je le dis avec regret, mais je constate qu'une partie de la Suisse est influencée par la France. Or je suis extrêmement critique vis-à-vis de la France. » Pourtant, Michel Reybier n'est pas au forfait fiscal alors que celui-ci « devient intéressant à partir de 10 à 15 millions de francs suisses », selon Luigino Canal.

La propriété de Pierre Castel et de sa famille offre des vues imprenables sur le lac Léman. Ce troisième producteur mondial de vin est propriétaire de quatorze châteaux sur 800 hectares de vignes dans le Bordelais. Sa fortune a été multipliée par seize entre 1996 et 2014, passant de 457 à 7 500 millions d'euros, ce qui permet à Pierre Castel d'occuper, en 2014, la 10e place du palmarès de *Challenges*. Sa fortune, selon *Bilan*, serait estimée entre 8 000 et 9 000 millions de francs suisses. Mais l'essentiel des profits est lié à l'Afrique où ce fils d'ouvrier agricole espagnol a acheté une quarantaine de brasseries et 600 hectares d'oliveraies au Maroc.

Pour Jacques Lejeune, sa belle maison de Cologny est présentée comme un simple pied-à-terre parmi d'autres. Il possède de nombreuses propriétés, des avions, sans oublier son yacht. Construit en 2005, l'*Idyllwild*, un bateau de 44 mètres, est en vente pour 12,75 millions d'euros. Selon ses dires, 280 personnes seraient chargées de s'occuper de tous ses biens. Il a fait fortune dans le papier, puis il a revendu toutes ses sociétés. Il est administrateur et actionnaire à hauteur de 4 % de la Seita, mais il ne figure plus dans le palmarès de *Challenges* fondé sur les fortunes professionnelles alors que, dans ce cas, on est face à un énorme patrimoine de jouissance, évalué par *Bilan* entre 400 et 500 millions de francs suisses en 2014.

Philippe Hersant, exilé fiscal en Suisse, possède, toujours à Cologny, une magnifique résidence. Dernier fils de Robert Hersant, ancien patron du groupe de presse Hersant Média, il ne figure dans aucun des deux palmarès, sans doute en raison des difficultés de ce groupe de presse.

La présence de Charles Aznavour sur cette colline dorée est signalée dans la presse. « À ma connaissance, il a vendu ses propriétés genevoises en 2009 et 2012 pour s'installer dans le canton de Vaud », relève Luigino Canal.

Les militants de Solidarités, au moment de la campagne électorale sur le maintien ou non du forfait fiscal, se sont rendus chez Gennady Timchenko, un milliardaire russe bénéficiant de cet avantage. Ils ont signifié à cet actuel président du

Conseil économique de la chambre de commerce franco-russe ce qu'il devrait payer comme impôt s'il ne profitait pas de ce passe-droit. Un autre milliardaire russe, Viatcheslav Kantor, possède deux grandes propriétés à Cologny, l'une de 2 341 mètres carrés, achetée 5,8 millions de francs suisses en 2002, et une autre de 8 235 mètres carrés, acquise pour 22,5 millions de francs suisses en 2004.

Tout en haut de la colline, les principaux monuments et demeures visibles à l'horizon sont identifiés sur un panorama. Parmi eux figure le « Château Rothschild », de l'autre côté du lac Léman. Benjamin de Rothschild, le fils d'Edmond et de Nadine, y vit. Ce représentant de la septième génération de banquiers possède, en 2014, 87,1 % du groupe Edmond de Rothschild, voué à la finance, au conseil patrimonial, à la gestion et à l'assurance. Ce maillon de la lignée des Rothschild est à la tête d'une fortune professionnelle de 2 900 millions d'euros. Ce qui lui vaut la 20e place du palmarès des 500 premières fortunes professionnelles de France publié par *Challenges*. Le plus emblématique des Rothschild fait partie des exilés fiscaux français les plus aisés avec une fortune que *Bilan* a estimée entre 2 et 3 milliards de francs suisses. Le pouvoir économique donnant du pouvoir sur l'espace, sa résidence au bord du Léman étale les centaines de mètres carrés d'une vaste demeure au centre d'un grand parc. L'escalier monumental conduisant aux terrasses qui font face au lac sert de décor pour la publicité de la banque Edmond de Rothschild. Un lion (de pierre), qui « symbolise la puissance et l'excellence mises au service de nos clients », et cinq flèches, emblèmes des cinq lignées issues des cinq frères, fils de Meyer Amschel, le fondateur, qui développèrent la banque Rothschild dans cinq capitales européennes, finissent de donner une note de magnificence à ce manoir.

Pendant notre déambulation à Cologny, parmi « luxe, calme et volupté », la pluie froide de cette fin d'automne a repris ses droits. L'autobus qui nous emportera depuis l'arrêt juste en bas du chemin de Righi sera le bienvenu pour nous reconduire à Genève. En chemin, nous rencontrerons un jardinier au travail sous l'averse qui nous dira que son patron, « très riche grâce à la banque, n'est pas commode ». Chacun doit rester à sa place en ce coquet ghetto doré.

Le pouvoir économique et social permet l'appropriation collective des plus beaux espaces, à l'écart du monde ordinaire. Une autre manière de signifier qu'il est normal, avec le forfait fiscal, que les plus riches étrangers soient placés par l'État suisse au-dessus des lois, au-dessus même de la Constitution de la Confédération, en les dispensant de payer des impôts proportionnels à l'immensité de leurs richesses.

D'autres exilés français en Suisse

Éric Peugeot a choisi de s'établir dans le canton de Vaud, dont Lausanne est le chef-lieu. Il préside une filiale de General Electric. Sa famille possède, selon *Bilan*, entre 2 et 3 milliards de francs suisses, ce qui la place au 8e rang des Français résidant en Suisse. La famille Peugeot ne contrôle plus que 14 % du groupe automobile qui porte le patronyme familial devenu marque. Mais elle contrôle aussi une holding financière d'investissement avec des participations dans des entreprises cotées, comme SEB (électroménager), ou non cotées, comme la Sanef (Société des autoroutes du Nord et de l'Est de la France), et dans des fonds de capital-risque. La famille Peugeot a su s'adapter à la financiarisation. Pour autant, la tradition de l'argent voyageur ne date pas d'aujourd'hui puisque le nom de la famille Peugeot apparaît dès l'établissement de la première liste de fraudeurs français dévoilée en 1932.

La renommée de la Suisse en tant que terre d'asile pour grandes fortunes se fonde donc sur des pratiques d'évasion fiscale qui se prolongent sur plusieurs générations. En cette matière également, ces familles ont leurs quartiers de noblesse.

Ce rapport à l'impôt apparaît d'autant moins frauduleux qu'il a fini par aller de soi.

Les obsèques, le 10 novembre 2014, de Laurence Peugeot, l'épouse d'Éric Peugeot, nous ont confirmé la capacité de la classe dominante à se mobiliser pour manifester sa solidarité à la famille éprouvée. L'affluence dans cette église isolée dans le canton de Vaud, difficile d'accès, n'est pas seulement un hommage à la personne décédée. Elle est l'affirmation de l'unité du groupe social, des liens qui en soudent les membres au-delà des intérêts matériels. La grande bourgeoisie est une grande famille qui pratique une endogamie rigoureuse. La reproduction des positions sociales dominantes suppose cette capacité mobilisatrice, démonstration pratique de la solidité des liens, au-delà des rivalités ponctuelles qui, parfois, comme au sein de toute famille, mettent en difficulté la nécessaire solidarité. Parmi les témoignages des ami(e)s de Laurence Peugeot, Philippe Dominati, sénateur UMP, viendra rappeler les liens amicaux qu'il a noués avec elle et son mari lorsqu'ils habitaient à Paris. Ces liens avec le couple Peugeot se sont poursuivis puisque, en juin 2009, Philippe Dominati est entré au conseil d'administration de Theolia, une entreprise productrice d'éoliennes dont Éric Peugeot venait de prendre la direction. En tant que sénateur, Philippe Dominati était alors chargé des textes sur les énergies renouvelables au sein de la Commission des affaires économiques au Sénat. On comprend rétrospectivement pourquoi ce sénateur, président UMP de la commission parlementaire sur les paradis fiscaux au Sénat, n'a pu accompagner en Suisse le rapporteur communiste de cette mission, Éric Bocquet. Il s'est rétracté au dernier moment. Son intimité avec les évadés fiscaux français en Suisse a dû lui faire craindre des situations acrobatiques.

Paul Dubrule, le cofondateur avec Gérard Pélisson du groupe Accor, avec ses 4 000 hôtels et ses 160 000 salariés à travers le monde, s'est installé à la retraite, en 2006, dans une grande et belle maison près de Genève. Il ne se cache pas et revendique en toute franchise son statut d'exilé fiscal devant la caméra d'Antoine Roux, réalisateur des deux documentaires *Au bonheur des riches* dont nous avons écrit avec lui le projet [11]. « On est revenu en 1789, estime Paul Dubrule. On jette l'opprobre sur les riches alors que sans les riches, une nation n'existe pas vraiment. Cette bataille contre les riches et les exilés fiscaux est en décalage à l'heure de la mondialisation qui permet, en toute légalité, d'aller là où on est le mieux traité. » Paul Dubrule poursuit sa démonstration en comparant la France à une épouse infernale, dont on finit par divorcer : « La France devient insupportable, donc on va dans un pays voisin un peu plus supportable. On divorce en quelque sorte de son pays. C'est un peu triste, mais qu'il arrête d'être insupportable. » Sa fortune est estimée en 2014 par *Bilan* entre 200 et 300 millions de francs suisses et, par *Challenges*, à 270 millions d'euros. Ce qui lui vaut la 214e place dans le palmarès des 500 plus grandes fortunes de France. Paul Dubrule n'a jamais caché qu'il bénéficiait du forfait fiscal. Pendant la campagne électorale de novembre 2014, il a été l'un des rares exilés fiscaux à donner son point de vue aux journalistes, bien que souvent sous anonymat. Il a déclaré au magazine *Bilan* qu'il pourrait « très bien s'accommoder de la disparition du forfait fiscal » car, selon ses calculs, le passage au régime fiscal normal en Suisse n'augmenterait ses impôts versés au fisc, dans ce pays comme en France, que de 10 %. Actuellement, son imposition est de 2,5 millions de francs suisses. Et cela ne devrait donc pas changer puisque les Suisses ont refusé le 30 novembre 2014 l'abolition des forfaits fiscaux, qui n'a été approuvée que par 40,8 % des votants. Ce qui ne nous paraît pas être une défaite à plate couture compte

11. *Au bonheur des riches*, première partie, *Voyage en grande fortune*, seconde partie, *Les Riches et nous*, films d'Antoine Roux (écrits en collaboration avec Monique Pinçon-Charlot et Michel Pinçon), France Télévisions Distribution, 2013.

tenu des pressions des partis de droite que nous avons ressenties à la lecture quotidienne de la presse.

Paul Dubrule revendique toutefois sa préférence pour des dons à des causes qui sont les siennes, plutôt que de mettre son argent « dans la grande lessiveuse de l'État qui n'en fait pas forcément bon usage ». Grâce à la fondation familiale de droit suisse qui associe ses trois filles, sa femme et lui-même, il a pu créer une école d'hôtellerie au Cambodge pour laquelle il a versé 4 millions de dollars. Il a ainsi permis de former 1 400 diplômés – un vivier pour les personnels des Sofitel et autres hôtels du groupe Accor en Asie. Aussi est-il reçu comme un chef d'État lorsqu'il vient à Phnom Penh. « J'aime autant les compliments que je reçois au Cambodge que les critiques de Mélenchon, mais les critiques de Jean-Luc Mélenchon, je m'en fous ! » Cette franchise a permis à Antoine Roux de saisir une très belle scène au cours de laquelle Paul Dubrule reçoit la secrétaire qui gère sa fortune et qui lui demande ce qu'elle doit faire de 68 000 euros qui viennent de lui parvenir. « Où les mettons-nous ? » Le silence s'installe, Paul Dubrule fume tranquillement un cigare, puis, après avoir bien réfléchi, devant la caméra, il laisse tomber le verdict : « Au Luxembourg. » Cette détermination révèle le sentiment d'impunité, ou plutôt celui de la puissance que donne l'argent. Les plus riches finissent par oublier que, pour des milliards d'êtres humains, 68 000 euros, c'est une fortune. Plus de cinq ans de travail pour un smicard. Et ne peuvent se rendre compte que placer cet argent au Luxembourg plutôt qu'en France, où les politiciens de droite et de la gauche libérale exigent que le peuple se serre la ceinture, a quelque chose de désinvolte, léger et désobligeant, même si c'est légal au regard de nombreuses lois conçues par et pour les nantis.

UN SOCIOLOGUE SUISSE QUI « DONNE DE L'URTICAIRE AUX BOURGEOIS [12] »

Si la sociologie est un sport de combat, Jean Ziegler n'oublie jamais ses gants de boxe au vestiaire. Qu'est-ce qui fait qu'un sociologue puisse attirer autant de haine de la part des banquiers suisses tout-puissants depuis plusieurs générations et bien protégés par le secret bancaire ? Telle est la question que nous sommes allés lui poser un soir de novembre 2014 dans son bureau, à Genève.

Dans les années 1990, Jean Ziegler mène une triple vie : il est député socialiste de Genève, au Parlement de la Confédération, professeur de sociologie à l'université de Genève et auteur de nombreux ouvrages, dont trois sont consacrés à la Suisse. Ses livres ont connu un succès international, traitant successivement de la bonne réputation de ce pays au-dessus de tout soupçon, puis de sa fonction de lessiveuse performante pour blanchir l'argent sale, et enfin de son implication indirecte dans le génocide du peuple juif durant la Seconde Guerre mondiale, par le refus de servir de lieu de repli pour les juifs traqués par les nazis [13].

La haine que ces trois ouvrages ont suscitée dans l'oligarchie suisse se traduira par des attentats, des menaces de mort et de nombreux procès. Elle est certainement due à la mise à mal de la prétendue « neutralité » de la Suisse. « La "neutralité" suisse, nous dit Jean Ziegler, est une mystification, perpétuée avec art et obstination par l'oligarchie financière, qui dissimule ainsi ses pratiques et y trouve son profit. De fait, l'oligarchie bancaire helvétique met en œuvre, depuis des générations, une politique féroce d'exploitation des pays du tiers

12. Selon l'expression du journaliste André CRETTENAND, dans un article intitulé « La vengeance des médiocres », cité par Ian HAMEL, *Et si la Suisse ne servait plus à rien ?*, *op. cit.*, p. 107.
13. Respectivement : *Une Suisse au-dessus de tout soupçon*, Paris, Seuil, « Combats », 1976 ; *La Suisse lave plus blanc*, Paris, Seuil, « Essais », 1990 ; *La Suisse, l'or et les morts*, Paris, Seuil, « Points Histoire », 1997, 2008.

monde. Elle assure la complicité avec l'évasion fiscale de France, d'Allemagne ou d'Italie et le lavage des sommes astronomiques déposées par les cartels internationaux du crime organisé. De sorte que la Suisse se retrouve être le deuxième pays le plus riche de la planète, par habitant, selon la Banque mondiale, alors qu'elle ne possède aucune matière première. » Nous lui demandons de préciser le rôle des banquiers suisses pendant la Seconde Guerre mondiale. La réponse est sans détour : « Les banquiers suisses ont été des receleurs de Hitler, jusqu'en avril 1945. Ils ont refondu l'or volé par les nazis dans les Banques centrales des douze pays occupés, en lingots marqués de la croix helvétique. Ils ont également, et de la même manière, rendu convertible l'or issu des bijoux et des dents couronnées arrachées aux victimes juives dans les camps de concentration, ce qui a permis à Hitler de se procurer sur le marché mondial les matières premières stratégiques dont il avait besoin pour son armement. C'est ainsi et cela a été confirmé par le secrétaire d'État adjoint, Eisenstaedt, du gouvernement américain Clinton. Les banquiers suisses ont donc contribué au prolongement de la Seconde Guerre mondiale. »

L'image d'une Suisse qui « lave plus blanc », confortée par Jean Ziegler, n'a pas plu à la majorité de droite du Parlement qui a très vite, après la sortie de *La Suisse lave plus blanc*, demandé et obtenu, en 1990, la levée de l'immunité parlementaire de son auteur. C'était la première fois depuis 1939 qu'un élu se voyait infliger cette sanction. « Ils ont alors tenté de m'étouffer et de me faire taire avec neuf procès dans cinq pays, dont trois à Paris, raconte Jean Ziegler. J'ai toujours été condamné pour diffamation et atteinte au crédit, suivi de la condamnation à des dommages et intérêts se chiffrant à plusieurs millions de francs suisses. Mais il y a dans le monde d'autres drames que la ruine financière d'un petit intellectuel ! » Jean Ziegler a eu la chance extraordinaire d'avoir une épouse solidaire, qui partage ses idées et lui donne des coups de main pour ses livres et ses interventions.

Selon Ian Hamel, « le 31 août 1998 une vingtaine de personnalités, essentiellement issues du milieu bancaire (notamment de gros actionnaires de la banque UBS), déposent une plainte contre le député socialiste. Les plaignants l'accusent "de trahison, d'atteinte à l'indépendance et à la sécurité de la Suisse". Ils considèrent que Jean Ziegler "a agi de manière préméditée pour acculer la Suisse à indemniser les organisations juives" [14] ».

L'écriture de ce sociologue est claire, concise, franche et documentée. Il dévoile, il parle de ce dont il ne devrait pas parler. C'est très mal vu par ses compatriotes, au moins par la plupart d'entre eux, car le secret et l'opacité sont érigés en vertus morales en Suisse. Les banques, avec leurs architectures imposantes, sont de véritables temples où le maniement de l'argent relève du sacré. Les banquiers suisses sont ainsi auréolés d'une appartenance à une catégorie à part, supérieure, liée à la religion protestante. Cette intrication entre le calvinisme et les banquiers suisses remonte, selon Jean Ziegler, à quatre siècles en arrière. Malgré l'heure tardive et un rendez-vous important, dont l'heure approche, il nous propose une généalogie de la spécificité de la place bancaire suisse. « Cela remonte à la Saint-Barthélemy, Genève devenant le refuge des survivants en 1572. Puis il y a eu la révocation de l'édit de Nantes en 1685. Les survivants des dragonnades de Louis XIV se réfugient notamment à Genève. Aussi, poursuit Jean Ziegler avec conviction, les banquiers suisses d'aujourd'hui trouvent parfaitement normal d'accueillir des exilés fiscaux persécutés par des États qui, comme le disent les exilés, veulent leur confisquer leurs fortunes si durement acquises. Pour ces nouveaux maîtres du monde, l'impôt est devenu l'ennemi de l'honnête

14. Ian HAMEL, *Et si la Suisse ne servait plus à rien ?*, *op. cit.*, p. 106.

homme. En aidant celui qui vient demander, sous le sceau du secret, l'assistance bancaire, les financiers suisses se sentent investis d'une mission quasiment sacrée. La protection des escrocs internationaux et des fraudeurs serait, en quelque sorte, agréable à Dieu. »

Le résultat, poursuit le bouillonnant sociologue, « c'est l'importance des banques. Par exemple, la banque UBS a un chiffre d'affaires de près de 2 000 milliards de francs suisses alors que le produit intérieur brut du pays n'est que de 550 milliards. Avec une seule de ces banques qui représente quatre fois l'économie réelle du pays, on peut comprendre les craintes et l'effroi des citoyens quant à la prochaine crise financière. Elle sera épouvantable ».

L'entretien se termine sur ce qui, dans l'image de la Suisse, fait le plus souffrir notre collègue en sociologie. « C'est l'argent du sang ! » nous dit-il sans hésitation et avec une certaine colère. Jean Ziegler occupe aujourd'hui un poste à hautes responsabilités aux Nations unies en tant que vice-président du Comité consultatif du Conseil des droits de l'homme. Il a été auparavant, entre 2000 et 2008, rapporteur spécial de l'ONU pour le droit à l'alimentation. Il prend l'exemple du Congo où, dans de nombreuses villes, il n'y a plus d'écoles, de routes, ni de médicaments. « Les sociétés minières transcontinentales exploitent le pays, l'État est en déréliction. Kabila et son gouvernement sont rongés par la corruption et les capitaux en fuite affluent dans les caves d'Ali Baba des banques helvétiques. »

Jean Ziegler décrit avec émotion une maladie liée à la sous-alimentation qu'il a vue au Congo. « Le noma est une maladie qui attaque le visage des enfants, détruit les tissus mous et conduit à une mort atroce. Or, avec des antibiotiques pour un montant de 3 euros, l'enfant pourrait être sauvé. » Jean Ziegler rappelle que, « toutes les cinq secondes, un enfant de moins de dix ans meurt dans le monde, de faim, ou de ses suites immédiates. Une des causes de ce massacre quotidien est liée à la spéculation boursière sur les matières premières agricoles. En cinq ans, les prix mondiaux des aliments de base ont augmenté de 38 % pour le maïs, 31,5 % pour le riz, tandis que la tonne de blé a doublé ! Genève est aujourd'hui la capitale mondiale de la spéculation sur les matières premières alimentaires, avec des profits astronomiques pour les banques et les *hedge funds* [les fonds d'investissement spéculatifs] ».

Quand on demande à Jean Ziegler ce qu'il pense de la guerre fiscale que les États-Unis mènent contre la Suisse, la réponse fuse : « Les mafieux se combattent entre eux et c'est très bien ! » Pour ce sociologue, il s'agit d'une guerre entre les pays riches pour récupérer l'argent de l'évasion fiscale. « Il n'y a pas de traité de double imposition avec le Congo ou le Burkina Faso, c'est l'argent du sang qui engraisse les banques des pays de l'OCDE qui se concurrencent pour l'accaparer ! » L'échange automatique d'informations ne concerne que les pays riches de l'OCDE. « Cette nouvelle politique ne gêne que le dentiste de Grenoble et le notaire de Bordeaux et pas du tout les gros fraudeurs qui disposent de sociétés *offshore* domiciliées dans les paradis fiscaux. »

Aussi n'est-on pas surpris par le titre du dernier ouvrage de Jean Ziegler : *Retournez les fusils !*[15]. Le sociologue en appelle à l'insurrection des consciences. « L'ennemi principal des hommes, conclut-il, est aujourd'hui la dictature mondiale des oligarchies du capital financier globalisé et l'ordre absurde qu'elle impose à la planète, avec son cortège d'humiliés, d'affamés et de vies fracassées. »

15. Jean ZIEGLER, *Retournez les fusils ! Choisir son camp*, Paris, Seuil, « Documents », 2014.

LE PACTOLE DE L'ÉVASION FISCALE, OBJET DE TOUTES LES CONVOITISES

Les États-Unis prennent volontiers la posture avantageuse du courageux justicier de bande dessinée, genre Zorro, pour mieux dissimuler ce qui les symbolise le mieux, l'oncle Picsou. Le pays de l'oncle Sam rêve d'un monde qui ne connaisse que le dollar pour mieux affirmer sa suprématie. Les magots qui prospèrent en francs suisses dans les banques de la Confédération sont un affront qui peut se transformer en affrontement lorsque les banquiers d'UBS se permettent de faire du démarchage illicite sur le territoire des États-Unis pour que de riches Américains profitent de la mansuétude du fisc helvétique. 19 000 contribuables et des milliards de dollars ont été ainsi transférés vers la Suisse avec des techniques sophistiquées de dissimulation. Lorsque Brady Brikenfeld, le responsable, est arrêté en 2008 aux États-Unis, il reconnaît l'existence de circuits de transfert de l'argent et les torts d'UBS. La banque suisse assume non seulement ses responsabilités, mais présente ses excuses et paye une amende de 780 millions de dollars aux États-Unis. Pourtant, Myret Zaki, rédactrice en chef de *Bilan*, nous a appris que « la part des avoirs non déclarés par des Américains en Suisse n'est que de 2 %, c'est donc plus facile de taper sur la Suisse, et plus délicat de taper sur les Caraïbes. Les Américains récupèrent peu, mais, en faisant payer les banques suisses, ils les affaiblissent ».

Les États-Unis se sont lancés dans une guerre financière qui ne dit pas son nom pour récupérer le maximum de l'argent volage qui circule sous une fausse identité ou de manière anonyme à travers le monde. Cette guerre a ses champs de bataille et ses lois, dont la loi FATCA (*Foreign Account Tax Compliance Act*), votée en 2010 par les États-Unis. Elle a pris effet en 2014. Cette loi établit un échange automatique de données entre le fisc américain et les banques étrangères du monde entier. Elles doivent transmettre les indications concernant leurs clients américains avec le montant de leurs comptes, sous peine d'un prélèvement à la source de 30 % de leurs revenus réalisés aux États-Unis. La loi FATCA « est une législation extraterritoriale américaine unilatérale assurant aux États-Unis toute l'information dont ils ont besoin [16] », a déclaré devant les sénateurs Pascal Saint Amans, directeur du Centre de politique et d'administration fiscales de l'OCDE.

Cette loi, au seul profit des États-Unis, entend favoriser leurs propres paradis fiscaux du Delaware, le plus connu, mais aussi du Nevada et du Wyoming, sans compter quelques îles sous contrôle. Les États-Unis persistent dans leur refus de réciprocité des règles qu'ils imposent aux autres. En effet, ils n'ont pas signé l'accord multilatéral d'échange automatique sur les comptes bancaires, conclu le 29 octobre 2014 à Berlin par quatre-vingt-dix pays. Dont le Luxembourg et l'Autriche qui, acculés, avaient enfin accepté de renoncer à une partie de leurs secrets bancaires quelques jours auparavant. Les capitaux en délicatesse avec le fisc auront toute latitude d'aller trouver refuge au Delaware, où les trusts, instruments juridiques qui relèvent du droit anglo-saxon, sont légion. « Le marché des trusts internationaux est contrôlé par les États-Unis, le Royaume-Uni et leurs îles annexes », écrit Myret Zaki qui montre que « la charpente de l'opacité est constituée par le secret des avocats. Combiné au secret des sociétés, à celui des trusts et à celui des transactions, il forme le socle de la pratique fiduciaire qui est au cœur de la gestion patrimoniale anglo-saxonne [17] ». Le secret a d'ailleurs été étendu au début des années 2000 « aux experts-comptables et aux fiscalistes certifiés par le gouvernement fédéral, lorsqu'ils conseillent des

16. SÉNAT, *Évasion des capitaux et finance : mieux connaître pour mieux combattre*, rapport d'information n° 87, tome II : auditions, François Pillet, président, Éric Bocquet, rapporteur, Paris, 2013-2014, p. 200.

17. Myret ZAKI, *Le Secret bancaire est mort. Vive l'évasion fiscale !*, Favre, Lausanne, 2010, p. 52.

contribuables[18] ». L'oncle Sam peut donc se présenter aux yeux du monde entier comme le va-t'en-guerre contre l'évasion fiscale et le secret bancaire après s'être caparaçonné de secrets bien articulés et imbriqués au point de se constituer une solide armure.

Une partie de l'argent *offshore* va donc être rapatriée en *onshore*, au cœur des grands États développés, non pas pour améliorer le sort de ceux qui vivent en dessous des seuils de pauvreté, mais pour le bonheur des riches et la prospérité de leurs arrangements entre amis, tout en faisant croire, comme d'habitude, que l'évasion fiscale, c'est ter-mi-né !

18. *Ibid.*, p. 76.

2. LE PAQUEBOT DE BERCY SOUS PAVILLON DE COMPLAISANCE

Les paradis fiscaux ont pour clients, presque par définition, les contribuables d'un pays qui n'en est pas un. Mais, paradoxalement, l'évasion fiscale n'est pas toujours combattue avec énergie par l'État aux dépens duquel ils fraudent. Elle est au contraire plus ou moins volontairement « tolérée », « ignorée », en faveur de contribuables particulièrement fortunés qui peuvent s'appuyer sur des officines spécialisées, mais aussi sur la protection que représentent leur notoriété et leurs réseaux sociaux.

De retour à Paris, nous décidons de suivre cette piste. Il existe en France une certaine tolérance à l'égard des fraudeurs, de la part de ceux mêmes qui ont la charge des recettes fiscales de l'État...

« On ne remplace pas Jérôme Cahuzac, on lui succède modestement », a déclaré Bernard Cazeneuve dans sa première intervention en tant que ministre du Budget – une formule qui semble minimiser le comportement fraudeur de son prédécesseur. Le ministre change, mais le paquebot de Bercy poursuit joyeusement sa route sous pavillon de complaisance, avec, dans la cabine de pilotage, une promotion d'oligarques dont certains arrivent tout droit des banques d'affaires. La nomination comme ministre de l'Économie d'un associé-gérant de la banque Rothschild & Cie, Emmanuel Macron, en août 2014 est à cet égard révélatrice.

C'est en partie au sein même de l'État français que s'organisent les faveurs fiscales dont bénéficient les plus nantis. L'exemple de l'immense fraude organisée par la famille Wildenstein permet d'en exposer les rouages.

L'IRRECEVABILITÉ DE L'AFFAIRE WILDENSTEIN

L'avocate Claude Dumont-Beghi enquête depuis 2003 sur la spoliation dont Sylvia Wildenstein aurait été la victime après la mort de son mari, Daniel Wildenstein, richissime collectionneur d'art décédé en 2001. Mais ce n'est qu'en juillet 2010 que Guillaume Daïeff est chargé, en tant que juge d'instruction du pôle financier de Paris, d'instruire la plainte pour abus de confiance déposée par l'épouse du défunt. Celle-ci accuse deux trusts basés à Guernesey, l'une des îles Anglo-normandes, d'avoir soustrait une partie de l'héritage de son mari et d'avoir au passage fraudé le fisc français en ne payant pas l'impôt dû sur cette succession. Guy Wildenstein, le seul de ses deux beaux-fils encore en vie, est mis indirectement en cause. Comment expliquer qu'il ait fallu sept ans de procédure avant que le juge d'instruction soit saisi de la plainte de l'épouse spoliée ? Est-ce parce que Guy Wildenstein est un ami très proche de Nicolas Sarkozy et un membre généreux du premier cercle des donateurs de l'UMP, dont le trésorier n'était autre alors que le ministre du Budget, Éric Woerth, qu'il n'a pas été inquiété avant 2010, ni par les services de Bercy, ni par la justice ? Guy Wildenstein reçoit même, en mars 2009, la croix de commandeur de la Légion d'honneur que lui remet Nicolas Sarkozy au palais de l'Élysée.

Deux ans plus tard, cet amateur d'art est entendu par la police judiciaire parisienne pour fraude fiscale, dissimulation d'une partie de la fortune familiale et présomption de recel de tableaux, puis mis en examen le 6 juillet 2011. Le même mois, une plainte de la ministre du Budget, Valérie Pécresse, est déposée contre lui pour fraude fiscale liée à l'utilisation de paradis fiscaux dans l'intention d'escamoter les impôts dus pour la succession de son père. Entre la dissimulation d'une partie du patrimoine et l'optimisation fiscale, Guy Wildenstein a su jouer des lois, mobiliser des avocats d'affaires, consulter les meilleurs conseillers fiscaux et solliciter ses amitiés au plus haut de l'appareil d'État. Ce qu'on appelle « jouer sur du velours ». Mais, comme dans l'affaire Bettencourt, c'est un conflit familial qui a fait s'écrouler ce beau montage. Cette dérive hors du sort commun n'a pas résisté aux révélations qui ont fini par être reprises par la presse, rendant inévitables les poursuites judiciaires.

À la demande de Sylvia Wildenstein, l'avocate Claude Dumont-Beghi s'adressa aux personnalités concernées par les irrégularités de la succession Wildenstein. En juin puis septembre 2009, elle informa Éric Woerth, ministre du Budget. Ses deux courriers restèrent sans réponse. Ce fut également le cas d'une dizaine d'autres adressés à diverses personnalités concernées. Dans ce petit monde, les différents acteurs de l'affaire se connaissent, ont des relations et des responsabilités qui les rendent solidaires. C'est ainsi qu'Éric Woerth est également maire de Chantilly, célèbre pour son activité équestre, à laquelle Guy Wildenstein est étroitement associé puisqu'il y possède une écurie de chevaux de course. Les deux hommes ne peuvent s'ignorer.

Claude Dumont-Beghi ne se décourage pas et, le 6 juillet 2010, elle écrit au nouveau ministre du Budget François Baroin. Dans son livre *L'Affaire Wildenstein*, elle donne le contenu de son courrier. « Fiscalement parlant, écrit-elle, est posée au ministre et à ses services la question de l'articulation, dans le cadre de la loi française, des trusts établis du vivant de Daniel [Wildenstein], durant sa communauté de vie avec ma cliente, au bénéfice de ses deux fils et héritiers directs [1]. » Un courrier

1. Claude DUMONT-BEGHI, *L'Affaire Wildenstein*, *op. cit.*, p. 151.

sera également adressé à Philippe Parini, à la Direction générale des finances publiques (DGFiP). La lettre qui suggérait au ministre de déposer plainte pour fraude fiscale est faxée le 6 juillet 2010 à 11 heures. Étrange coïncidence : le même jour, à 15 heures, à l'Assemblée nationale, le député socialiste des Landes, Alain Vidalies, pose une question au gouvernement sur le dossier de la succession Wildenstein en demandant plus de transparence. Comparant cette affaire à celle de la famille Bettencourt, il conclut : « C'est bien parce que nous sommes confrontés à un système, et pas seulement à une affaire, que la crise politique est grave pour notre République et notre démocratie. » La vivacité de la réponse de François Baroin s'explique par le caractère périlleux d'un dossier qui peut se transformer, après l'affaire Bettencourt, en un autre scandale d'État. « Monsieur le député, est-ce que vous vous rendez compte de ce que vous dites ? Est-ce que vous vous rendez compte du mal que vous faites à la démocratie que vous représentez ici ? Est-ce que vous vous rendez compte que vous êtes en train de tracer le sillon des extrêmes et de l'extrême droite ? Comment pouvez-vous piétiner de la sorte les éléments fondamentaux des libertés individuelles ? » Faire le jeu des extrêmes est une invective vite employée dès que l'oligarchie est mise en difficulté : il importe de ne pas entrer dans le détail des affaires.

Le silence du ministère du Budget s'est poursuivi. « Un an après, j'ai renouvelé mon courrier, déclare l'avocate Claude Dumont-Beghi devant les sénateurs le 24 avril 2012, cette fois à Madame Pécresse [qui a remplacé François Baroin], en insistant sur la responsabilité qu'elle avait vis-à-vis du contribuable français en tant que représentante de l'État français et garante de l'intérêt général. Je lui rappelais également une décision du Conseil d'État du 21 mars 2011, qui juge que le ministre doit impérativement agir s'il a connaissance d'un élément qui pourrait nourrir un soupçon de fraude fiscale, qu'il n'y a plus besoin d'une faute lourde et que de simples éléments concordants suffisent. À défaut, il engagerait la responsabilité de l'État. Lorsque j'ai écrit ce courrier, je ne savais pas – je l'ai su trois mois après – que M. Baroin avait, le jour de son départ du ministère du Budget, déposé une plainte pour fraude fiscale, qui fut jointe à ma deuxième plainte. » Avant même tous ces courriers, l'avocate s'était adressée à l'administration fiscale : « En dépit de leur compétence, les agents que j'ai rencontrés m'ont dit clairement qu'ils ne pouvaient rien faire et que cette affaire relevait de la cellule spécialisée dans le traitement des dossiers impliquant des personnalités [2]. »

Cette cellule spécialisée, encore trop méconnue du grand public, participe de ce qu'on appelle le « verrou » de Bercy. Ce « verrou » empêche tout fonctionnaire des Impôts ayant établi l'existence d'une fraude fiscale de porter directement l'affaire devant les tribunaux. Si, au final, les Wildenstein devraient faire l'objet du plus grand redressement fiscal, avec 600 millions d'euros réclamés par le fisc (dont 250 millions pour Guy Wildenstein, sans les pénalités), cela ne s'explique que par un conflit familial et le courage d'une avocate dont les interventions furent bien relayées par la presse.

LE « VERROU » DE BERCY

Une dérogation au droit commun a été instituée par la loi du 29 décembre 1977, sous la présidence de Valéry Giscard d'Estaing et le gouvernement de Raymond Barre, avec la création de la Commission des infractions fiscales (CIF), dénommée communément « verrou » de Bercy. La motivation de cette dérogation avait « pour objectif d'éviter l'acharnement fiscal sur certains contribuables [3] », avoue en 2014 son président, le vicomte Jean-François de Reydet de Vulpillières.

2. SÉNAT, *L'Évasion fiscale internationale, et si on arrêtait ?*, *op. cit.*, p. 685, 686 et 687.
3. *Ibid.*, p. 708.

Dans le droit français, d'ordinaire, c'est le procureur et lui seul qui décide d'engager des poursuites. Mais pas dans les affaires de fraude fiscale, qui font exception à la règle. Comme l'explique le juge d'instruction Guillaume Daïeff, dans ces cas, « une plainte du ministre du Budget est nécessaire. [...] Le procureur de la République ne peut pas – il n'en a pas le droit – engager une enquête pour fraude fiscale si elle ne lui a pas été demandée par le ministre du Budget. C'est une condition préalable à l'action publique [4] ». Selon ce magistrat, « il est très clair que cette plainte préalable donne au ministre du Budget le pouvoir de définir la politique pénale fiscale. En réalité, cette politique est fixée non par le procureur ou par le garde des Sceaux, mais par le ministre du Budget et ses services. C'est en effet le ministre du Budget qui fait le premier le tri. C'est lui qui décide, après un contrôle fiscal, s'il y a lieu ou non d'aller au pénal [5] ».

Le vrai « verrou » de Bercy n'est donc pas l'existence en soi de la Commission des infractions fiscales, mais le fait qu'elle permet légalement au ministre du Budget de jouer le rôle de chef de gare avec le pouvoir d'aiguiller comme il l'entend le traitement de la fraude fiscale vers telle solution plutôt que telle autre. Ceux qui verront leur dossier orienté vers la CIF seront envoyés dans neuf cas sur dix en correctionnelle, risquant des peines de prison, avec ou sans sursis. Mais le ministre peut aussi proposer aux contribuables fraudeurs de son choix la porte de sortie des cellules de dégrisement, aujourd'hui dénommées de « régularisation », ou encore d'autres formes de conciliabules informels, afin d'échapper à la menace de poursuites pénales, à condition que les impôts dûs soient acquittés et agrémentés de quelques pénalités.

4. SÉNAT, *L'Évasion fiscale internationale, et si on arrêtait ?*, *op. cit.*, p. 907.
5. *Ibid.*

Composition sociologique de la CIF en 2014

Qui sont donc les membres de la Commission des infractions fiscales ?

Le pedigree de son président, le vicomte Jean-François de Reydet de Vulpillières, apporte à cette commission une légitimité sociale et un profit symbolique liés à l'ancienneté incontestable de sa famille, qui appartient à une dynastie dont la noblesse remonte à 1560 et qui dispose de quatorze mentions dans le *Bottin mondain* 2009. Son titre de vicomte se porte en quelque sorte garant d'une promesse d'entre-soi aristocratique et de la qualité des autres membres de cette commission, au patronyme plus discret. Un château dans la Nièvre et une adresse au cœur de Paris inscrivent cette famille dans la multiterritorialité propre à sa classe. Ces caractéristiques semblent suffisantes pour sa définition sociologique puisque la notice le concernant ne mentionne, à titre d'activité professionnelle, que son appartenance au Conseil d'État. L'absence de mention dans le *Who's Who 2013* conforte l'idée d'une position sociale davantage caractérisée par une inscription dans une lignée familiale prestigieuse que par un palmarès professionnel.

Hormis leur président, aucun des vingt-trois membres des quatre sections de la CIF, titulaires et suppléants, n'apparaît dans le *Bottin mondain*. Onze sont conseillers d'État, et douze conseillers à la Cour des comptes ; quinze d'entre eux ont une notice dans le *Who's Who 2013*, qui mentionne en général les professions des parents. Les origines sociales vont d'un père ouvrier, pour Jean-Pierre Cossin, à un père notaire, pour Monique Liébert-Champagne, un général de brigade, pour Tanneguy Larzul, ou un chirurgien, pour Francis Brun-Buisson. Des origines sociales moyennes et supérieures, mais pas de naissance systématique dans les dynasties sociales fortunées. La moyenne d'âge est élevée, très concentrée autour des années d'après-guerre, le plus âgé étant Robert Lescure, né en 1928, le plus jeune, Philippe Hayez, né à Versailles en 1961. Cette CIF présente une sorte d'équilibre sociologique avec des trajectoires sociales et des positions politiques diverses. Les sensibilités de la droite et de la gauche libérale s'y mêlent harmonieusement, symbolisant ainsi l'unité idéologique profonde des défenseurs du capitalisme.

Les avantages de la gare de triage

Pourquoi, alors que les plus grandes fortunes de France font en principe l'objet d'un contrôle fiscal au moins tous les trois ans, madame Bettencourt n'avait-elle pas été contrôlée depuis une période bien plus longue ? Cette omission était destinée, selon un fonctionnaire de la Direction centrale du renseignement intérieur, à « protéger le premier cercle des fraudeurs, quand ceux-ci soutiennent, par cotisation en espèces ou par influence, le parti de ceux qui sont au pouvoir. Connaître, le plus en amont possible, les délits des riches et des puissants, cela va souvent ensemble, permet des négociations sérieuses et précises sur les contreparties attendues en échange d'une solide et confidentielle immunité fiscale [6] ».

Un ancien directeur de l'un des services, à Bercy, la DNEF (Direction nationale des enquêtes fiscales), décisif en matière d'enquête sur la fraude fiscale, Roland Veillepeau, s'est prononcé en faveur d'une suppression de la CIF car, même si « l'administration fiscale s'en sert comme moyen de pression ou monnaie d'échange pour faire accepter des redressements, [...] le ministre peut également écarter un dossier de poursuites pour des motifs politiques ou amicaux [7] ».

6. Antoine PEILLON, *Ces 600 milliards qui manquent à la France. Enquête au cœur de l'évasion fiscale*, Paris, Seuil, 2012, p. 57.
7. Propos de Roland Veillepeau recueillis par Fabrice LHOMME et Gérard DAVET, « Swissleaks : "En France, la lutte contre la fraude fiscale internationale est inopérante" », *Le Monde*, 11 février 2015.

Les conséquences de ce montage institutionnel complexe se font sentir aussi dans la prescription des faits, comme le regrette Éric de Montgolfier, procureur près la cour d'appel de Bourges, le 22 mai 2012, dans sa déclaration sous serment devant les sénateurs. « Compte tenu du temps que prennent les filtres successifs – la volonté du ministre, la Commission des infractions fiscales – puis la mise en forme des dossiers et leur transmission à l'autorité judiciaire, en l'espèce au ministère public, il n'est pas rare de recevoir les dossiers quinze jours avant la prescription de l'action publique, voire la veille, c'est-à-dire quatre ans après la commission des faits [8]. » Éric de Montgolfier ne conteste pas pour autant le rôle que peut jouer l'administration fiscale dans la recherche des fraudeurs : « Je ne suis pas hostile à ce que l'administration intervienne parce qu'elle a une technicité, des moyens, une connaissance que nous n'avons pas nécessairement. Le seul problème est celui, plus général, de l'équité. Il faut que les interventions des uns et des autres soient équitables [9]. »

Mais comment en juger puisque les décisions prises à la majorité des voix par les hauts fonctionnaires de la Commission des infractions fiscales n'ont pas à être motivées ? Ce sont eux qui, sans avoir à justifier leur décision, autorisent ou non le ministre du Budget à saisir le parquet. Il ne peut y avoir de jurisprudence dans la mesure où le secret fiscal est totalement verrouillé.

Malgré l'affaire Cahuzac, les socialistes maintiennent le pouvoir discrétionnaire du ministre

Bernard Cazeneuve, spécialiste du droit des affaires, ancien député-maire de Cherbourg, proche de Laurent Fabius, « succède » donc à Jérôme Cahuzac au poste de ministre du Budget, qui est le responsable politique seul à même de pouvoir

8. SÉNAT, *L'Évasion fiscale internationale, et si on arrêtait ?*, *op. cit.*, tome II, p. 871.
9. *Ibid.*, p. 881.

actionner, par l'intermédiaire de l'avis conforme de la CIF, le dispositif de plainte pour fraude fiscale devant l'autorité judiciaire. Après le scandale de ce qui est devenu l'affaire Cahuzac, les Français étaient en droit de penser que la CIF avait fait son temps et qu'il était devenu nécessaire de trouver d'autres modalités que les cellules de dégrisement ou de régularisation pour sévir contre l'évasion fiscale de plus en plus massive. Il n'en fut rien. Monique a exprimé sa surprise à l'occasion d'une table ronde à laquelle elle avait été invitée dans le cadre de l'université d'été du Parti socialiste, à la fin du mois d'août 2013. Bernard Cazeneuve était de la partie. Monique s'est servie de ce maintien assumé de la CIF pour montrer que, contrairement à l'affirmation de Karine Berger, députée socialiste chargée du pôle économique du PS, pour qui « les paradis fiscaux sont des armes de destruction massive contre la souveraineté des États », c'est bien au cœur de l'État que se niche l'optimisation fiscale. Bernard Cazeneuve a alors défendu avec vigueur les raisons du maintien de ce « verrou » garant du secret fiscal. « On ne peut agir, a-t-il dit, comme si la fraude pouvait se résoudre uniquement par l'incarcération des fraudeurs. Mon approche est plus pragmatique. Je recherche l'efficacité. En sept semaines, 1 100 contribuables se sont dits déterminés à remplir leurs obligations fiscales, soit autant qu'en deux ans. » Puis il s'est réjoui que « les conventions d'échange automatique d'informations entre les pays prouvent que les États ne sont pas complices des paradis fiscaux. Nous les combattons. Nous ne sommes pas là pour commenter le monde, nous sommes là pour le changer ». Belle formule : le ministre cite Karl Marx.

Rien n'a pourtant changé dans le petit monde de Bercy. La démission de Jérôme Cahuzac aurait pu être l'occasion d'une complète remise à plat, mais il n'en fut rien. Le journaliste Antoine Peillon relate les négociations qui auraient eu lieu, à l'époque, entre le ministère de la Justice et Bercy pour tenter

> d'amoindrir ou de supprimer le pouvoir de la CIF. « Des nuances importantes distinguaient le ministre de l'Économie et des Finances [à l'époque, Pierre Moscovici] et le ministre du Budget [à l'époque, Bernard Cazeneuve]. Monsieur Moscovici avait ainsi accepté un système permettant à la Commission des infractions fiscales de continuer d'exister et à la justice d'enquêter normalement. Ce compromis a été défait au plus haut niveau trois semaines avant que le projet de loi ne soit présenté devant l'Assemblée nationale [10]. » Le maintien de ce « verrou », qui viole le principe constitutionnel de la séparation des pouvoirs entre l'administration fiscale et la justice, « a été pris, selon Antoine Peillon, au cours du week-end des 25 et 26 mai 2013 dans les bureaux mêmes de l'Élysée. Étaient présents : François Hollande, président de la République, Jean-Marc Ayrault, Premier ministre, Pierre Moscovici, ministre de l'Économie et des Finances, et Bernard Cazeneuve, ministre délégué au Budget, successeur de Jérôme Cahuzac. Grande absente : Christiane Taubira, garde des Sceaux, ministre de la Justice [11] ».

Il n'est pas étonnant que le taux d'avis favorables à une saisine du parquet par la CIF soit élevé, avoisinant les 90 %, puisque le ministre du Budget a fait le tri en amont. Le nombre moyen annuel de dossiers examinés par la CIF s'est situé autour de 1 030 sur la période 2008-2013, avec un taux d'avis défavorables à une saisie du parquet de 10,3 % en moyenne et une stabilisation à 9 % sur les années 2012 et 2013, alors qu'il s'établissait à 11 % en 2008 et 14 % en 2009, au cœur du mandat présidentiel de Nicolas Sarkozy. Mais les dossiers pour les-

10. SÉNAT, *Évasion des capitaux et finance : mieux connaître pour mieux combattre*, *op. cit.*, p. 179.
11. Antoine PEILLON, *Corruption. Nous sommes tous responsables*, Paris, Seuil, 2014, p. 88.

quels la CIF autorise le ministre du Budget à engager des poursuites judiciaires « concernent plus des petits commerçants et des artisans que des gros poissons qui, grâce à des transactions secrètes, parviennent à passer entre les mailles du filet qui retiennent surtout le menu fretin, regrette Éric Alt, conseiller référendaire à la Cour de cassation, au cours d'un entretien. Tout cela est difficile à vérifier, ajoute-t-il, mais la seule chose dont on est sûr, c'est qu'il n'y a pas d'égalité devant l'impôt ».

La mise en place d'un étouffement des poursuites, avec des amendes négociées dans les alcôves de Bercy, aboutit dans bien des cas à faire disparaître l'infraction et les sanctions pénales.

« Selon que vous serez puissant ou misérable, les jugements de cour vous rendront blanc ou noir », écrivait La Fontaine

Nous sommes allés assister à une séance de la 11e chambre correctionnelle spécialisée dans les problèmes financiers et fiscaux, notamment liés aux entreprises, avec des délits de banqueroute ou des opérations frauduleuses. Un petit patron comparaissait à la suite de la plainte de la Direction générale des finances publiques (DGFiP), pour escroquerie à la TVA déductible. Il a d'emblée reconnu avoir bénéficié, de la part de l'administration fiscale, de 70 000 euros de remboursements indus. « Pourquoi avez-vous fait cela ?, demande la présidente. — J'étais à la dérive, je n'arrivais plus à payer mon loyer… » Il avait déjà remboursé les finances publiques le jour de sa comparution. Mais cela ne paraissait pas suffisant à l'avocate de la DGFiP qui a rappelé une clause fondamentale : « La dette épurée ne fait pas disparaître l'infraction. » La procureure, très en colère, a requis dix-huit mois d'emprisonnement ferme après un réquisitoire digne d'une militante d'extrême gauche : « 70 000 euros escroqués ! Mais c'est énorme ! Quand on pense au montant du RSA... La gravité de l'infraction est très importante ! » Dans le langage du droit, c'est la différence entre la qualification d'« escroquerie » et celle de « fraude » qui justifierait une telle différence de traitement.

LES CELLULES DE REPENTANCE DE BERCY

Bercy offre des services spécifiques aux contribuables fautifs qui souhaitent se repentir avant la mise en place, à partir de 2017, de l'échange automatique des informations entre les administrations fiscales – et donc la fin du secret bancaire. Or le contrôle fiscal résulte de l'application de règles de droit commun qui concernent tous les citoyens. L'approche « pragmatique » revendiquée par Bernard Cazeneuve, qui permet selon lui de faire rentrer des recettes fiscales, occulte les mécanismes institutionnels de sélection qui transforment les fraudeurs fiscaux en repentis. Le tour de passe-passe sémantique est savoureusement cynique quand il permet à des coupables endurcis d'apparaître comme des pénitents rongés par la culpabilité d'avoir péché. Une confession dans les règles, quelques prières en guise d'amende et le pardon vous est acquis, et donc l'accès au paradis de nouveau ouvert.

Le contrôle fiscal s'adapte ainsi au milieu social des contribuables. Les cellules mises en place à Bercy pour accueillir les repentis fiscaux, et non les soumettre aux sanctions de la justice française, leur repentance les en protégeant, « sont des transactions et des négociations qui ne sont pas conformes aux règles du redressement fiscal », nous a déclaré un inspecteur des Impôts. Voilà qui est plus clair que les termes « dégrisement » ou « régularisation » dont la connotation est moins politique, la réputation relevant plus de la morale que de la sanction formelle et de la justice. Ces cellules d'amnistie fiscale permettent donc d'échapper aux contrôles par la CIF et à la pénalisation de la faute.

La « cellule de dégrisement » d'Éric Woerth

La « cellule de dégrisement » mise en place en 2009, pour accueillir les fraudeurs repentis de la liste HSBC, n'a eu qu'un succès très relatif. Et, surtout, ce ne sont pas les fraudeurs attendus qui s'y sont présentés. Sur les 4 725 repentis, seuls 68 figuraient sur la liste HSBC. Mais il est vrai qu'Éric Woerth, lorsqu'il a brandi sa fameuse liste des 3 000 détenteurs de comptes non déclarés dans les banques suisses, n'a pas précisé qu'il s'agissait de HSBC. Qu'il y ait eu 4 657 autres contribuables aux comptes non déclarés ouverts en Suisse qui se soient présentés confirme l'ampleur de la fraude fiscale. Pour certains, la peur d'être pris a entraîné ce choix de la négociation au confessionnal de Bercy. Au total, 4 200 dossiers ont été traités entre septembre et décembre 2009, donnant lieu au versement de 1,5 milliard d'euros d'impôts et d'amendes.

C'est Nicolas Sarkozy qui, en 2005, en tant que ministre des Finances, avait pris l'initiative de permettre à tout contribuable fraudeur, envahi par le remords ou plutôt l'angoisse d'être découvert, de bénéficier d'une régularisation de sa condition devenue inconfortable. Reconnaissant avoir fraudé le fisc, il acquitte sa dette agrémentée de pénalités et le litige est réglé, la sanction pénale étant exclue.

Voler le fisc quand on est l'héritière de Nina Ricci n'a rien à voir avec voler un vêtement dans un magasin quand on est un pauvre bougre. Le chapardage peut conduire tout droit en prison. Après une nuit passée au poste de police et un passage éclair en comparution immédiate, le jeune délinquant se retrouve privé de liberté. La délinquance en col blanc, avec des milliers ou des millions d'euros détournés, a des conséquences invisibles, mais est d'une tout autre importance pour la société, privée ainsi d'une partie non négligeable de ses recettes. Madame Bettencourt, elle, a pu rapatrier de Suisse en France près de 200 millions d'euros non déclarés, « en collaboration avec l'administration fiscale ». Les redressements fiscaux négociés par l'intermédiaire de son avocat se sont élevés à 50 millions d'euros. Pour autant, pas de poursuites pénales, pas de condamnation, pas de sanction, fût-elle symbolique.

La délinquance est socialement construite et définie. « L'illégalisme des biens a été séparé de l'illégalisme des droits, écrivait Michel Foucault. Partage qui recouvre une opposition de classes, puisque, d'un côté, l'illégalisme qui sera le plus accessible aux classes populaires sera celui des biens, transfert violent des propriétés ; que, d'un autre, la bourgeoisie se réservera, elle, l'illégalisme des droits : la possibilité de tourner ses propres règlements et ses propres lois [12]. »

Le pénal et le social s'associent pour atteindre un compromis qui permette l'aménagement de la loi, et surtout de son application, pour les coupables bon chic bon genre, dont la faute est avant tout d'avoir été pris la main dans le sac par négligence ou par une trop grande assurance de soi. À l'opposé, le quidam ordinaire et populaire, dont la personnalité banale ne justifie aucun aménagement de la peine, se voit condamné aux peines les plus lourdes. « L'amende est bourgeoise et petite-bourgeoise, l'emprisonnement ferme est sous-prolétarien, l'emprisonnement avec sursis est populaire [13]. » Comparutions immédiates pour les petits, filtres administratifs et institutionnels pour les puissants, dont les cellules de fraudeurs fiscaux repentis mises en place à Bercy sont l'une des modalités. « En France, écrivent les sociologues Alexis Spire et Katia Weidenfeld dans une tribune libre du *Monde* du 13 février 2015, la fraude fiscale est l'un des délits les moins sévèrement sanctionnés par les juridictions pénales, même en

12. Michel FOUCAULT, *Surveiller et Punir*, Paris, Gallimard, 1975, p. 89.
13. Brunon AUBUSSON DE CAVARLAY, « Hommes, peines et infractions : la légalité de l'inégalité », *L'Année sociologique*, vol. 35, n° 2, 1985.

comparaison avec d'autres crimes en col blanc. Les peines de prison sont rares. Sur environ 65 000 détenus dans les prisons françaises, il y a aujourd'hui un peu moins de 5 000 personnes condamnées pour escroquerie, abus de confiance, recel, faux et usage de faux. Parmi eux, combien sont derrière les barreaux pour le seul délit de fraude fiscale ? Sans doute pas un seul. »

La cellule de « régularisation » de Bernard Cazeneuve

Une nouvelle cellule, dite de « régularisation », pour détenteurs d'avoirs non déclarés à l'étranger a été mise en place, sous cette appellation peu menaçante, dans le cadre de la circulaire Cazeneuve du 21 juin 2013, à la suite de l'affaire Cahuzac et des développements de la liste des fraudeurs de la filiale suisse de HSBC. Cette cellule est localisée dans le 19e arrondissement de Paris, loin des beaux quartiers. Situé à deux pas de la Porte de la Villette, au 17-19 place de l'Argonne, un imposant immeuble de dix étages de bureaux, plus un entresol, abrite le « Service des impôts des particuliers du Centre des finances publiques de Paris 19e arrondissement Buttes-Chaumont ». La cellule de régularisation, au quatrième étage, a été baptisée « Service de traitement des déclarations et rectifications » (STDR). Au cœur d'un quartier pauvre, les usagers qui entrent et sortent de ce bâtiment sont d'allure modeste. *A priori*, il y a peu de chances de tomber sur des clients de HSBC. C'est pourtant ici que les fraudeurs ou, à défaut, les avocats fiscalistes qui les représentent peuvent venir faire amende honorable et négocier leurs pénalités. Sans doute n'ont-ils guère le goût de venir en personne et de quitter les beaux quartiers pour se retrouver sur l'avenue Corentin Cariou, dans un secteur défavorisé où les commerces casher cohabitent avec les boucheries hallal et où se côtoient des immigrés de tous les continents. Les hauts fonctionnaires des Finances ont-ils pensé que faire venir des fraudeurs aisés dans un endroit aussi populaire leur servirait de leçon ? Quoi qu'il en soit, il y a deux cas de figure : si certains fraudeurs, qui ont droit aux égards de l'administration, viennent sur rendez-vous, les autres, les contribuables « ordinaires », doivent faire la queue en prenant un ticket numéroté au distributeur à l'entrée.

Nos observations sur place ont été limitées car l'accès au quatrième étage de l'immeuble où se situe le STDR est interdit, secret fiscal oblige. Le chroniqueur économique François Lenglet a eu le privilège d'y pénétrer après avoir obtenu une autorisation exceptionnelle dans le cadre d'un magazine de France 2, diffusé le 20 avril 2015, consacré au « Grand bazar fiscal français ». Les bureaux sont envahis par des piles de dossiers. Depuis l'ouverture de la cellule de repentance, 37 000 personnes ont apporté, ou fait apporter par leurs avocats, les documents concernant leurs comptes non déclarés ouverts à l'étranger, selon Maïté Gabet, directrice de la Direction nationale des vérifications de situations fiscales (la DNVSF, dont relève le STDR). En mars 2015, le jour où François Lenglet fait découvrir le confessionnal au spectateur, les dossiers arrivent par caisses entières. Cet afflux massif n'est pas étonnant à cette période puisqu'il fallait que le dossier ait été reçu avant le 31 mars pour pouvoir bénéficier de remises sur les pénalités et les amendes.

Les raisons de la lenteur dans le traitement des dossiers

Sur les dizaines de milliers de dossiers déposés, seuls 4 000 avaient été traités fin décembre 2014. Cette lenteur s'explique essentiellement par le manque de moyens et de personnel. Malgré les appels à candidature en direction des inspecteurs des Finances publiques, volontaires pour effectuer une mission de soutien auprès du STDR, il n'y a qu'une soixantaine de fonctionnaires pour les gérer. En raison des conditions de travail et de la crainte de fuites, il est possible que le climat de la place d'Argonne ne suscite guère de vocations. « Il y a une pression énorme à la productivité, et l'ambiance est un peu parano, compte tenu de la valeur des dossiers : la moindre fuite fait désordre », a confié un responsable syndical au *Canard enchaîné* du 25 mars 2015. Dans son appel à candidature pour recruter de nouveaux employés, Bercy mentionne le « sens de la discrétion requis pour les postulants, compte tenu de la notoriété de certains contribuables ».

La lenteur dans le traitement des dossiers incombe aussi aux fraudeurs qui ne s'inclinent pas facilement devant la rigueur du fisc, alors que s'y soumettre est la seule façon, si le dossier est accepté, d'être garanti de l'absence de poursuites pénales. Cette dépénalisation n'a d'ailleurs pas été mentionnée dans l'émission de France 2, les fraudeurs étant déclarés par Maïté Gabet « volontaires, s'incriminant eux-mêmes ». Pour ralentir encore l'instruction de leurs dossiers et se donner ainsi le temps de quelques réaménagements de leurs acrobaties fiscales, les contribuables et leurs avocats ont usé de la stratégie consistant à remettre un dossier incomplet. Sur les 36 000 fraudeurs qui ont déposé un dossier au STDR en 2014, seuls 16 915, soit un peu moins de la moitié, ont fourni diligemment toutes les pièces. Devant ce manque de zèle, une circulaire a été nécessaire pour que les justificatifs demandés par l'administration soient fournis par le contribuable dans un délai de soixante jours après la demande.

De plus, ce n'est que depuis la « loi Saint-Nicolas », comme les inspecteurs des Impôts appellent la loi du 6 décembre 2013 sur la répression de la délinquance financière et fiscale, que les informations concernant des comptes non déclarés à l'étranger, mais obtenues de manière illicite, peuvent être opposées aux contrevenants. « Auparavant, les avocats chargés des dossiers de gros clients niaient tout simplement la possession de ces comptes, ou se prévalaient de la non-fiabilité et donc de l'illégalité de la liste HSBC. Et nous ne pouvions rien faire », nous a confié de manière anonyme l'un des fonctionnaires de ce service. Mais, début 2015, 40 % à 50 % de son temps sont mobilisés par des dossiers qui relèvent de cette liste. 85 % des dossiers déposés au STDR concernent des avoirs détenus en Suisse et 7 % se situent au Luxembourg.

En 2014, 2 milliards d'euros récupérés sont venus abonder les caisses de l'État. Cela est à la fois beaucoup et peu. Si l'administration fiscale en avait les moyens et la volonté, les fonds récupérés pourraient être beaucoup plus élevés. Pour 2015, les services fiscaux prévoient un objectif de 2,7 milliards d'euros. Michel Sapin, ministre des Finances et des Comptes publics, a révélé au début de 2015 que, pour l'ensemble des dossiers traités par le STDR depuis sa création, le montant des avoirs détenus en Suisse représentait 14 milliards d'euros. Soit une moyenne de 880 000 euros par dossier traité. Cette moyenne cache une amplitude très large puisque les montants de ces comptes vont de 50 000 euros, pour ceux que détiennent des salariés transfrontaliers, à plusieurs dizaines de millions d'euros pour des comptes familiaux. 45 % des contribuables concernés résident en Île-de-France, dont 24 % à Paris même. Ce qui n'est pas étonnant compte tenu de la concentration des grandes fortunes en région parisienne.

L'âge moyen des possesseurs des comptes étant de soixante-neuf ans, on peut supposer que la repentance est particulièrement appréciée des personnes âgées, sans doute soucieuses de ne pas léguer une succession empoisonnée à leur descendance. Le fait que les avoirs déclarés proviennent d'héritages dans 62 % des cas et de donations pour 13 % en dit long sur la transmission de la fraude fiscale qui se fait « naturellement » de génération en génération. Ainsi se forment des cohortes d'héritiers aptes à bénéficier de l'argent de la fraude, en toute bonne conscience, dans la certitude que l'Etat prélève indûment sur un patrimoine fruit du courage, de l'intelligence et du sens de l'épargne, constitué en faveur de la lignée [14]. Le fait qu'un avoir non déclaré provienne d'un héritage est souvent présenté comme une excuse pour des héritiers qui n'ont pas eu la responsabilité du placement. En fait, il s'agit, dans les familles les plus fortunées, d'une stratégie dont les futurs héritiers sont informés. Plus un patrimoine est important, plus il engendre de conseils de famille, l'héritage devant être anticipé de façon à optimiser la transmission des biens, mais aussi des responsabilités, patronales, financières et gestionnaires. Pour l'administration fiscale elle-même, la fraude se bonifie avec le temps et, s'il est impératif de rétablir les prérogatives du droit fiscal, les sanctions sont moins lourdes pour les héritiers que celles qui sont appliquées aux fraudeurs ayant en leur nom placé au paradis, helvétique ou luxembourgeois, une partie de leurs avoirs. Les fraudeurs *passifs* sont des contribuables qui ont révélé des avoirs reçus par héritage ou par donation localisés à l'étranger. La majoration de l'impôt dû sera de 15 % alors qu'elle atteint 30 % pour des fraudeurs *actifs*, qui auront délocalisé eux-mêmes leurs avoirs. Malheureusement, il manque dans cette communication de Bercy la ventilation des repentis en fonction des banques, ce qui éclairerait le rôle de chacune d'elles dans l'évasion fiscale.

La cellule de régularisation de Bernard Cazeneuve restera ouverte jusqu'en 2017, l'échange automatique d'informations ne devant fonctionner entre certains États, dont la Suisse, qu'à partir du 1er janvier 2018. Les fraudeurs sont donc prévenus longtemps à l'avance – de quoi permettre à ceux qui n'ont pas

14. Statistiques établies par *Le Monde* à partir du rapport de 2014 sur l'activité du STDR, concernant les avoirs non déclarés à l'étranger, remis aux présidents et aux rapporteurs généraux des Commissions des finances de l'Assemblée nationale et du Sénat.

du tout l'envie de se repentir de procéder à des montages encore plus opaques avant l'échéance annoncée. Cette forme de négociation fiscale constitue donc une prestation de services réservée aux plus riches. « Toutes les fortunes de France négocient leurs impôts, affirme avec vivacité Henri Guaino sur un plateau de télévision en octobre 2009, face à Laurent Mauduit. Vous le savez mieux que moi ! » Le cofondateur de Mediapart, dans le cadre de son enquête sur Bernard Tapie, a en effet reçu de manière anonyme une bande sonore où on entend Bernard Tapie discuter à Bercy, soit avec Éric Woerth lui-même, soit avec son directeur de cabinet, le montant des impôts dont il devra s'acquitter, à la suite du pactole de plusieurs centaines de millions d'euros qu'il a touché grâce à la mise en place d'un tribunal arbitral privé. Voilà donc confirmé par celui qui était alors le conseiller spécial de Nicolas Sarkozy que les puissants s'exonèrent en toute impunité des règles du commun [15].

Les fraudeurs fiscaux en col blanc bénéficient en outre du secret fiscal afin qu'ils soient préservés de la divulgation de leurs noms dans la presse et dans les recherches des sociologues, empêchant ainsi la construction de l'incarnation d'une classe de riches qui n'hésite pas à transgresser les lois qu'elle a conçues à son profit, et qu'elle contourne sans scrupule quand l'appel de l'argent l'exige. Et, cerise sur le gâteau, ils échappent aux poursuites devant les tribunaux.

Malgré cela, la mobilisation des dominants reste constante et ardente pour obtenir la dépénalisation totale de tous leurs forfaits. Ainsi, le 2 juin 2014, cinq députés UMP ont osé déposer un amendement décomplexé proposant « que seuls les crimes qui portent atteinte à une personne physique soient passibles d'une peine de prison. Les autres crimes, qu'ils

15. Thomas Johnson et Laurent Mauduit, *Tapie et la République : autopsie d'un scandale d'État*, Nova Productions, Institut national de l'audiovisuel, 2015.

soient financiers ou non, doivent bénéficier de peines adaptées, comme des travaux d'intérêt général, l'interdiction d'exercer la profession qui a conduit à ce crime, ou encore des amendes adéquates ». Mais ils ont dû retirer cette proposition devant le tollé qu'elle a provoqué. Elle a eu le mérite, selon Laurent Bonelli, professeur de science politique, de « mettre le doigt sur l'essentiel : les rapports de forces politiques qui guident le glaive de la justice pénale vers un groupe social plutôt qu'un autre[16] ».

LE BLANCHIMENT DE FRAUDE FISCALE

Les raisons du contournement légal de la CIF

L'infraction de blanchiment date du 13 mai 1996, constituant le blanchiment de fraude fiscale en une infraction distincte et autonome de la fraude elle-même. Les poursuites judiciaires concernant le blanchiment ne sont donc pas subordonnées au dépôt d'une plainte préalable de l'administration fiscale ni donc à l'avis conforme de la CIF, la déclaration de soupçon pouvant permettre l'ouverture d'une enquête judiciaire. Le blanchiment de fraude fiscale est une infraction commise lorsque le fraudeur réinjecte dans l'économie de l'argent qui a été préalablement caché au fisc. Auparavant, le blanchiment n'était lié qu'au trafic de drogue et à la criminalité organisée. La Cour de cassation a confirmé, dans un arrêt du 20 février 2008, l'autonomie du délit de blanchiment et l'ordonnance du 30 janvier 2009 a étendu l'obligation de déclaration à laquelle des professionnels, banquiers, notaires ou autres, étaient assujettis pour les présomptions de terrorisme « à toutes les fraudes passibles d'une peine de prison d'au moins un an. La

16. Laurent Bonelli, « Une naturalisation de la délinquance, le récidiviste, voilà l'ennemi ! », *Le Monde diplomatique*, août 2014.

fraude fiscale est donc dorénavant incluse dans l'obligation de déclaration [17] ».

Les Balkany, du paradis à l'enfer fiscal

Isabelle Balkany a été mise en examen le 22 mai 2014 pour blanchiment de fraude fiscale à la suite des révélations de Didier Schuller, ancien directeur général de l'Office des HLM des Hauts-de-Seine. Une information judiciaire a été ouverte par le parquet de Paris. Les investigations sont menées par l'Office central de lutte contre la corruption et les infractions fiscales et financières, un service rattaché à la Direction centrale de la police judiciaire. Il est probable qu'il s'agisse de suspicions de pots-de-vin liés à l'attribution de marchés publics à Levallois-Perret. Elles concernent donc aussi Patrick Balkany, qui, lui, est protégé par son immunité parlementaire. Non déclarés au fisc, comme tous les pots-de-vin, ils auraient été blanchis par l'achat de propriétés fastueuses. La villa Serena, acquise en 1989, et celle achetée en 1997, baptisée du nom juteux de « Pamplemousse », avec ses cinq chambres et sa piscine au milieu des palmiers de l'île Saint-Martin, île franco-hollandaise des Caraïbes, ont été payées par le biais de montages financiers au Liechtenstein. L'argent pour l'achat en janvier 2010, au prix de 2,7 millions d'euros, de la villa Dar Gyucy à Marrakech a, lui, transité *via* le Luxembourg et Singapour. Sans oublier le moulin Cossy, à Giverny, acquis en 1986, soit plus de trois ans après l'élection de Patrick Balkany à la mairie de Levallois-Perret. On peut aller apprécier la beauté de ces lieux enchanteurs, le moulin des Balkany étant presque aussi célèbre à Giverny que la maison et les jardins de Claude Monet. Ces biens immobiliers sont donc détenus par des cascades de sociétés écrans localisées dans les paradis fiscaux.

17. Éric VERNIER, *Techniques de blanchiment et moyens de lutte*, Paris, Dunod, 2013, p. 119.

Isabelle Balkany ne doit sa liberté qu'au versement d'une caution d'un million d'euros complétée par l'interdiction de se rendre au Maroc. Le palais des Balkany y a d'ailleurs été saisi à titre conservatoire par le juge, comme garantie pour l'éventuel dédommagement du fisc français qui s'est porté partie civile. Ces époux, ayant un grand sens de l'économie non marxiste, ne paient pas l'ISF, leur fortune étant abritée par le secret bancaire dans quelques îles paradisiaques. Ils disent en effet être séparés depuis dix ans et ont opté pour le régime juridique de la séparation des biens. Du moins de ceux dont l'administration de Bercy peut avoir connaissance.

Le délit de blanchiment de fraude fiscale implique donc que l'argent de la fraude, non imposable par définition puisqu'il échappe au fisc, soit blanchi en étant remis dans le circuit légal par l'achat de biens immobiliers de luxe ou d'autres valeurs confié à des sociétés fantoches, ce blanchiment ayant pour effet de désigner des possesseurs inatteignables et souvent chimériques. Ces biens restent hors d'atteinte du fisc, qui en ignore même l'existence. Au bout d'un certain temps, le délai de prescription de la fraude fiscale permet d'en jouir ouvertement. Depuis la loi bancaire du 6 décembre 2013, le délai de la plainte est passé de trois à six ans, mais le délai de prescription n'a pas changé alors que la demande était pressante pour qu'il ne commence à courir qu'à partir de la découverte des faits.

Depuis cette nouvelle loi, le champ de compétences de la Brigade nationale de la répression de la délinquance fiscale (BNRDF), créée en 2010, a été élargi au blanchiment de fraude fiscale en y intégrant des circonstances aggravantes, parmi lesquelles la fraude fiscale commise en bande organisée et celle reposant sur des comptes bancaires ou des fiducies et trusts détenus à l'étranger. Les peines encourues sont portées à sept ans d'emprisonnement et 2 millions d'euros d'amende. La garde à vue peut aller jusqu'à quatre jours. Les peines sont désormais identiques pour les personnes morales et pour les personnes physiques, étant entendu que, dans le premier cas, elles sont infligées aux personnes physiques ayant la responsabilité de la personne morale impliquée (société, association...). La BNRDF, rattachée au ministère de l'Intérieur et placée au sein de la Division nationale d'investigations financières et fiscales (DNIFF), laquelle relève de la Direction centrale de la police judiciaire, doit sa création aux réflexions d'un groupe de travail parlementaire créé pour enquêter sur les conséquences de la crise financière de 2008. Cette police du fisc, installée à Nanterre, travaille avec une dizaine d'agents des Impôts, mais elle est placée sous le contrôle du ministère de l'Intérieur. La première affaire dont a été saisie cette brigade est celle de la liste de clients fraudeurs de la banque HSBC dont l'informaticien français Hervé Falciani a subtilisé les données.

À la mi-juillet 2014, un soupçon de corruption concernant Patrick Balkany s'est ajouté à celui de blanchiment de fraude fiscale. Les agents de Tracfin ont en effet découvert d'importants virements financiers qui pourraient être liés à des opérations immobilières menées par la mairie de Levallois-Perret. Une partie de cet argent, selon *Le Canard enchaîné* du 6 août 2014, a abouti à Singapour, sur un compte secret ouvert par le directeur de la Société d'économie mixte de Levallois-Perret. Le 21 octobre 2014, c'est donc au tour de Patrick Balkany d'être mis en examen pour « corruption passive, blanchiment de corruption passive et blanchiment de fraude fiscale ». Puis, le 11 février 2015, les juges d'instruction Renaud Van Ruymbeke et Patricia Simon ont transmis au parquet national financier une demande de levée de l'immunité parlementaire de Patrick Balkany. En effet, le 8 janvier 2015, les deux magistrats ont reçu la visite imprévue de Jean-Pierre Aubry, le directeur de la Société d'économie mixte de Levallois, venu les informer qu'il n'était qu'un prête-nom et qu'il n'était pas le propriétaire du palais marocain. Il s'agissait alors de savoir d'où provenaient ces millions d'euros non déclarés au fisc français. Les juges craignaient que l'immunité parlementaire du député Balkany les empêche de lui interdire de quitter la France et qu'il puisse ainsi échapper aux poursuites dont il fait l'objet. Mais les vingt-deux membres du bureau de l'Assemblée nationale ont levé cette immunité le 18 mars 2015. Le 11 mai 2015, Patrick Balkany a dû remettre son passeport aux juges qui l'ont placé sous contrôle judiciaire avec interdiction de quitter la France.

On ne sera pas étonné de retrouver dans ce polar politico-financier, outre les époux Balkany, le cabinet d'avocats dont l'un de leurs meilleurs amis, Nicolas Sarkozy, est le cofondateur. « Le cabinet d'avocats "Claude et Sarkozy", dans lequel est associé l'ex-chef de l'État, paraît avoir prêté son concours juridique à ce montage illégal [18] » d'un maquis de sociétés écrans et de comptes ouverts dans des paradis fiscaux, dont certains en Suisse. Le directeur de la société fiduciaire suisse Gestrust a d'ailleurs confié aux magistrats avoir créé, à la demande de Jean-Pierre Aubry et de maître Claude, deux sociétés *offshore*, dont une baptisée « Maydridge », pour la villa Dar Gyucy à Marrakech, tandis que l'autre, « Himolo », était chargée d'en assurer le financement occulte. Un maquis derrière lequel se cacheraient les « Thénardier des Hauts-de-Seine [19] ». Le cabinet d'avocats a été perquisitionné le 21 mai 2014. L'avocat cofondateur du cabinet, Arnaud Claude, a été mis en examen en décembre 2014 par le juge Renaud Van Ruymbeke pour blanchiment de fraude fiscale. Cet avocat aurait non seulement aidé à exfiltrer l'argent de commissions occultes vers Singapour, mais aussi à monter des sociétés écrans pour permettre aux propriétaires réels, les millionnaires de Levallois, de disparaître. Ce qui n'a pas empêché Patrick

18. Selon les journalistes Gérard DAVET et Fabrice LHOMME, « Patrick Balkany mis en examen dans une affaire d'évasion fiscale », *Le Monde*, 22 octobre 2014.
19. C'est ainsi que Marie-Cécile GUILLAUME anonymise les Balkany dans *Le Monarque, son fils, son fief*, Paris, Éditions du Moment, 2012, p. 81-90.

Balkany, en tant que maire de Levallois-Perret, de demander au conseil municipal de renouveler, le 9 février 2015, le marché passé entre la commune et le cabinet d'avocats Claude et Sarkozy pour « assistance en droit de l'urbanisme » et « en droit immobilier ». C'est dire la désinvolture avec laquelle le maire considère les conseillers municipaux et les habitants de Levallois-Perret.

Les paradis fiscaux et les complicités au sein de l'oligarchie peuvent seuls expliquer qu'en 2009 les Balkany soient nantis d'un patrimoine de 5 millions de dollars, sans que le fisc en ait été informé. Les Balkany combinent des enrichissements personnels non déclarés au fisc de leur pays avec des faits qui relèvent ou pourraient relever du conflit d'intérêts ou de la corruption. À la fin de mars 2015, on apprend qu'une enquête est ouverte, visant Isabelle Balkany, par deux juges d'instruction de Nanterre au motif de « soupçons de favoritisme concernant les choix effectués pour le marché de la reconstruction d'un collège » à Courbevoie. À l'époque, l'intéressée était chargée des affaires scolaires au conseil général des Hauts-de-Seine. Une information judiciaire contre X avait été ouverte en 2014 après un signalement de la Chambre régionale des comptes. En mai 2015, la Haute Autorité pour la transparence de la vie publique ayant estimé qu'Isabelle et Patrick Balkany avaient menti dans leurs déclarations de patrimoine, a sollicité le parquet national financier à ce sujet.

Comment expliquer que, dans un pays qui se réclame d'une « République irréprochable » selon les vœux du président François Hollande en campagne présidentielle, il y ait autant de détournements de fonds qui devraient abonder les ressources fiscales ou financer les investissements publics et qui aboutissent en fin de parcours sur des comptes clandestins et exotiques ? Au point que, compte tenu des masses financières ainsi escamotées, s'il était mis fin à cette hémorragie, ce seraient entre 60 et 80 milliards d'euros qui rentreraient chaque année dans les caisses de l'État, selon le syndicat Solidaires Finances publiques. De quoi payer les intérêts annuels de la dette et résorber le « trou » de la Sécurité sociale. Encore faudrait-il que les élus et les fonctionnaires disposent des moyens nécessaires à l'éradication de cette délinquance invisible.

BERCY SE DONNE-T-IL LES MOYENS DE LUTTER CONTRE LA FRAUDE FISCALE ?

Lorsque les ministres des Finances et du Budget mettent en avant leurs victoires contre les fraudeurs du fisc, ils devraient préciser que ces quelques succès sont obtenus malgré la suppression de milliers de postes de fonctionnaires des Finances et des Douanes chargés de la répression des fraudes.

Diminution des personnels et baisse des budgets

Le 20 mars 2014, ils étaient 6 000 grévistes rassemblés face à Bercy pour dire leur colère devant les difficultés à réaliser leurs missions de contrôle. Les suppressions d'effectifs sont massives : 30 000 fonctionnaires de moins depuis 2002 et 2 564 postes supprimés en 2014, très majoritairement concentrés sur les services de la Direction générale des finances publiques (DGFiP) et des Douanes, accompagnés d'une baisse significative de leurs budgets de fonctionnement.

D'un côté, l'État prend le visage du docteur Jekyll, avec l'affichage appuyé de sa volonté de lutter contre la fraude fiscale, mais de l'autre côté sévit Mister Hyde qui supprime 20 % des fonctionnaires chargés de la traquer et diminue d'autant les effectifs de douaniers, passés de 22 500 en 1993 à 17 000 en 2014 et programmés à 15 000 agents à l'horizon 2020. « Il n'y a jamais eu aussi peu de contrôles de valises que depuis un an, en direction de paradis fiscaux comme les îles de Jersey. Il s'agit donc d'un choix politique clair qui, sous couvert d'économie, consiste à réduire au maximum les contrôles… et à nous rendre moins gênants », comme le dit un douanier des aéroports bretons dans un entretien publié par *L'Humanité* du 11 mars 2014. Marc Francina, député (UMP) de Haute-Savoie, déclare devant la Commission des finances : « Depuis l'intégration de la Suisse à l'espace Schengen et la quasi-disparition des contrôles aux frontières, les passages de valises de billets, ou de titres, se sont accélérés ! On m'a parlé l'autre jour d'une personne arrêtée à la frontière avec un bon du Trésor de 1,8 milliard d'euros... Les douaniers ne sont pas assez nombreux pour contrôler ces mouvements [20]. »

Hervé Falciani a bénéficié de l'aide des douanes françaises dans le transfert des données de la banque HSBC Private Bank. « À cette époque [en 2010], écrit-il, Sarkozy voulait réduire les effectifs des douanes, probablement parce qu'il en avait peur. Ce sont les douanes qui ont le plus de liens avec l'étranger ; ils ont des informations que les simples citoyens ne peuvent même pas imaginer et ils disposent d'un service secret, la DNRED (Direction nationale du renseignement et des enquêtes douanières), qui est parmi les plus efficaces. Avec les gendarmes qui travaillent dans les ambassades, les agents des douanes sont les seuls à avoir le pouvoir d'agir [21]. » C'est-à-dire de perquisitionner, d'investiguer, d'auditionner toute personne et de la placer en garde à vue.

Le paradoxe de la schizophrénie étatique est toutefois levé si l'on veut bien prendre en compte les intérêts et les manœuvres de l'oligarchie. La réduction des effectifs des fonctionnaires chargés de combattre la fraude fiscale est, pour les nantis, un « bon » coup double. La diminution des dépenses publiques est susceptible de donner lieu à de nouveaux cadeaux en

20. ASSEMBLÉE NATIONALE, *Le Traitement par l'administration fiscale des informations contenues dans la liste reçue d'un ancien salarié d'une banque étrangère*, rapport d'information n° 1235, Christian Eckert, rapporteur général, Paris, 2013, p. 8 (assemblee-nationale.fr/14/rap-info/i1235.asp).
21. Hervé FALCIANI avec la collaboration d'Angelo MINCUZZI, *Séisme sur la planète finance. Au cœur du scandale* HSBC, La Découverte, « Cahiers libres », Paris, 2015, p. 85.

leur faveur et cet affaiblissement des moyens du ministère constitue le meilleur gage de l'impunité de la fraude fiscale. Proclamer la volonté de réprimer la fraude et refuser en douce de s'en donner les moyens, telle semble être la devise de Bercy. D'ailleurs, la probabilité pour qu'un détenteur de l'une des 500 plus grandes fortunes françaises fasse l'objet d'un examen fiscal approfondi est de 2,3 %, ce qui correspond à un contrôle tous les quarante ans [22]. Mais amnistier les fraudeurs plutôt que se donner les moyens de les traquer est source de souffrance pour les inspecteurs des Impôts.

Perte du sens du travail

« Oui, nous avons la sécurité de l'emploi, comme on aime à nous le rappeler, mais à quoi ça sert quand il n'y a plus de sens dans le travail ? », comme l'a dit au quotidien *L'Humanité* (21-23 mars 2014) une fonctionnaire de Bercy. La souffrance au travail n'est pas une expression vaine. En 2012, vingt-six agents de Bercy se sont donné la mort, dont vingt et un pour la seule DGFiP, la Direction générale des finances publiques. « On nous fait de grands discours sur le contrôle puis on reçoit une note interne sur le crédit d'impôt compétitivité emploi (CICE) qui stipule que "l'administration fiscale ne contrôlera pas l'utilisation du CICE". Ça fout la rage ! »

Le mot de passe de l'ordinateur de l'un des suicidés était « Ras-le-bol ». Un inspecteur des Finances publiques que nous avons pu interviewer sous anonymat a confirmé que le nombre de suicides était stable, mais se maintenait inexorablement chaque année, car lié aux injonctions contradictoires permanentes de la hiérarchie. « Ainsi, des dossiers révélant des anomalies fiscales concernant une personnalité très connue n'ont pas conduit à des poursuites malgré les avis en ce sens que nous avions communiqués à notre hiérarchie. » Plus grave,

22. COUR DES COMPTES, *Rapport public annuel* 2012, février 2012.

l'accès aux informations fournies par des personnes au cœur d'affaires très médiatisées est impossible sans des codes informatiques réservés aux seuls supérieurs hiérarchiques. « Au niveau où je suis, il est impossible d'investiguer sur des personnalités politiques de premier plan, conclut-il amèrement, regrettant qu'on ne lui donne pas toutes les informations pour mener à bien son travail. À la fois nous sommes sollicités pour travailler sur la fraude fiscale et en même temps on ne nous fait pas confiance alors que nous sommes des cadres A et que nous avons prêté serment. » Cet inspecteur regrette de ne pas avoir une vision globale des dossiers qu'il a à traiter. « L'information est morcelée, nous n'avons connaissance que de quelques éléments d'un puzzle que je serais bien incapable de reconstituer. » L'opacité sciemment entretenue au sein de Bercy explique que notre interlocuteur ne sait même pas comment fonctionne la Commission des infractions fiscales. « Ça échappe totalement à mon pouvoir et c'est seulement par la presse que j'ai entendu parler du fameux "verrou de Bercy". Je suis découragé car mon travail n'a plus de sens. Quel est l'intérêt de passer du temps à traquer la fraude quand les montants rectificatifs sont aussi faibles ? Je me sens déconsidéré. Le travail entre les différentes directions de Bercy, et au sein même de chacune d'entre elles, est compartimenté et cloisonné pour que nous ne comprenions pas ce qui se passe réellement », en arrive à dire ce fonctionnaire qui aurait tant aimé pouvoir être fier de son métier et donc de lui-même. Qu'un inspecteur des Impôts ne puisse pas faire son travail, dès lors qu'il s'agit de puissants, est source d'une violence et d'une humiliation symboliques d'autant plus ressenties que l'on est haut dans la hiérarchie administrative.

Un autre inspecteur des Finances publiques donne des indications supplémentaires sur le malaise dans le contrôle fiscal : « Aujourd'hui, les vérificateurs sont soumis à des délais précis qu'on ne peut pas dépasser. Je vous donne un exemple :

je découvre une fraude à la TVA lors d'un contrôle d'une entreprise qui va donner lieu à un redressement fiscal de 5 000 euros. Puis, juste à la fin du troisième mois passé dans ce contrôle, j'ai de fortes présomptions d'une fraude assez importante liée au prix de transfert qui pourrait faire rentrer 300 000 euros dans les caisses de l'État. Ayant besoin de temps pour apporter les preuves, mon chef de service va s'y opposer car cela bouleverserait ses statistiques de délai, comme si cela pouvait être un indicateur de réussite contre la fraude fiscale ! Et, du coup, on perd les 300 000 euros. » Puis il avoue sa crainte que les délais soient encore raccourcis, passant de trois mois à quinze jours maximum. Les contrôles fiscaux sur les particuliers subissent les mêmes pressions bureaucratiques. « J'ai de fortes présomptions d'un compte non déclaré à l'étranger, poursuit ce même inspecteur, il faut que je demande une assistance administrative internationale qui va prolonger le contrôle de ce contribuable. Le refus de mon administration sera motivé par le problème des statistiques de délais ! » Cela entraîne non seulement une perte de sens d'un travail dont l'objectif est normalement de faire rentrer de l'argent dans les caisses de l'État, mais également « des sentiments profonds de malaise, de frustration, d'aigreur qu'on intériorise et qui peuvent provoquer des *burn out* chez certains. Mais, moi, je prends mes distances et je ne me casse plus la tête ! ». D'autant plus que la souffrance au travail est difficile à exprimer car « tout de suite c'est le chantage à la mutation, voire au chômage... ».

Curieusement, selon un autre fonctionnaire de Bercy, en charge lui aussi du contrôle fiscal, « ce qui est en passe d'être abandonné, c'est la fonction dissuasive des contrôles fiscaux. Or c'est bien sur le terrain que notre présence humaine permet de construire le consentement à l'impôt, dans une relation de confiance, et de traiter en quelque sorte la fraude à la source. C'est un peu comme si on décidait de supprimer la présence des gendarmes sur les voies routières et autoroutières. L'esprit du service public qui faisait l'intérêt de notre travail n'est plus partagé par la hiérarchie et c'est vraiment très douloureux pour nous ». « Cela nous fait perdre même notre crédibilité, ajoute un inspecteur des Impôts. Je me souviens d'avoir eu à faire un contrôle de facturation le lendemain de la démission, le 25 février 2005, du ministre de l'Économie et des Finances, Hervé Gaymard, qui, pour des raisons familiales et sociologiques, avait choisi de louer, aux frais des contribuables, un grand appartement dans les beaux quartiers plutôt que d'occuper son logement de fonction à Bercy. Ce jour-là, j'ai été bien mal reçu ! »

Et, pourtant, les agents du contrôle fiscal regrettent beaucoup le « travail de terrain », délaissé au bénéfice d'une présence quasi continue et routinière devant leur ordinateur. « Avant, on faisait tout un travail de documentation, on lisait des revues, c'était un travail intellectuel. Tandis qu'aujourd'hui on croise des fichiers, on apure des listes interminables, on sort abruti et on a vraiment l'impression de bosser pour rien. » Les six fonctionnaires de Bercy que nous avons interviewés, en respectant leur anonymat, ont aussi parlé du sentiment de ne pas être suffisamment protégés par leur administration. « S'il y a une tentative de corruption ou même des menaces de mort à propos d'un contrôle fiscal, c'est à l'agent de se défendre, sans le soutien automatique d'un avocat pris en charge par l'administration fiscale. Sauf si le contribuable menaçant porte plainte contre l'agent des impôts ! À ce moment-là, notre administration nous défend. »

La souffrance au travail fait l'objet d'une approche technocratique avec des « observatoires », des « outils pour diagnostiquer les situations dramatiques », des « indicateurs d'alerte », ce qui ajoute à la déshumanisation. Selon les propos recueillis auprès de ces fonctionnaires, c'est l'unanimité pour dire que « les suicides liés à la souffrance au travail ne sont, pour la haute hiérarchie de Bercy, que des dégâts collatéraux sur lesquels d'ailleurs il n'y a que très peu de communication ». Bercy craint beaucoup plus la mise à mal du secret fiscal et la colère sociale du salarié que les suicides « qui, pour eux, révèlent plutôt des faiblesses psychologiques ». Cette méfiance de la hiérarchie vis-à-vis de salariés qui peuvent devenir des lanceurs d'alerte va s'aggraver considérablement avec la liste des contribuables français n'ayant pas déclaré les comptes qu'ils détiennent à la banque HSBC de Genève.

Le traitement de la liste HSBC par les services fiscaux

« Dès le printemps 2008, sur le conseil de mes amis, écrit Hervé Falciani, j'avais contacté la police judiciaire française qui s'occupe de la grande délinquance financière, dans le but de faire réagir les autorités fiscales. C'est en juin 2008 que le directeur de la DNEF me contacte. Nous avons parlé au téléphone, et nous nous sommes rencontrés en France, dans un village proche de la Suisse[23]. » À l'époque, le bruit a couru dans les médias qu'Hervé Falciani cherchait à vendre ses données et qu'il était parti pour cela au Liban sous une fausse identité. Il sent que Roland Veillepeau, le directeur de la DNEF, est inquiet à ce propos. « Il m'a demandé si je faisais tout ça pour de l'argent. Je lui ai dit que j'avais en ma possession des données sensibles concernant de nombreux Français ayant un compte à la HSBC Private Bank, et que je voulais seulement m'assurer que ces informations pouvaient être partagées avec les autres pays européens. Il m'a répondu que c'était possible[24]. »

Le 22 décembre 2008, les autorités suisses perquisitionnent le bureau d'Hervé Falciani dans les locaux de la banque HSBC à Genève. Convoqué le lendemain à 9 h 30 au tribunal de Lausanne, il décide de s'enfuir en France avec son ordinateur et ses

23. Hervé Falciani, *op. cit.*, p. 74.
24. *Idem.*

données. Il appelle la DNEF et se dit prêt à coopérer. Ce qui est accepté, d'autant que ses données sont apparues fiables depuis sa rencontre avec Roland Veillepeau en juin 2008. Le jour de Noël 2008, racontent les journalistes Gérard Davet et Fabrice Lhomme dans *Le Monde* du 28 janvier 2014, deux équipes de la DNEF descendent à Nice, allant à la rencontre d'Hervé Falciani. Mais, le 20 janvier 2009, le président du conseil d'administration de HSBC France intervient à la demande de la Suisse et une perquisition est menée au domicile des parents d'Hervé Falciani, en France, sous l'autorité du procureur de la République de Nice, Éric de Montgolfier. Les ordinateurs sont saisis, mais, lorsque Éric de Montgolfier apprend qu'Hervé Falciani travaille avec la DNEF, il refuse leur restitution à la Suisse et, en cela, il s'oppose à sa hiérarchie, en la personne de la garde des Sceaux elle-même, Michèle Alliot-Marie, qui avait demandé de faire disparaître les DVD et les preuves transmis par Hervé Falciani, en redonnant ces documents scellés aux autorités suisses (*Le Monde*, 11 février 2015). La presse ayant dévoilé la présence sur la liste Falciani de noms de personnes proches de Nicolas Sarkozy, alors président de la République, l'exécutif se mobilise pour enterrer cette affaire. En décembre 2010, Éric de Montgolfier sera dessaisi du dossier au profit du parquet de Paris, qui attendra le 23 avril 2013 pour qu'une information judiciaire soit enfin ouverte.

Dès janvier 2009, les plus hautes autorités de Bercy demandent au patron de la DNEF, Roland Veillepeau, de cesser son enquête. Il refuse, exigeant au moins des ordres écrits qui ne lui parviendront jamais. Mais, en mars 2009, alors qu'il est en vacances en Chine, il apprend qu'il est démissionné. Or cela ne fait que deux ans qu'il dirige la DNEF et l'habitude veut que l'on reste cinq ans à ce poste. Il est muté à Toulouse pour un poste de conservateur des hypothèques. Une vraie sanction, bien que luxueuse, avec un revenu de 250 000 euros par an pour ce type de poste. « Avant son départ précipité, notent les deux journalistes du *Monde*, Roland Veillepeau a pris la précaution d'entrer, un par un, tous les noms des contribuables suspectés dans la base interne du contrôle fiscal. On ne peut plus y toucher. » « J'ai rendu l'affaire irrémédiable », affirmera-t-il à Hervé Falciani lors d'un repas à Nice, en avril 2009.

La liste des 3 000 fraudeurs français établie à partir des données d'Hervé Falciani a été déclarée, dans un premier temps, illégale par la justice. « Selon moi, qui suis légaliste, déclare sous serment l'avocat fiscaliste Éric Ginter devant les sénateurs le 5 juin 2012, cette liste est un tissu d'âneries. Y ayant eu accès, nous avons pu constater qu'elle a été "bidouillée". Il ne s'agit pas d'un document précis. Elle a été fabriquée par M. Falciani, à partir d'informations qu'il a recueillies à droite et à gauche. J'en veux pour preuve que, dans l'un des deux cas sur lesquels la Cour de cassation a statué, les informations ayant justifié une visite domiciliaire chez une personne incriminée étaient totalement fausses. De surcroît, des informations avaient été volées. Or, en droit civil français, la preuve doit être loyale : elle ne doit pas résulter de documents dérobés. Je considère que ce principe doit être respecté [25]. »

Cette illégalité a, selon un fonctionnaire de Bercy, « beaucoup freiné l'enquête. Et puis nous étions embêtés de pouvoir être taxés de vulgaires receleurs de fichiers volés ». Les agents du service qui traitait la liste HSBC « ne savaient pas grand-chose. Par exemple, nous n'avions pas accès au montant de la fraude. Notre chef de service a scindé les informations tellement il avait peur que nous parlions. C'est par la presse que j'ai appris que, parmi les fraudeurs repentis, très peu appartenaient à la liste HSBC ». La méconnaissance de l'affaire HSBC a été sciemment organisée et des agents, de catégorie administrative A, se sont ainsi retrouvés devant des pratiques parcellisées et infantilisantes. « On a fait une sorte de travail à la chaîne.

25. SÉNAT, *L'Évasion fiscale internationale, et si on arrêtait ?*, *op. cit.*, p. 1189.

Nous faisions de petites croix dans des cases sans qu'il y ait besoin de solliciter nos compétences et notre intelligence. » « On nous a donné des bulletins avec un numéro de BUP [*business unit partner*], nous a confirmé un autre inspecteur. On nous a dit : "Vous allez bosser là-dessus. Vous avez une liste de questions : le nom est-il exact ? L'intéressé occupe-t-il une activité professionnelle ?" Et nous devions répondre par des petites croix dans les cases "oui" ou "non". Un vrai QCM [questionnaire à choix multiple] pour jeune élève ! » « En effet, sans croisement, nous dira Hervé Falciani, il est impossible d'identifier les réels ayants droit derrière des prête-noms. »

La conscience professionnelle de nos interviewés ne les a pas autorisés à donner les noms contenus dans cette fameuse liste provenant de la banque HSBC. Les seuls noms qui ont été rendus publics, à notre connaissance, l'ont été par des journalistes.

Les montages opaques de la banque HSBC

L'ampleur de la complexité des fichiers informatiques qu'ont eu à traiter les inspecteurs et contrôleurs de la DNEF est très bien décrite par Christian Eckert dans le rapport dont il a pris l'initiative pour comprendre la façon dont Bercy a traité la liste HSBC. En tant que rapporteur à la Commission des finances de l'Assemblée nationale, on ne peut lui opposer le secret fiscal auquel, en revanche, lui-même est tenu. De sorte qu'il ne peut rien dévoiler concernant l'identité des personnes, mais qu'il peut décrire l'opacité des montages de la fraude fiscale mis au point par HSBC Private Bank : « La base de données HSBC était constituée de tables contenant les données d'identification des personnes physiques et morales. Ces tables identifiaient de manière unique chaque personne dans un établissement de la banque HSBC grâce à un numéro de *business unit partner* (BUP). Parallèlement, la classification de la clientèle était fondée sur les "profils clients" : ces constructions opaques, qui peuvent être numérotées ou prendre le nom d'une entité *offshore*, regroupaient généralement plusieurs comptes bancaires, comportant des actifs de diverse nature (titres, obligations, liquidités...), et correspondaient le plus souvent à plusieurs personnes physiques. Celles-ci appartenaient parfois à la même famille, mais ce n'était pas toujours le cas, et il n'était pas aisé de retrouver les relations qui unissaient les différentes personnes associées à un même profil. Une même personne détenait généralement des intérêts dans plusieurs profils clients, en entretenant des liens de différente nature : titulaire du compte (*account holder*), ayant droit économique (*beneficial owner*), mandataire (*attorney*), utilisateur Internet (*Internet user*), mandat d'administration (*power of administration*), lettre d'autorisation (*letter of authorization*), droit de regard (*right of inspection*)... Les profils clients pouvaient être nominatifs, le nom du profil correspondant au nom du client, codés avec une confidentialité maximale, mais une validation systématique par le titulaire des opérations réalisées par le gestionnaire. Ou bien encore numériques, le titulaire ne validant pas systématiquement les opérations [26]. » Cette longue citation met en évidence l'univers kafkaïen dans lequel évoluent les politiques et les salariés des institutions chargées du contrôle fiscal.

L'opacité, l'assemblage de termes techniques avec leur traduction en anglais, les codes dégagent une ambiance de crainte : trahir le secret fiscal des grands fraudeurs, ce serait un crime absolu, de quasi-lèse-majesté. Le climat de tension et de méfiance qui a accompagné ce travail à la DNEF, sur cette

26. Assemblée nationale, *Le Traitement par l'administration fiscale des informations contenues dans la liste reçue d'un ancien salarié d'une banque étrangère*, *op. cit.*, p. 8.

fameuse liste HSBC, a fait dire à l'un de nos interlocuteurs : « On se serait cru au FBI ! Il fallait prendre de multiples précautions, alors qu'en gros on n'avait accès qu'à d'illustres inconnus. Ils ont fait tout un cinéma qui a fini par créer un doute généralisé. » D'autant plus qu'une « Cellule des affaires particulières » avait été créée par Roland Veillepeau pour gérer, sous sa responsabilité directe, les données les plus sensibles, et donc les plus « croustillantes ». Cette cellule a été rebaptisée « Cellule d'investigations élargies » par Frédéric Iannucci, qui a succédé en 2013 à Bernard Salvat, lui-même successeur de Roland Veillepeau. Mais le secret y est toujours aussi opaque et les recrutés dans ce type de service sont choisis pour leur « souplesse » et leur rigueur par rapport au secret fiscal. Le service des investigations a été créé aussi pour traiter les informations fournies par des lanceurs d'alerte. Il est en effet nécessaire que les données comme celles d'Hervé Falciani soient jugées valides avant de lancer le travail plus approfondi de dizaines de fonctionnaires. Ce n'est que par un arrêt de la chambre criminelle de la Cour de cassation du 27 novembre 2013 qu'il a été mis un terme à la controverse judiciaire, mais aussi hautement politique, sur le statut de tels documents en considérant que les preuves de fraude fiscale étaient admissibles quand bien même elles auraient été obtenues de façon illicite.

Promenade institutionnelle sur l'île au Trésor

Le paquebot de Bercy, ancré sur la rive droite de la Seine, a été conçu par les architectes Paul Chemetov et Borja Huidobro dans les années 1980. Quelque 5 000 employés et cadres y travaillent chaque jour. Le ministre de l'Économie et des Finances y dispose d'un appartement haut perché, doté d'une vue imprenable sur Paris et d'une liaison rapide par navette fluviale avec les 7e et 8e arrondissements et leurs palais nationaux. Deux embarcations, baptisées *Concorde* et *Bercy*, toujours disponibles, patientent au pied de l'avancée du bâtiment, dénommé « Colbert », qui plonge ses fondations dans le fleuve. Lors de nos observations de terrain, nous avions attendu en vain de pouvoir assister au départ d'un ministre ou de hauts fonctionnaires vers l'ouest. Aussi, lorsque Benoît Hamon, ministre de l'Économie sociale et solidaire (2012-2014), nous a invités à l'automne 2013 à venir partager un déjeuner avec lui, nous avons caressé l'espoir de pouvoir profiter d'une navette pour nous rapprocher de notre RER B. Malheureusement, celle que devait emprunter Benoît Hamon était déjà réservée pour des ministres et de hauts fonctionnaires.

Le bâtiment Colbert est le plus prestigieux des cinq immeubles qui se déploient sur 5 hectares dans le 12e arrondissement de Paris. Il abrite en effet l'Inspection générale des finances et son célèbre corps des inspecteurs des Finances réservé aux meilleurs élèves de l'École nationale d'administration (ENA). À ne pas confondre avec les inspecteurs des Finances publiques, appelés autrefois inspecteurs des Impôts. L'Hôtel des ministres est accessible au bout du grand hall « Pierre Bérégovoy » (qui fut le premier ministre de l'Économie à s'être installé dans les nouveaux locaux de Bercy) dont le sol est constitué de dalles de marbre de couleurs différentes qui donnent l'impression de fouler le pavement d'une cathédrale. Au 7e étage de l'Hôtel des ministres, au-dessus duquel une plate-forme attend l'atterrissage d'un éventuel hélicoptère, les salles à manger sont modulables selon le nombre de convives. Les cloisons amovibles sont revêtues d'un tissu mural pour permettre la meilleure acoustique dans les échanges autour de tables bien garnies. Les vues sur Notre-Dame-de-Paris et la Seine sont ciselées par d'élégants moucharabiehs, donnant à ce lieu de pouvoir haut perché une atmosphère de mystère oriental.

Le déjeuner avec Benoît Hamon et son directeur de cabinet fut pour nous très intéressant et fort agréable, étant une occasion d'approcher le quotidien du pouvoir pour ces personnages importants, cravatés et costumés ou, pour les dames, en tailleur et perchées sur de hauts talons, allant et venant d'un pas vif en cette heure où l'on va à un rendez-vous ou à une réunion urgente autour d'un *brunch*. Nous avons croisé Pierre Moscovici, alors ministre de l'Économie et des Finances, et Jacques Attali, l'air autant affairé que le précédent. Pour des gens ordinaires, ce genre de visite de lieux inabordables est un moment d'observation apprécié. Une façon d'appréhender le mystère qui entoure ces gens qui ne sont pas « n'importe qui » et de ressentir les effets de la violence symbolique, cette sensation qui, malgré nos mentalités rebelles, fait percevoir le poids des inégalités sociales, des positions d'autorité et de pouvoir.

Le paquebot de Bercy est un immeuble dit « intelligent », entièrement précâblé et disposant de 456 wagonnets chargés de l'acheminement automatique du courrier. C'est aussi un espace architectural décoré de nombreuses œuvres d'art, sculptures et tableaux d'artistes de renom, qui viennent légitimer l'ensemble immobilier, véritable centrale nucléaire d'une oligarchie baignant dans les chiffres d'une économie devenue le seul principe de l'avenir et de la modernité.

Un seul des critères que s'était fixés François Mitterrand, le 24 septembre 1981, quand il a pris la décision de « rendre le Louvre à l'histoire de la France » en transférant le ministère de l'Économie installé depuis cent dix ans dans l'aile Richelieu du palais du Louvre, n'a pas été respecté : si le paquebot de Bercy est bien un ensemble immobilier moderne et fonctionnel qui a contribué au rééquilibrage des pouvoirs, tous concentrés dans l'Ouest, vers l'Est populaire, l'objectif de regrouper l'ensemble des administrations et des 156 000 agents dépendant du mastodonte n'a pas été rempli.

Pléthore de services et forêt de sigles

La diversité des services, des directions, leurs sigles impossibles à mémoriser, leur dispersion géographique constituent autant de paravents et de labyrinthes qui permettent de brouiller les pistes et de fausser l'évaluation des dommages résultant de la fraude fiscale. La Commission des infractions fiscales (CIF) est logée dans un immeuble rectangulaire sans grâce aucune au 100 rue de Richelieu, dans le 2e arrondissement de Paris. La Direction nationale des enquêtes fiscales (DNEF) se situe à Pantin au 6 *bis* de la rue Courtois, dans le « 9.3 », de même que la Direction des vérifications nationales et internationales (DVNI). La Direction des grandes entreprises (DGE) est juste à côté, au numéro 8.

La Direction nationale de vérification des situations fiscales (DNVSF) loge au 34 rue Ampère dans le 17e arrondissement. Tandis que la cellule de régularisation de Bernard Cazeneuve, qui en dépend, se trouve au 17 place de l'Argonne dans le 19e arrondissement. La DNVSF s'occupe des personnes physiques dont les enjeux fiscaux sont importants. C'est pourquoi les dossiers des fraudeurs de la liste HSBC, ayant dissimulé les avoirs les plus élevés, ont été confiés à la DNVSF par la DNEF.

La DNVSF, la DVNI et la DNEF sont des directions rattachées aux services centraux de la DGFiP (Direction générale des finances publiques) dont les compétences s'exercent en particulier dans le domaine du contrôle fiscal. Au 1er janvier 2015, ces trois directions totalisaient 1 161 fonctionnaires, soit respectivement 244 pour la DNVSF, 494 pour la DVNI et 423 pour la DNEF. Mais Bercy n'a pas le monopole de la traque à la fraude fiscale.

La Division nationale d'investigation financière et fiscale (DNIFF), installée à Nanterre, relève de la Direction centrale de la police judiciaire, et donc du ministère de l'Intérieur. La DNIFF traite au niveau national les enquêtes concernant les infractions au droit pénal des affaires, les atteintes à la probité et la délinquance fiscale. Les enquêtes gérées par la DNIFF peuvent concerner des dossiers techniques et complexes impliquant des personnalités de premier plan. Cette direction comprend trois brigades : la Brigade de répression de la délinquance financière (BRDFI), la Brigade centrale de lutte contre la corruption (BCLC) et la Brigade nationale de répression de la délinquance fiscale (BNRDF). Cette dernière brigade est compétente pour mener des enquêtes en matière de fraude fiscale relevant de montages complexes et passant par des paradis fiscaux. L'Office central de lutte contre la corruption et les infractions financières et fiscales (OCLCIFF), créé le 25 octobre 2013 à la suite de l'affaire Cahuzac, est issu de la DNIFF. Il effectue des enquêtes dans les domaines de la corruption nationale et internationale, des atteintes à la probité, des infractions au droit des affaires, de la fraude fiscale complexe et du blanchiment de ces infractions. C'est donc cette institution qui a en charge l'affaire des époux Balkany. Elle comprend près d'une centaine de fonctionnaires : policiers, gendarmes, mais aussi agents de la Direction générale des finances publiques ayant, pour la plupart, acquis la qualité d'officier fiscal judiciaire.

La dispersion géographique et le cloisonnement institutionnel, dont le panorama présenté ici est loin d'être exhaustif, suffisent à mettre en évidence une complexité et une opacité en phase avec celles du code des impôts et de ses multiples failles bien connues des plus riches et de leurs avocats fiscalistes. Ce cloisonnement entre services relevant de directions liées à des ministères différents ne fait qu'aggraver une logique d'individualisation du travail des agents chargés d'enquêter, de traquer ou de contrôler la fraude fiscale.

QUI SONT LES TOUT-PUISSANTS MINISTRES DU BUDGET ?

Le ministre du Budget a des pouvoirs considérables en matière de fraude fiscale puisqu'il peut décider de solliciter ou non la Commission des infractions fiscales, ou d'aiguiller les repentis vers le confessionnal. Mais un ministre du Budget est aussi un homme ou une femme politique inséré(e) dans des réseaux dont les pressions pourront l'influencer vers la sévérité ou l'indulgence. Éric Woerth fut le trésorier de l'UMP de 2002 à 2010, le président de l'Association du financement pour la campagne de Nicolas Sarkozy en 2007, et il continua de récolter des fonds pour l'UMP entre 2007 et 2010, alors même qu'il était le ministre du Budget de Nicolas Sarkozy. Il avait la possibilité de saisir ou non la CIF tout en gérant les donations des sympathisants du parti au pouvoir. Il était même responsable du premier cercle des donateurs, c'est-à-dire des plus généreux, dont Liliane Bettencourt et Guy Wildenstein.

L'histoire tend à se répéter entre l'UMP et le PS. Henri Emmanuelli, député socialiste dès 1978, ancien banquier en tant que directeur adjoint de la Compagnie financière Edmond de Rothschild, a été nommé ministre du Budget en 1983, sous le premier mandat de François Mitterrand. Il était alors trésorier du Parti socialiste. Si le conflit d'intérêts n'est pas un délit sanctionné pénalement dès lors qu'il n'y a pas prise illégale d'intérêts, il engendre toujours une situation pour le moins délicate, puisque la personne est alors en position de pouvoir profiter de sa situation (emploi, responsabilité électorale...) pour obtenir des avantages matériels ou moraux pour lui-même ou pour ses proches. Situation fréquente pour les dominants, due à la combinaison de positions d'autorité en divers domaines. Après la nomination d'Emmanuel Macron, associé-gérant de la même banque Rothschild, comme ministre de l'Économie, de l'Industrie et du Numérique en août 2014, et la polémique qui s'est ensuivie, Henri Emmanuelli a mis un point d'honneur à se différencier de lui : « J'étais directeur adjoint, salarié, et lui associé-gérant. Le salaire n'est pas le même... »

Jérôme Cahuzac, gendarme et fraudeur

Nous avons ouvert un cahier pour noter les mésaventures de Jérôme Cahuzac, le 25 juillet 2012, après avoir lu un article du *Monde* annonçant que, devenu ministre du Budget, ce membre éminent du Parti socialiste était venu à la rescousse de son prédécesseur à ce poste, Éric Woerth, en affirmant que celui-ci avait été dans son bon droit en vendant l'hippodrome de Compiègne pour 2,5 millions d'euros. Pourquoi une telle précipitation à s'exprimer ainsi sur le sujet de la part de Jérôme Cahuzac ? Alors qu'il y avait tant à faire pour redresser les comptes après tous les cadeaux faits aux plus riches par Nicolas Sarkozy, pourquoi avoir sollicité, dès sa prise de fonction en mai 2012, un ami, Philippe Terneyre, professeur agrégé de droit public à l'université de Pau, pour rédiger un rapport d'expertise sur l'affaire de l'hippodrome ? Éric Woerth est alors témoin assisté dans le cadre de la procédure pour « prise illégale d'intérêts » ouverte par la Commission des requêtes de la Cour de justice de la République. Pourquoi avoir pris les devants alors que les magistrats n'avaient pas fini leur travail ?

Fabrice Arfi raconte le choc qu'a constitué pour lui aussi cet article du *Monde*. « C'est à cet instant précis que je décide de m'intéresser en profondeur à Jérôme Cahuzac, me rappelant mon étrange sensation lors de notre coup de fil au moment de l'affaire Bettencourt[27]. » Persuadé que Jérôme Cahuzac, alors président de la Commission des finances de l'Assemblée nationale, pourrait être, en ce mois de juin 2010, un interlocuteur intéressant à propos des comptes de Liliane Bettencourt non déclarés en Suisse, Fabrice Arfi prend donc contact avec

27. Fabrice Arfi, avec la rédaction de Mediapart, *L'Affaire Cahuzac, en bloc et en détail*, Paris, Don Quichotte/Seuil, 2013, p. 18.

lui. « Au téléphone, je découvre un homme très pudique sur l'affaire et étonnamment en arrière de la main sur le cas Éric Woerth. Ce sentiment se renforce le 20 juin 2010 quand, à l'antenne de Radio J, le même Cahuzac déclare qu'il n'y a pas d'affaire Bettencourt. "Woerth est un honnête homme", lâche même le député [28]. »

Si Jérôme Cahuzac n'est pas un héritier, il n'en est pas moins un parfait représentant de l'oligarchie, avec sa trajectoire de chirurgien reconverti en spécialiste des implants capillaires, sa clinique avenue de Breteuil, dans le 7e arrondissement de Paris, sa proximité avec les laboratoires pharmaceutiques, sa communicante issue du groupe de Stéphane Fouks, Euro RSCG, le même qui gère ou a géré les affaires Dominique Strauss-Kahn et Bettencourt.

Un inspecteur des Impôts, Rémy Garnier, avait signalé, dès le mois de juin 2008, soupçonner l'existence en Suisse d'un compte non déclaré détenu par un député. Alerté, Éric Woerth n'avait pas donné suite à cet avertissement [29]. La mansuétude de Jérôme Cahuzac à l'égard des bizarreries observées dans l'achat de l'hippodrome de Compiègne (affaire dans laquelle Éric Wœrth a finalement bénéficié d'un non-lieu) pourrait-elle n'être qu'un simple renvoi d'ascenseur ?

Mediapart révèle, au début du mois de décembre 2012, que le ministre du Budget est probablement détenteur d'un compte en Suisse non déclaré. L'adversaire de Jérôme Cahuzac aux élections municipales de 2008 à Villeneuve-sur-Lot, Michel Gonelle, dit avoir téléphoné, dès le 15 décembre 2012, à Alain Zabulon, directeur adjoint du cabinet du président de la République François Hollande, pour confirmer que la per-

28. *Ibid.*, p. 15.
29. Selon le documentaire *Des hommes politiques au-dessous de tout soupçon*, numéro 3 de *La Grande Évasion fiscale* de Patrick BENQUET, Nilaya Productions, documentaire diffusé en novembre 2013 sur France 5 et accessible sur YouTube.

sonne que l'on entend sur l'enregistrement dévoilé par Mediapart est bien Jérôme Cahuzac. « Ce qui m'embête, c'est que j'ai toujours un compte ouvert à l'UBS, dit cette personne. Ça me fait chier d'avoir un compte ouvert là-bas ; UBS, c'est quand même pas forcément la plus planquée des banques. » Ce message avait été enregistré par le répondeur de Michel Gonelle qui n'avait pas raccroché son téléphone après une conversation avec Jérôme Cahuzac alors que celui-ci entreprenait une nouvelle conversation téléphonique avec son gestionnaire de patrimoine, Hervé Dreyfus. L'Élysée n'avait pas donné suite.

Quand l'affaire éclate au grand jour, Pierre Moscovici, alors ministre de l'Économie et des Finances, lance une enquête administrative *a minima* auprès de la Suisse. Pour savoir si Jérôme Cahuzac a des avoirs dans ce pays, l'administration de Bercy fait jouer l'accord qu'elle a signé avec la Suisse en 2009. « La réponse des autorités helvètes est négative. Le traité d'échanges à la demande, autrement dit, blanchit le blanchisseur. C'est l'enquête judiciaire indépendante qui établira quelques semaines plus tard qu'en réalité le compte a été transféré à Singapour, ce qui poussera le ministre à la démission [30] », comme l'écrit Gabriel Zucman. L'enquête administrative a été décidée à la suite d'une réunion, le 16 janvier 2013, à laquelle participaient François Hollande, Jean-Marc Ayrault, Pierre Moscovici et Jérôme Cahuzac lui-même. Tout se passant comme si Bercy avait cherché à empêcher ou à freiner le travail de la justice. « En conduisant une enquête administrative, à sa main et avec son administration, écrit Fabrice Arfi, Bercy court-circuitait l'enquête judiciaire en cours [31]. »

Le procureur de la République de Paris, François Molins, a en effet ouvert, sous la pression de Mediapart, le 8 janvier 2013, une enquête préliminaire pour « blanchiment de fraude fis-

30. Gabriel ZUCMAN, *La Richesse cachée des nations*, *op. cit.*, p. 69.
31. Fabrice ARFI, avec la rédaction de MEDIAPART, *L'Affaire Cahuzac, en bloc et en détail*, *op. cit.*, p. 147.

cale » visant le ministre chargé de lutter contre la fraude fiscale Non seulement le gouvernement jouait un jeu étrange, mais les grands médias militants du bourgeoisisme, pour le bonheur de leurs actionnaires, n'ont pas soutenu leurs collègues de Mediapart qui ont dû tenir bon face à toutes les pressions. C'est précisément pour que l'affaire Cahuzac ne retombe pas comme un soufflé que Mediapart a déposé cette plainte auprès du parquet de Paris.

L'initiative vis-à-vis de la Suisse n'a pas été appréciée par les fonctionnaires du Trésor. « On en retient quoi ? se demande Catherine Thiébaut, syndicaliste Solidaires Finances publiques. Qu'on enquête en Suisse... et qu'on ne trouve rien alors que la justice, elle, y parvient ! Cela fait passer les agents du fisc pour des incapables sans moyens. Alors que nous savions, nous, que la méthode employée n'était pas la bonne et qu'elle ne pouvait pas aboutir [32] ! » La bonne méthode n'était guère envisageable puisqu'il aurait fallu que le ministre du Budget fraudeur se signale lui-même à la Commission des infractions fiscales placée sous son autorité !

Lorsque, le 2 avril 2013, Jérôme Cahuzac finit par avouer, il est aussitôt exclu du gouvernement. Ce que Jean-Marc Ayrault, Premier ministre, regrette : « Ce fut un excellent ministre du Budget au service de la France. » Comment une telle appréciation est-elle formulable face à une telle forfaiture ? Quant à Bernard Cazeneuve, on se souvient que ses premiers mots en tant que ministre du Budget furent : « On ne remplace pas Jérôme Cahuzac, on lui succède modestement. » La solidarité de classe prime sur les évaluations politiques. On en ressort avec le sentiment que le seul tort de Jérôme Cahuzac aura finalement été de se faire prendre et d'avouer – ce qui en dit long sur l'ampleur et la banalité des pratiques de dissimulation fiscale dans les hautes sphères de la société.

32. Entretien accordé au *Monde*, 6 avril 2013.

Rétrospectivement, les témoignages à son égard prennent de la saveur. Ainsi, raconte Éric Bocquet, sénateur communiste du Nord, « juste après l'annonce de la volonté de Bernard Arnault de partir s'exiler en Belgique, je décide, dans le cadre des questions au gouvernement, de poser une question sur l'évasion fiscale. Je l'avais préparée à l'adresse de Pierre Moscovici, nous sommes en septembre 2012, il est alors ministre de l'Économie et des Finances, mais il est absent. Alors c'est Jérôme Cahuzac, ministre du Budget, qui me répond. Cela fut un grand moment. Car il se lève et parle très brillamment comme à son habitude. Un huissier lui avait au préalable apporté un exemplaire de notre rapport sur les paradis fiscaux publié en juin 2012. Jérôme Cahuzac dit : "Vous avez raison de considérer qu'il n'est pas juste que certains se croient au-dessus des lois alors qu'on demande aux Français de faire des efforts considérables, mais le gouvernement s'en occupe." Je me suis toujours demandé, conclut Éric Bocquet, ce qui pouvait se passer à l'intérieur de cet homme, à ce moment-là, lui qui possédait alors un compte non déclaré en Suisse ».

« Pour l'affaire Cahuzac, le président n'a rien vu venir, écrit Valérie Trierweiller, ancienne compagne de François Hollande. Non, évidemment non, je n'ai pas de preuve. Mais j'ai des yeux et de la mémoire. Ma première alerte remonte à quelques années plus tôt. J'anime alors une émission politique sur Direct 8 et j'assiste stupéfaite à un numéro de Jérôme Cahuzac face à Marine Le Pen. Mon équipe et moi en sommes choquées : député socialiste, il se comporte devant elle comme un adolescent devant une star d'Hollywood, avec une déférence totale. Quelque chose ne colle pas. Et quand Mediapart révèle que son compte en Suisse avait été ouvert par un ami de sa famille, un avocat d'extrême droite, proche de Marine Le Pen, les pièces du puzzle s'emboîtent[33]. »

33. Valérie TRIERWEILLER, *Merci pour ce moment*, Paris, Les Arènes, 2014, p. 269.

Jérôme Cahuzac a été renvoyé en correctionnelle le 19 juin 2015. Il comparaîtra pour fraude fiscale et blanchiment de fraude fiscale, des faits passibles d'une peine pouvant aller jusqu'à sept ans de prison, une amende de 2 millions d'euros et une sanction d'inéligibilité.

Le conflit d'intérêts se décline à travers les positions occupées dans le secteur économique et simultanément dans le champ politique. Lorsqu'on est, par exemple, avocat et député. La classe dominante est un maillage où la confusion des genres est inextricable. D'où le sentiment de puissance et d'impunité de ses agents sociaux vivant sur une toile d'araignée dont ils ne sont jamais la mouche. Sauf lorsqu'un journaliste fait son travail ou qu'un conflit familial surgit et vient casser les montages les plus sophistiqués.

Éric Woerth et Jérôme Cahuzac dans l'affaire HSBC

L'affaire des fraudeurs français de la filiale suisse du groupe HSBC a permis de révéler les motivations du ministère du Budget dans le traitement d'une fraude fiscale dont la réalité dépasse la fiction.

Éric Woerth, alors ministre du Budget sous la présidence de Nicolas Sarkozy, avait déclaré ne pas pouvoir utiliser la liste de noms dévoilée par Hervé Falciani puisque cette liste « dérobée » avait des origines illicites. Ce lanceur d'alerte, auditionné au Sénat le 16 juin 2013 en réponse à une question de la sénatrice socialiste Marie-Noëlle Lienemann, a précisé que « les déclarations d'un ministre évoquant des données volées constituent une manipulation ainsi qu'une entrave. [...] Ce ministre a par la suite brandi une liste de noms ; il aurait pu n'en parler qu'un an plus tard, laissant ainsi le temps aux institutions judiciaires d'enquêter sans que les personnes visées ne soient alertées [34] ».

34. SÉNAT, *Évasion des capitaux et finance : mieux connaître pour mieux combattre*, *op. cit.*, p. 272.

Dans le cadre de la même audition devant le Sénat, le président de cette commission sur l'évasion fiscale, François Pillet, a demandé à Hervé Falciani s'il était exact qu'il n'avait pas pu rencontrer Jérôme Cahuzac lorsqu'il avait souhaité lui remettre des informations. « Je vous le confirme », a répondu tout net Hervé Falciani. Marie-Noëlle Lienemann l'interroge un peu plus tard sur les raisons de son séjour en Espagne : « Vous indiquez ne pas avoir en France toutes les garanties de pouvoir aller au bout de l'exploitation de vos observations. Vous mettez également en exergue le danger que cela représente pour votre personne. Avez-vous choisi de partir en Espagne parce que le mécanisme judiciaire espagnol vous permettait d'aller vers un traitement judiciaire du dossier ou était-ce uniquement lié aux menaces reçues ? — Plusieurs paramètres ont influencé mon choix, précise Hervé Falciani. La nomination de M. Cahuzac au ministère du Budget ne me semblait pas favorable… J'insiste sur le fait que l'évasion fiscale est pratiquée par des dirigeants des plus grandes instances bancaires européennes. Ce point est acquis en Espagne. Je reconnais que je ne m'attendais pas à passer cinq mois en prison… Je représente une menace pour le bien le plus précieux des banques privées : leur réputation. Le simple fait que vous me receviez ici et que des moyens de lutte soient engagés va affaiblir les menaces à mon encontre [35]. »

Mais, dès 2010, affirme Fabrice Arfi, alors que Jérôme Cahuzac était président de la Commission des finances de l'Assemblée nationale, commission dont les pouvoirs d'investigation sur tout ce qui concerne la fraude fiscale sont importants, il « a été destinataire […] d'informations extrêmement précises sur les opérations illicites de la banque HSBC » et « il n'a rien fait de ces informations. Il était concerné personnellement par la fraude fiscale. Il avait lui-même recours aux servi-

35. *Ibid.*, p. 280-281.

ces des banques pour pouvoir échapper à l'impôt et dissimuler des avoirs. Contrairement à ce qu'il a indiqué à une commission d'enquête à l'Assemblée nationale, son frère était bien membre du comité exécutif de HSBC France au moment de ces faits »[36].

BERCY, TOUJOURS AU SERVICE DES PUISSANTS ET DES NANTIS

Cadeau de Noël pour Neuilléens fortunés

À l'approche des fêtes de fin d'année, en décembre 2013, Bernard Cazeneuve, encore ministre du Budget, annule un redressement fiscal de 450 000 euros réclamé à l'Association Résidence Club de Neuilly (ARCN), dont la présidente, madame Weiss, était à ce moment-là la belle-mère de Gérard Larcher, sénateur UMP, ancien et actuel président du Sénat. Or l'ARCN est non seulement une association à but lucratif, mais elle est réservée aux 200 copropriétaires qui paient, selon *Le Canard enchaîné* du 7 janvier 2015, 1 150 euros par mois pour profiter du restaurant et de la bibliothèque gérés par l'association de cette maison de retraite pour Neuilléens fortunés. Une lettre personnelle de Gérard Larcher a suffi à susciter la réponse suivante de Bernard Cazeneuve. « Monsieur le Président, vous avez bien voulu attirer mon attention sur la situation fiscale de l'Association Résidence Club de Neuilly [...] qui exploite une résidence avec services pour personnes âgées. Il en résulte un dégrèvement global de 449 184 euros qui sera prononcé en faveur de l'ARCN. Je vous prie de croire, Monsieur le Président, à l'assurance de ma haute considération. » Signé Bernard Cazeneuve, après un « bien cordialement » manuscrit. Le tout

36. *Ibid.*, p. 185-186. Ce frère, Antoine Cahuzac, est même, depuis 2011, président du directoire de la banque HSBC Private Bank (France).

sous la devise de la République française, « Liberté, égalité, fraternité ».

Mais, bien entendu, le ministre généreux pour les siens n'a fait que signer la réponse des services de la Direction générale des finances publiques à la demande soumise par le cabinet du ministre au Budget, assurant au *Canard enchaîné* qu'il « n'y a eu aucune intervention pour influencer ce contrôle ».

Sapin de Noël pour les riches

Les politiques de droite ou de la gauche libérale offrent aux plus nantis la possibilité de se repentir quand ils ont fraudé le fisc, mais aussi de profiter de niches fiscales qui viennent encore alléger leurs impôts. Selon le rapport de la Cour des comptes de 2013, 464 niches fiscales font perdre à l'État 70 milliards d'euros par an. En 2010, l'Inspection générale des finances avait estimé que, entre les niches fiscales et les niches sociales, le manque à gagner s'élevait à 110 milliards d'euros pour les recettes annuelles de l'État. Par ailleurs, l'ISF n'a rapporté en 2013 que 4,3 milliards d'euros, soit 730 millions d'euros de moins qu'en 2012. Cette différence s'explique par le plafonnement rétabli par la loi de finances de 2013 qui limite le taux d'imposition maximum à 75 % des revenus. Ce plafonnement coûte aussi cher que le bouclier fiscal de Nicolas Sarkozy. Il favorise également les plus fortunés : 7 630 assujettis ont vu leur impôt diminuer en moyenne, entre 2012 et 2013, de 100 000 euros !

Mais, pour les plus riches, ce n'est jamais assez. Aussi Michel Sapin a-t-il décidé, à la fin d'octobre 2014, de renoncer à la taxation des dividendes. Dans le cadre du projet de loi de financement de la Sécurité sociale (PLFSS) pour 2015, les députés avaient en effet voté une disposition visant à soumettre certains dividendes au paiement de cotisations sociales pour éviter des pratiques d'optimisation fiscale des patrons, dont certains membres choisissent de verser à eux-mêmes ou à leur famille des dividendes plutôt que des salaires, dont les charges sociales sont plus élevées. Le recul de Michel Sapin s'explique par un Medef très en colère, mené au combat par son président Gattaz qui a su faire savoir que si l'on prélevait sur les dividendes, qui rémunèrent un risque, on allait à l'affrontement. « Faire peser des charges est socialement absurde. » Pour cet héritier, prélever quoi que ce soit sur les profits est un crime. Courageusement, Michel Sapin s'est incliné, faisant valoir que si le patronat n'est pas d'accord, c'est qu'il a raison. « Un amendement qui n'est pas compris, c'est un amendement qui est mauvais. Le gouvernement demandera au Parlement de modifier et de retirer cette disposition. »

Le serpent de mer de la taxe Tobin

Dans le cadre des discussions européennes portant sur les modalités de la fameuse taxe Tobin, il a été proposé une taxe sur les transactions financières avec un prélèvement de 0,1 % sur les échanges d'actions, et de 0,01 % sur les produits dérivés [37]. Noël approchant, Sapin Michel proposa que la taxe sur les dérivés n'en concerne que 3 %, ceux connus sous le nom de CDS (*credit default swaps*), qui seraient seuls à supporter la croix fiscale. 97 % des produits dérivés, diablotins générateurs de profits sans cause et de richesses sans raison, vont continuer à bourgeonner pour donner de beaux fruits. Si le produit intérieur brut mondial, c'est-à-dire la totalité des

37. Selon www.boursilex.com, « les produits dérivés sont des actifs financiers qui consistent en des droits à terme ou des droits conditionnels résultant de contrats ou de promesses de contrats. Ils sont liés à des actifs ou indices sous-jacents et leur valeur dépend de l'évolution de ces actifs ou indices entre la conclusion du contrat et son dénouement. La valeur du produit est ainsi dérivée de celle des actifs sous-jacents. Les actifs sous-jacents peuvent être par exemple un taux d'intérêt, une devise et son taux de change, une valeur mobilière et sa valeur, une matière première et sa valeur ». Le site d'Attac offre une analyse détaillée de ce produit financier dont la seule raison d'être est la spéculation (http://france.attac.org).

richesses produites à travers le monde, s'élevait en 2013 à 85 000 milliards d'euros, les seuls produits financiers, tels que les dérivés, représentaient huit fois plus, soit 680 000 milliards d'euros. Ces colossales transactions permettent de dissimuler et de blanchir des courants financiers fruits de spéculations n'ayant pas d'autre but que l'enrichissement des spéculateurs. Que le capitalisme est généreux, lui qui permet de s'enrichir ainsi sans que personne n'y comprenne rien. Cette décision de Michel Sapin s'inscrit dans des discussions européennes qui n'ont finalement abouti à aucun accord, le 9 décembre 2014, lors du sommet Ecofin qui avait au menu la taxe sur les transactions financières. Pourquoi les David Cameron et autres responsables politiques au service de la finance dérégulée refusent-ils cette taxe sur les transactions financières ? Elle serait minime, mais, compte tenu de l'ampleur des transactions, elle rapporterait beaucoup et permettrait le développement des protections sociales et des services publics. Pourquoi s'opposent-ils avec cette détermination à une mesure finalement symbolique ? La principale raison doit certainement être liée au fait que cette taxe sur les transactions financières ouvrirait la brèche pour un système fiscal international. L'horreur absolue ! Fini les concurrences entre les États pour s'attirer les riches et les multinationales, et pour saigner les peuples. Fini les joyeuses spéculations échappant à tout contrôle, où s'ébattent les fruits des dissimulations fiscales. La clarté, c'est l'enfer.

Toujours en cette fin d'année 2014, le gouvernement a manifesté son souci de sanctuariser le crédit d'impôt recherche (CIR) en repoussant un amendement déposé par des députés socialistes, notamment par la rapporteure générale du Budget, Valérie Rabault. Cet amendement visait à éviter que les entreprises, en filialisant leurs dépenses de recherche et de développement, puissent maintenir ces montants sous le plafond de 100 millions d'euros, qui permet de bénéficier d'un taux plus avantageux. « Pour être efficace, ce dispositif, désormais performant, a besoin de stabilité », a expliqué Christian Eckert, secrétaire d'État au Budget depuis août 2014. Le CIR suscite des controverses à la hauteur des montants en jeu : 6 milliards d'euros environ par an en moins dans les recettes fiscales. Or ces milliards d'allégements fiscaux pour les entreprises se font au détriment des milliards qui devraient être consacrés à la recherche publique, au CNRS et dans les grands organismes nationaux. Les 6 milliards d'euros du CIR représentent en 2014 le double du budget du CNRS ! Entre 2006 et 2013, alors que les dépenses budgétaires pour la recherche publique n'ont augmenté que de 8 % en euros constants, le CIR, lui, a flambé de 244 % ! Depuis 2008 et son déplafonnement au profit des grandes entreprises, le CIR s'est transformé en un nouveau moyen d'optimisation fiscale. C'est certainement au nom du secret fiscal que le rapport du Sénat sur la « réalité du détournement du crédit d'impôt recherche », rédigé par la sénatrice communiste Brigitte Gonthier-Maurin, a été refusé le 9 juin 2015 par la commission d'enquête et mis au pilon. Les élus de la République n'ont même plus le droit de faire connaître l'usage que les entreprises font de l'argent public. Qu'en sera-t-il quand les textes concernant le secret des affaires seront entrés en vigueur ? L'argent a pris le pouvoir.

D'autres amendements, déposés par Valérie Rabault et la députée socialiste Karine Berger, cherchaient à limiter le crédit d'impôt compétitivité emploi (CICE). Ils ont été également rejetés en cette fin d'année 2014, de même que ceux visant à contrôler et limiter les mesures d'optimisation fiscale prises par les entreprises. Il s'agissait en particulier de contraindre les cabinets d'avocats fiscalistes et autres cabinets de conseil aux entreprises à déclarer les schémas d'optimisation fiscale qu'ils leur proposent.

Les recettes fiscales diminuent

Malgré toutes les réductions imposées aux dépenses publiques, à l'État, aux protections sociales et aux collectivités territoriales, la prévision du déficit 2014 est de 88,2 milliards d'euros, soit 4,3 milliards d'euros de plus que ce qui avait été programmé lors du collectif budgétaire de juillet 2014. À force de cadeaux aux entreprises, c'est-à-dire aux actionnaires, avec le CICE et le dernier cadeau baptisé « Pacte de responsabilité » qui représente 40 milliards d'euros en trois ans de prélèvements en moins sur les entreprises, il n'est pas étonnant que l'impôt sur les sociétés, qui était de 60 milliards en 2012, ne soit plus que de 34 milliards en 2014. Et, bientôt, il n'y en aura peut-être plus du tout, comme l'a déclaré Gilles Carrez, le président UMP de la Commission des finances de l'Assemblée nationale : « À force d'accumuler des crédits d'impôt, comme le crédit d'impôt compétitivité emploi ou le crédit d'impôt recherche, à ce rythme-là, bientôt il n'y aura plus du tout d'impôt sur les sociétés. » Les recettes de l'impôt sur le revenu étant également en baisse de 6 milliards d'euros à cause des gels des salaires et de la généralisation du travail précaire, les ministres de Bercy n'auront plus qu'à proposer une hausse généralisée de la TVA, l'impôt le plus injuste qui soit, mais qui rapporte plus de la moitié des recettes fiscales de l'État. Les socialistes en costume-cravate oseront-ils le faire ?

3. LE FONCTIONNEMENT OLIGARCHIQUE DE L'ÉVASION FISCALE

Les journalistes des grands médias dont les propriétaires sont des oligarques, comme Serge Dassault, Vincent Bolloré ou Bernard Arnault, présentent l'évasion et la fraude fiscales en vous faisant rêver aux îles exotiques avec palmiers et mer bleue turquoise. Cette imagerie aux évocations voyageuses, Bermudes, Bahamas ou Seychelles, cache le cœur du système, beaucoup plus trivial, avec ses banques et ses cabinets d'avocats. Cette évocation quasi romantique de la fuite devant le fisc mérite d'être ramenée à la réalité. La fraude fiscale et son opacité sont le résultat de la mobilisation d'une classe avec ses banquiers, ses économistes, ses politiciens, ses fiscalistes et ses journalistes. Ils utilisent les concurrences entre pays et rendent légal ce qui est illégitime et parfois criminel quant aux conséquences sur les populations les plus démunies.

La fraude peut être aussi le fait de catégories sociales populaires ou moyennes, avec le travail au noir ou la non-déclaration du travail de la conjointe dans l'entreprise familiale. Mais cette fraude est différente de celle des riches pour, au moins, deux raisons : les montants concernés sont relativement faibles et la démarche reste individuelle. Avec l'oligarchie, les montants sont faramineux et la fraude est collective, c'est une affaire de classe.

FRAUDE OU OPTIMISATION FISCALE ?

La défense des fraudeurs, qu'il s'agisse de particuliers ou de dirigeants de multinationales, est toujours la même : ce n'est pas de la fraude, mais de l'optimisation fiscale. Pourquoi se priver des possibilités offertes par les paradis fiscaux ?

Mais qui a décidé de construire une Europe fondée sur le dumping fiscal avec des concurrences entre le Luxembourg, la Belgique, le Royaume-Uni, l'Irlande ou les Pays-Bas ? Ce sont des Jean Monnet, des Jacques Delors et autres Jean-Claude Juncker, des hommes politiques bien réels qui, en toute connaissance de cause, ont exigé le vote à l'unanimité pour les questions fiscales. Un seul paradis fiscal européen peut ainsi s'opposer à toute mesure s'inscrivant dans une lutte pour l'harmonisation fiscale. « Par conséquent, écrit le magistrat Jean de Maillard, les paradis fiscaux n'existent pas contre les États, mais grâce à eux [1]. » Quels sont les processus politiques qui ont été mis en œuvre pour aboutir à ce que des centaines de filiales d'entreprises ou de banques puissent être localisées, légalement, dans des paradis fiscaux ?

L'élimination des doubles impositions

Avec l'instauration de l'impôt sur le revenu et les sociétés, après la Première Guerre mondiale, et la mondialisation grandissante des échanges, la Société des Nations (SDN) a, dès 1918, sur proposition du président des États-Unis, Thomas Woodrow Wilson, procédé à l'élimination des doubles impositions. Le comité financier de la SDN a nommé, le 1er octobre 1922, un comité d'experts sur « la double taxation et l'évasion fiscale » essentiellement composé par des fiscalistes. Ceux-ci retiennent en 1924, après de longs débats, le principe de l'imposition dans le pays où s'exerce la direction de l'entreprise et

1. Jean DE MAILLARD, « Un grand vent de moralisation ? », *Manière de voir*, n° 130, août-septembre 2013.

donc où est déclaré son siège social. À cette époque, écrivent Christian Chavagneux et Thierry Philiponnat, « chaque filiale était considérée comme une entité indépendante du reste du groupe. Le principal souci des législateurs fiscaux était alors d'éviter que [...] les mêmes activités ne soient taxées deux fois, dans le pays d'accueil de la filiale et dans celui de la maison mère. L'organisation plus mondialisée des entreprises et le recours intensif aux techniques d'optimisation agressive conduisent désormais l'OCDE à constater plutôt une double non-imposition des entreprises [2] ». Ce sont des instances supranationales, non élues démocratiquement, qui ont légalisé, au nom de la libre circulation des capitaux et de la compétitivité des entreprises et des banques, la fraude fiscale avec l'impossibilité d'imposition dans chaque territoire où des activités sont exercées, sous le prétexte d'éviter la double imposition, celle de la société mère et d'une filiale d'un même groupe.

La loi a ensuite été détournée pour placer la plus grande part possible des bénéfices dans les pays à fiscalité douce, par l'intermédiaire de sociétés filiales *ad hoc*, et les charges dans les pays à fiscalité élevée. C'est ainsi qu'est né le prix de transfert, qui concerne plus de 60 % des échanges commerciaux à l'échelle du monde et qui permet aux multinationales de jouer des échanges entre leurs filiales pour payer le moins d'impôts possible. « On a *de facto* laissé se développer un système fou qui récompense la fraude, voire le crime, et décourage le respect de la loi [3] », regrettent Alain Bocquet et Nicolas Dupont-Aignan dans leur rapport sur les paradis fiscaux. Cet exemple de l'élimination des doubles impositions qui s'est transformée en imposition zéro ou très faible montre comment les lois peu-

2. Christian CHAVAGNEUX et Thierry PHILIPONNAT, *La Capture. Où l'on verra comment les intérêts financiers ont pris le pas sur l'intérêt général et comment mettre fin à cette situation*, Paris, La Découverte, « Cahiers libres », 2014, p. 90.
3. ASSEMBLÉE NATIONALE, *Lutte contre les paradis fiscaux : si l'on passait des paroles aux actes*, rapport d'information n° 1423, Alain Bocquet et Nicolas Dupont-Aignan, rapporteurs, Paris, 2013, p. 37.

vent être dévoyées de leurs objectifs initiaux et ce, grâce à la diversité des pouvoirs concentrés dans la classe des plus riches.

Les instances de définition des paradis fiscaux

Pour comprendre comment la fraude se métamorphose en optimisation fiscale, il est également nécessaire de se pencher sur la liste des paradis fiscaux. Celle-ci est principalement conçue par un organisme supranational, l'OCDE, qui ne regroupe que des États développés. Elle classe les pays en trois catégories sur des listes blanche, grise ou noire. Le principe de ce classement est le degré d'agressivité dans la captation des fonds qui échappent à la fiscalité d'États qui devraient en disposer. En pratique, le classement des pays relève d'abord de leur capacité à organiser un lobbying efficace.

En France, la liste des pays « fiscalement non coopératifs » (autre nom des paradis fiscaux dans la novlangue de Bercy) est publiée dans le *Journal officiel*. Au 1er janvier 2014, seuls huit États ou territoires sont considérés par la France comme non coopératifs : Botswana, Brunei, Guatemala, îles Marshall, Montserrat, Nauru, Niue, Philippines. Curieusement, les paradis les plus accessibles géographiquement et ceux qui concentrent le plus gros des actifs français (Monaco, Andorre, la Suisse, le Luxembourg, les Pays-Bas, l'Irlande ou Jersey) ne sont pas cités, pas plus d'ailleurs que la Grande-Bretagne, et encore moins l'État américain du Delaware. L'arbitraire de cette liste élaborée par Bercy s'illustre par la disparition brutale des Bermudes et de Jersey au 1er janvier 2014, alors que ces deux paradis fiscaux battant pavillon britannique étaient présents sur la liste élaborée quatre mois auparavant, le 21 août 2013, par les mêmes ministres. Il y aurait eu, selon Pierre Moscovici, ministre de l'Économie et des Finances, Bernard Cazeneuve, ministre du Budget, et Laurent Fabius, ministre des Affaires étrangères, des marques de bonne volonté de la part de ces deux paradis fiscaux pour coopérer avec l'administration fiscale française sur des cas de fraude présumée. En réalité, c'est au lobbying des milieux financiers que l'on doit attribuer cette mansuétude. La volte-face a permis de débloquer un certain nombre de dossiers, apportant à leurs titulaires un soulagement certain car, comme l'explique la journaliste du *Monde* Anne Michel, « l'inscription sur la liste noire, si elle excède douze mois, implique des mesures de rétorsion financières sévères pour les entreprises présentes dans les territoires fichés et pour les flux financiers y transitant. Le maintien des Bermudes, berceau de la réassurance mondiale, sur la liste noire aurait entraîné un prélèvement forfaitaire à la source de 75 % sur les produits de placement ».

Les banquiers et les réassureurs ont ainsi convaincu Bercy. Le métier des réassureurs consiste à assurer des assureurs sur les risques qu'ils couvrent et les pertes qu'ils encourent. Les Bermudes se sont surtout spécialisées dans la réassurance des catastrophes naturelles. Le réchauffement climatique donne donc déjà lieu à des spéculations et autres juteuses affaires financières. Ce paradis fiscal détient 8 % du marché mondial sur ce créneau. Denis Kessler, le bras droit de Pierre Gattaz après avoir été celui du baron Ernest-Antoine Seillière de Laborde, est le patron de la société SCOR, spécialisée dans le domaine de l'assurance et de la réassurance. Il est aussi le président de la Fédération française des assureurs privés et le président du cercle Le Siècle, qui regroupe des hommes politiques, des financiers et des journalistes triés sur le volet.

Jersey est spécialisée dans les trusts. Les banques françaises, dont BNP Paribas et la Société Générale, qui y sont présentes et actives, ont dû également faire des pressions pour obtenir le retrait de la liste noire pour cette petite île à quelques encablures de Saint-Malo. Yann Galut, rapporteur du projet de loi contre la fraude fiscale adoptée en décembre 2013, a été surpris par la rapidité de la décision : « Même si ces pays font des efforts dans les cas d'entraide administrative, ils coopèrent peu ou prou sur le sujet fondamental des trusts, ces sociétés opaques qu'ils contribuent à créer par milliers sans qu'on sache qui les constitue. Il ne faudrait pas que cette décision ait valeur de légitimation de ces pratiques [4]. » Être ou ne pas être sur la liste noire permet de passer en toute légalité de la fraude à l'optimisation fiscale.

« Il n'existe que huit paradis fiscaux », tel est le titre d'un article de Marie-Anne Barbat-Layani, directrice générale de la Fédération bancaire française (FBF), paru dans les pages « Idées » du supplément *Éco & Entreprise* du quotidien *Le Monde* du 6 décembre 2014. Cette inspectrice générale des Finances, ancienne élève de l'ENA, retient comme critères de définition d'un paradis fiscal l'absence de transparence et le fait de ne pas répondre aux demandes d'informations. Ces critères sont à la base des listes des États et territoires non coopératifs (ETNC) établies par l'OCDE depuis 2009.

L'ancienne directrice adjointe du cabinet de François Fillon lorsqu'il était Premier ministre de Nicolas Sarkozy ne peut que se réjouir de la signature, depuis le 29 octobre 2014, par cinquante-deux pays, d'un accord multilatéral permettant l'échange de renseignements fiscaux non plus à la demande et au cas par cas, mais selon une procédure automatisée. Nous ne saurons rien sur le type d'informations fiscales visées par ce type d'accord. Est-ce que ce sont des comptes nominatifs, est-ce qu'il s'agit de trusts ou d'autres sociétés écrans ? Est-ce que les clients sont des particuliers ou des sociétés ? Quelle est la liste des informations fiscales qui devront être automatiquement transmises entre les signataires de ces accords ? Seront-elles protégées par le secret fiscal ? Le lecteur est d'autant plus embarrassé par cette absence totale d'indications sur les infor-

4. Entretien au *Monde*, 9 janvier 2014.

mations échangées que Marie-Anne Barbat-Layani, après avoir fermement rappelé qu'« un État qui a accepté d'échanger des informations fiscales avec d'autres États ne peut pas être considéré comme un paradis fiscal », ajoute que cela est valable « même s'il propose une réglementation fiscale considérée comme attractive ». On ne pourra donc plus reprocher aux banques françaises « leur installation à l'étranger, de la Belgique à Singapour, des Pays-Bas à Hong Kong ».

À l'opacité s'ajoute l'autorité de la chose juridique bien nécessaire pour ne pas mettre les États-Unis sur la liste des paradis fiscaux puisqu'ils ont refusé de signer l'accord multilatéral qui enchante cette inspectrice générale des Finances. Toute autre liste que celle des huit paradis fiscaux publiée au *Journal officiel* le 1er janvier 2014 « ne peut être considérée que comme une initiative privée sans fondement juridique, créatrice de paradis artificiellement conçus et arbitrairement critiqués ». La conclusion met en garde ceux qui font l'amalgame entre l'activité internationale des banques françaises et la stigmatisation de leur présence dans les paradis fiscaux. « Il y a derrière cette idée, non seulement que chacun pourrait avoir sa définition du paradis, mais aussi que l'enfer est pavé de bonnes intentions. » En effet : que font les 1 632 salariés de la BNP Paribas à Singapour ? Les 1 514 employés travaillant en Suisse, et les 222 sur la petite île de Jersey ?

L'image de BNP Paribas écornée

Après la publication, en 2010, du *Président des riches* [5], Michel a eu l'occasion d'intervenir sur France Inter et d'évoquer l'implantation de BNP Paribas dans les paradis fiscaux, à travers ses 189 filiales de l'époque, dans les îles Vierges britanniques, les îles Caïmans et d'autres endroits tout aussi recom-

5. Michel Pinçon et Monique Pinçon-Charlot, *Le Président des riches. Enquête sur l'oligarchie dans la France de Nicolas Sarkozy*, Paris, Zones, 2010 (Paris, La Découverte, « Poche/Essais », 2011, nouvelle édition).

mandables. Le directeur de la Marque, de la Communication et de la Qualité de la BNP lui a adressé une lettre quelques jours après : « Je me permets de vous indiquer que BNP Paribas n'a pas d'activité aux îles Vierges britanniques et que le groupe a cédé en 2009 ses activités de gestion de fortune aux îles Caïmans à une banque canadienne. »

La réponse de Michel est précise : « Après vérification à partir du tableau "Périmètre de consolidation" du *Document de référence et rapport financier annuel 2010*, il s'avère que BNP Paribas contrôle à 50 % "Fortis/KFH Scdf Advisor Ltd" localisé aux îles Vierges britanniques. Je concède que j'aurais pu choisir un exemple plus significatif, et citer le Luxembourg ou un autre lieu où la présence de BNP Paribas est plus importante. Quant aux îles Caïmans, elles reviennent à plusieurs reprises. Ainsi, BNP Paribas y a acquis "Camomile Pearl (UK) Ltd". Les îles Caïmans sont bien présentes encore, malgré la cession des activités de la BNP dans ce paradis fiscal à la banque canadienne Scotia. Il ne me semble pas que l'on puisse affirmer que "BNP Paribas n'a pas d'activité aux îles Vierges britanniques" et qu'il n'y ait plus d'activités de gestion de fortune de la part de votre groupe aux îles Caïmans. Mais je tiendrai compte de votre remarque en donnant des exemples moins exotiques. » Michel ayant conclu sa lettre en disant qu'il était prêt à la discussion n'est donc pas étonné de recevoir une nouvelle lettre quelques jours plus tard.

Le même directeur de la Marque, de la Communication et de la Qualité « se permet d'apporter » à Michel, dans le cadre cette fois-ci d'un article paru dans *Le Monde* sur la « perte de confiance envers le monde politique » les « éclairages suivants : la majeure partie des 189 filiales mentionnées dans cet article se trouvent en réalité dans des pays européens tels que la Belgique, les Pays-Bas ou la Grande-Bretagne, dans lesquels nous avons effectivement de nombreuses activités destinées à servir nos clients locaux (particuliers, PME...) et internationaux (grandes entreprises) dans leurs besoins bancaires quotidiens, et non pour des raisons fiscales. Les G20 de Londres et Pittsburgh (en avril et septembre 2009) ont pris comme base pour leurs recommandations la liste des paradis fiscaux établie par l'OCDE. BNP Paribas a été la première banque française, en septembre 2009, à s'engager à ne plus avoir aucune implantation dans un pays de cette liste. Vous êtes certainement dans votre rôle en trouvant que ce n'est pas assez et en exhortant à davantage d'efforts. Mais il serait juste de reconnaître que BNP Paribas a totalement respecté ses engagements et ne détient à ce jour aucune filiale dans un pays qualifié "paradis fiscal" par l'OCDE ou la France. BNP Paribas a quitté en 2009 les Bahamas et le Panama où il était présent depuis cinquante ans. Ce départ a d'ailleurs suscité de très vives protestations de la diplomatie panaméenne. Nous avons maintenu notre ligne. Nous avions quitté le Liechtenstein dès 2004 et nous n'avons pas de filiales aux îles Vierges britanniques. Enfin, si les îles Caïmans ne font plus partie de la liste des paradis fiscaux de l'OCDE suite à la signature de conventions fiscales avec plusieurs États dont la France, nous avons tout de même décidé de renoncer à notre activité de gestion privée dans ce pays. Nous sommes naturellement présents au Luxembourg, pays membre fondateur de l'Union européenne, dont le rôle de place financière est parfaitement connu et avalisé par celle-ci. Si notre présence y est plus forte que celles d'autres banques, c'est parce que, suite à l'acquisition de la banque belge Fortis en 2009, nous y avons repris BGL qui, outre ses activités de gestion privée, possède dans ce pays un réseau d'agences de proximité à destination des PME et des particuliers luxembourgeois. S'agissant des deux structures "Fortis-KFH Scdf Advisor Ltd" et "Camomile Pearl (UK) Ltd" que vous mentionnez dans votre dernier courrier, il s'agit d'anciennes entités créées par Fortis et qui sont actuellement en cours de liquidation, conformément à notre politique ».

La BNP Paribas absente des îles Vierges britanniques ? Curieux quand on se rappelle que la journaliste du *Monde* Anne Michel, en voyage en janvier 2014 à Tortola, la capitale de ces îles, avait rencontré des dirigeants de BNP Paribas (BVI) Trust Corporation, ayant pignon sur rue, qui lui avaient dit « dépendre de BNP Paribas Jersey et Singapour » sans mentionner un quelconque processus de liquidation.

Ce type d'échanges en sabir administratif est bien fait pour renforcer l'opacité de ce qu'il ne faut surtout pas divulguer : la spéculation financière et les commissions qui vont avec, le moindre risque juridique et donc judiciaire, le moins-disant administratif et le plus-disant déréglementé et libéral. La fonction de la langue perfide de l'expertise est de renforcer le sentiment de supériorité de tous les initiés à cette langue du pouvoir et d'en exclure les non-initiés.

À l'opacité des discours d'experts s'ajoute celle liée aux paradis fiscaux, ces opacités en cascade créant un brouillard si épais qu'il devient quasi impossible de distinguer un chat légal d'un matou suspect. « Le passage de la sphère de l'illégal vers celle du légal n'est possible, selon Chantal Cutajar, directrice du Groupe de recherche sur la criminalité organisée (Grasco), que grâce à l'intervention des paradis fiscaux, en raison de la possibilité d'anonymat qu'ils procurent en mettant à la disposition de quiconque des constructions juridiques opaques, trusts, fiducies et autres sociétés écrans, que les spécialistes de l'ingénierie juridique organisent pour empêcher la traçabilité des flux financiers [6]. »

6. Chantal CUTAJAR, « Corruption, des experts se mobilisent », *La Croix*, 17 janvier 2014.

LA SOLIDARITÉ CORRUPTRICE DES OLIGARQUES

Que deviennent les valeurs d'égalité face aux dispositifs légaux de contournement de l'impôt ? La légalité définit la légitimité, et donc la reconnaissance et l'acceptation de l'ordre dans les rapports sociaux de domination. Par quels processus sociologiques les nantis arrivent-ils à ne plus payer des impôts à la hauteur de leur fortune ? Par quels autres processus ceux qui en font les frais en n'échappant à aucune taxe acceptent-ils cet incivisme fiscal ?

La transformation des intérêts particuliers des nantis en intérêts généraux

Les puissants aboutissent, à travers le droit et le détournement du pouvoir législatif, à ce que « leurs » lois deviennent « les » lois, l'« illégal », le « légal ». Pour cela, il faut que les plus fortunés soient très proches des politiques, au point de former une caste de riches et de puissants qui cumulent toutes les formes de pouvoir en même temps que toutes les formes de richesse. Ses membres occupent les positions les plus élevées dans tous les domaines : au cœur de l'État, dans la haute administration et les assemblées parlementaires, dans les conseils d'administration des entreprises et des banques, dans les médias publics et dans ceux dont les propriétaires font partie de leur classe, dans l'armée, les arts et les lettres. Tous ces oligarques, grands bourgeois et nobles fortunés, entretiennent, à travers une intense sociabilité professionnelle et mondaine, des relations suffisamment constantes et proches pour que chacun, dans sa sphère d'influence spécifique, puisse décider dans le sens des intérêts de la classe.

Ce collectivisme grand-bourgeois se mobilise « spontanément », sans qu'il y ait besoin d'en faire la théorie. Le lundi 3 novembre 2014, Philippe Villin, inspecteur des Finances, ancien élève de l'ENA, fête au théâtre des Champs-Élysées les vingt ans de la société Philippe Villin Conseil (PhVC), qu'il a créée en 1994 après avoir exercé dans le secteur public à l'Inspection générale des finances (1979-1983) et comme chef du service du budget, des affaires financières et des participations à la Direction générale des télécommunications (1983-1984). Les patrons du CAC 40 sont représentés par Patrick Pouyanne, le tout nouveau directeur général de Total, et par Jean-Laurent Bonnafé, président de BNP Paribas. Roselyne Bachelot, Jean-Louis Borloo, Claude Guéant, Jean-Pierre Chevènement et Nicolas Sarkozy sont au rendez-vous pour représenter le Gotha politique. Le même jour, à la même heure, toujours dans le 8e arrondissement de Paris, mais à la salle Pleyel, BFM organisait sa soirée « Césars » pour récompenser les meilleurs entrepreneurs. La presse a mentionné la présence de Xavier Niel. Manuel Valls et Emmanuel Macron remettront les récompenses.

L'entre-soi des fêtes et des réceptions permet à la mayonnaise oligarchique non seulement de prendre, mais aussi d'être délicieuse tout en prenant la fermeté d'une meringue. La structure des échanges n'est pas celle du don et du contre-don entre individus ni entre familles : c'est à la classe sociale des nantis que l'on apporte sa contribution et son aide, et le retour sur investissement revient tout naturellement sans qu'il soit une réponse directe à la libéralité que l'on a prodiguée. Dans leur vie quotidienne, les grands bourgeois sont dans le conflit d'intérêts permanent : à l'intérieur de leur classe, ils échangent sans cesse entre eux préférences, services et informations. Le conflit d'intérêts est donc consubstantiel au fonctionnement ordinaire de la classe dominante, la collusion de fait entre les différentes dimensions du pouvoir allant de soi, étant intrinsèque à la concentration de tous les pouvoirs entre les membres de la classe. De plus, cette classe de nantis a trouvé dans la mondialisation financière, sur des bases néolibérales, la possibilité de généraliser cette forme de corruption dans laquelle l'évasion fiscale joue un rôle décisif dans la perte des solidarités nationales.

Les paradis fiscaux ne sont donc pas une arme de destruction massive des États. Ils sont un instrument utilisé par une classe sociale mobilisée pour un énorme hold-up à son seul bénéfice. Pour organiser cette évasion fiscale de « 600 milliards d'euros qui manquent à la France [7] », tous les membres de la classe oligarchique doivent apporter leur pierre à cette prédation de haut vol. Des inspecteurs des Finances avec leur pantouflage du public vers le privé aux avocats fiscalistes et aux financiers en passant par les économistes à la langue experte et à une partie de la presse à la solde des patrons du CAC 40, c'est bien la classe dominante qui, depuis le sommet de l'État et des assemblées parlementaires, dans l'intégralité et la diversité de tous ses membres, organise en France, mais aussi en Europe, le plus grand casse des temps dits « modernes ».

La hernie fiscale du baron Ernest-Antoine Seillière de Laborde

L'ancien patron du Medef et ancien élève de l'ENA préfère plaisanter sur sa mise en examen pour fraude fiscale en parlant de sa « hernie fiscale » à ceux qui, compatissants, prennent de ses nouvelles judiciaires [8]. Celui-là même qui a mené la guerre idéologique de la « refondation sociale », transformant les patrons et les financiers de haut vol en créateurs de richesses victimes de travailleurs trop gourmands et trop coûteux, n'a pas hésité, en 2007, à s'enrichir en dizaines de millions d'euros à l'occasion d'une restructuration du capital de la société d'investissement Wendel. L'affaire a été mise au jour par deux journalistes du *Monde*, Claire Gatinois et

7. Antoine Peillon, *Ces 600 milliards qui manquent à la France*, *op. cit.*
8. Sophie Coignard et Romain Gubert, *Ces chers cousins. Les Wendel, pouvoirs et secrets*, Paris, Plon, 2015, p. 293.

Franck Johannès, qui ont signé un article de deux pages dans l'édition du 2 mai 2008, expliquant la bonne fortune du baron Seillière en décrivant les détails techniques du montage qui n'aurait jamais dû être ainsi démonté en public, notamment les modalités mises en place pour échapper à l'impôt sur les plus-values en cas de revente. Il y eut, de plus, l'intervention de l'une des héritières Wendel, cousine d'Ernest-Antoine et actionnaire du groupe Wendel. Celle-ci, Sophie Boegner, a fait savoir son désaccord avec ce type d'opération. Après une rencontre de ladite cousine avec Aurélie Filippetti, en octobre 2010, au sujet du volet fiscal de cet enrichissement dont le délai de prescription était à l'époque de trois ans, la députée socialiste de Moselle a pu attirer l'attention de François Baroin, nouveau ministre du Budget après le départ d'Éric Woerth, sur ce dossier. Le 24 décembre 2010, soit une semaine avant la date de prescription, les responsables de la Direction nationale des vérifications des situations fiscales (DNVSF) notifient des redressements de plusieurs dizaines de millions d'euros aux quatorze dirigeants qui ont bénéficié de 324 millions d'euros grâce au montage en question, avec des pénalités élevées, le tout s'élevant entre 40 et 50 millions d'euros pour Ernest-Antoine Seillière de Laborde. Et ce n'est pas fini : devant l'ampleur et la visibilité de ce scandale, Bercy, *via* la Commission des infractions fiscales (CIF), transmet en 2012 à la justice une plainte pour fraude fiscale. Après l'ouverture d'une enquête en juin 2012, le bureau et le domicile du baron ont été perquisitionnés en septembre, à la demande du juge d'instruction Guillaume Daïeff. Fin octobre 2014, le juge lui a signifié sa mise en examen pour fraude fiscale. L'administration fiscale, qui s'est portée partie civile, réclame des dizaines de millions d'euros avec le risque, pour l'ancien patron conquérant du Medef, d'encourir une sanction maximale de cinq ans de prison.

Sans la présence de Sophie Boegner au conseil d'administration de Wendel Investissement et l'opiniâtreté des journalistes du *Monde*, le baron coulerait des jours heureux sans craindre cette épée de Damoclès. Connaissant le ban et l'arrière-ban de la haute société parisienne, des hommes politiques, des ministres de Bercy, une telle mise en examen doit lui paraître incongrue. D'où la plaisanterie « amusante » sur sa « hernie fiscale » dont il espère peut-être qu'elle puisse être opérée après des négociations avec le fisc et un « plaider-coupable » avec la justice.

Mais l'affaire a rebondi avec la mise en examen, le 16 avril 2015, de la banque américaine JP Morgan pour complicité de fraude fiscale dans le montage financier et fiscal qui vaut quelques soucis de santé à Ernest-Antoine Seillière de Laborde.

L'ENA, école du pouvoir

L'École nationale d'administration est une grande école publique créée après la Seconde Guerre mondiale, avec l'intention de reconstruire les élites de l'État. En fin de scolarité, les élèves sont classés en fonction de leurs notes. Ce classement final, générateur de concurrence entre eux, prend en compte les savoirs et les savoir-faire au-delà des acquis scolaires, et intègre aussi l'aptitude à jouer au plus haut niveau, dans la cour des grands. De sorte que l'entrée dans un des corps d'État ne se fait pas, sauf exception rare qu'il convient de saluer, en fonction d'un goût ou d'une aptitude particulière pour tel ou tel domaine de la fonction publique. Mais, pour la plupart, en raison du seul rang de sortie. Dans l'ordre de ce rang, le choix s'exerce entre quatre corps : l'Inspection des finances, le Conseil d'État, la Cour des comptes ou le corps des administrateurs civils. Cette hiérarchie permet aux meilleurs de choisir l'Inspection des finances et contraint les derniers à n'avoir d'autre choix que celui du modeste statut d'administrateur civil. Les meilleurs élèves et/ou les plus carriéristes verront dans l'Inspection des finances le corps le plus prestigieux, mais surtout celui qui ouvre l'accès aux postes offrant les plus belles carrières dans les ministères régaliens, notamment celui de l'Économie et des Finances, et, de plus en plus souvent, dans les banques privées internationales.

Dans une étude menée en 1983 avec Paul Rendu sur les hauts fonctionnaires des grands corps de l'ENA, l'Inspection des finances, le Conseil d'État et la Cour des comptes, et de Polytechnique, des Mines et des Ponts-et-Chaussées, nous montrions que la hiérarchisation entre les corps était homologue à celle observée entre les espaces de résidence des hauts fonctionnaires concernés. Autrement dit, la hiérarchie entre les corps correspond massivement à des origines sociales et géographiques elles-mêmes hiérarchisées. « S'il y a une homologie entre les structures sociales et les structures urbaines, écrivions-nous, c'est que les secondes contribuent à la reproduction des premières et qu'en conséquence la place que l'on y occupe constitue un enjeu social. Autrement dit, la localisation de la résidence n'est pas seulement appréciée en fonction des valeurs d'usage urbaines qu'elle peut offrir (niveaux d'équipement...), ou plutôt la valeur d'usage décisive de l'espace résidentiel réside dans la part qu'il prend au maintien et à la reproduction de la position sociale [9]. »

L'ENA ouvre donc la porte du champ du pouvoir et de l'oligarchie, et ce, avec le label du mérite et d'un diplôme d'État garanti à vie. Emmanuel Macron est fort probablement l'inspecteur des Finances le plus célèbre du moment puisqu'il a quitté la banque Rothschild & Cie pour l'Élysée en mai 2012, avant d'investir Bercy en août 2014. Né en 1977 à Amiens, il sort

9. Monique Pinçon-Charlot et Paul Rendu, *Pratiques et représentations des consommations collectives dans la haute fonction publique*, Paris, Centre de sociologie urbaine/CNRS, 1985.

dans le « haut de la botte », c'est-à-dire dans les premiers rangs de la promotion Léopold Sedar Senghor de l'ENA, et opte pour l'Inspection des finances. Il est chargé de mission auprès du chef de service de l'Inspection générale des finances, Jean-Pierre Jouyet. À trente ans, Emmanuel Macron franchit le Rubicon et devient banquier d'affaires chez Rothschild & Cie. En 2011, il accède au statut d'associé-gérant de cette banque. François Hollande le nomme en mai 2012 secrétaire général adjoint de la présidence de la République, poste qu'il occupera de 2012 à 2014. Nicolas Sarkozy, lui aussi, avait choisi un associé-gérant de la même banque, François Pérol, pour le secrétariat général de l'Élysée.

Quelques mois avant l'élection présidentielle de 2012, Emmanuel Macron a piloté comme associé-gérant chez Rothschild l'achat par Nestlé d'une filiale de Pfizer, une transaction à plus de 9 milliards d'euros, ce qui a fait de lui un nouveau millionnaire. Ce statut a été confirmé par sa déclaration d'intérêts et de patrimoine publiée le 23 décembre 2014 par la Haute Autorité pour la transparence de la vie publique. En 2011 et 2012, il a gagné près d'un million d'euros par an. Or travailler au cœur d'une des plus grandes banques d'affaires privées ou exercer la responsabilité de ministre de l'Économie ne mobilise pas les mêmes façons de penser, comme nous l'a fait remarquer un gestionnaire de fonds d'investissement : « "Banque d'affaires", cela signifie en vérité banque de transactions, de commissions sur opérations d'achat ou de vente de sociétés, c'est-à-dire à courte vue, celle de la perspective des commissions encaissées à la suite de toute transaction. Avant de passer à une autre. Certainement pas une vue et un esprit à long terme, dont notre pays aurait bien besoin. »

François Hollande savait très bien qui il recrutait puisque Emmanuel Macron, grâce à son ami Jacques Attali, avait été le rapporteur de la Commission pour la libération de la croissance française initiée en 2007 par Nicolas Sarkozy. C'est donc lui qui sera l'inspirateur, en tant que secrétaire général adjoint de l'Élysée, des choix économiques de François Hollande, fondés sur la croissance qui serait enfin au rendez-vous grâce à des cadeaux en milliards d'euros aux entreprises, c'est-à-dire à leurs actionnaires. Du CICE au Pacte de responsabilité, Emmanuel Macron a, selon la presse libérale, « rassuré les marchés, Bruxelles et l'Allemagne ».

Le pantouflage ou la porosité entre le public et le privé

Les grandes écoles d'État mobilisant l'argent des contribuables dans la formation des élites, exigent en retour un engagement au service des administrations publiques pendant au moins dix ans. Le non-respect de cette clause entraîne l'obligation de rembourser les frais de scolarité et les rémunérations. Un élève de l'ENA perçoit environ 1 300 euros de salaire mensuel net et des indemnités (de résidence, de formation, de stage...) [10]. Le remboursement de cette manne peut être assuré par l'intéressé(e) ou pris en charge par l'employeur-débaucheur. Les compétences, les pouvoirs actuels et potentiels d'un Emmanuel Macron valent bien un petit pourboire versé à l'État par la banque Rothschild, dont le seul nom évoque l'immensité d'une richesse ancrée dans les siècles.

Avec le néolibéralisme, les allées et venues entre le public et le privé se font désormais dans les deux sens. Du privé vers le public et du public vers le privé. Emmanuel Macron a toutes les chances, après avoir consolidé son bagage et ses relations en tant que ministre de l'Économie et des Finances, de « pantoufler » de nouveau dans la banque, à un niveau international, voire de prendre la tête d'une institution comme le Fonds monétaire international (FMI).

10. Observatoire Boivigny, informations et analyses sur l'enseignement supérieur, « ENA, Polytechnique, Normale : quand les études paient », boivigny.com.

Mais le pantouflage, qui voit l'énarque abandonner les salons ministériels pour ceux des sociétés privées, exige le passage devant une Commission de déontologie. L'exemple de François Pérol permet d'apprécier les modalités de cette émigration. Ce diplômé de l'ENA, sorti major de sa promotion (Jean Monnet), occupe de 1990 à 2005 de hautes fonctions à Bercy, à la Direction du Trésor, puis comme directeur adjoint du cabinet de Francis Mer, ensuite de Nicolas Sarkozy, ministres successifs de l'Économie, des Finances et de l'Industrie. Puis François Pérol « pantoufle » comme associé-gérant de Rothschild & Cie. La Commission de déontologie, chargée de contrôler les conditions de départ des fonctionnaires vers le privé, avait accepté ce pantouflage, à la stricte condition que l'intéressé ne s'occupe pas d'affaires bancaires ! En mai 2007, François Pérol est promu secrétaire général adjoint de l'Élysée pour les questions économiques et financières par Nicolas Sarkozy. Puis il quitte la rue du Faubourg-Saint-Honoré en février 2009, après avoir été nommé par Nicolas Sarkozy à la tête d'un nouvel établissement bancaire issu de la fusion des Banques populaires avec les Caisses d'épargne sous le sigle BPCE. Or Nicolas Sarkozy avait nommé François Pérol à l'Élysée pour gérer cette fusion. Mais, pour faire valider cette nomination, François Pérol ne prend même plus la peine de se présenter devant la Commission de déontologie.

C'est à la fin du second mandat de François Mitterrand que cette commission a été créée par la loi du 29 janvier 1993 pour tenter de lutter contre une corruption qui semblait gangrener tous les rouages de l'État. Cette commission avait, entre autres tâches, celle de donner son avis sur les projets de départ d'agents publics dans le secteur privé. Mais, le 2 février 2007, peu de temps avant l'arrivée de Nicolas Sarkozy à l'Élysée, une nouvelle loi a rendu facultative cette procédure, sauf dans un cas. Il s'agit « du fonctionnaire qui, dans les fonctions qu'il a exercées au cours [...] des trois années précédentes, a été en situation d'assurer le contrôle ou la surveillance d'une entreprise privée », selon Jacques Arrighi de Casanova, président de la Commission de déontologie de la fonction publique, conseiller d'État et membre de la Commission des infractions fiscales jusqu'en 2007, déposant dans le cadre de la mission parlementaire du Sénat sur l'évasion des capitaux. « Autrement dit [...], la saisine n'est obligatoire que si l'on est quasiment sûr que le délit de prise illégale d'intérêts est constitué [11]. » Aussi le nombre de passages devant cette commission s'est-il considérablement réduit, apportant dans le maillage de la toile oligarchique une fluidité appréciée.

Dans le cas de François Pérol, la Commission de déontologie aurait dû être saisie puisqu'il avait œuvré à la création d'un puissant groupe bancaire dont il a pris la présidence. D'ailleurs, le 7 novembre 2014, le parquet national financier a demandé son renvoi devant le tribunal correctionnel pour « prise illégale d'intérêts ». Il a comparu devant le tribunal correctionnel de Paris fin juin 2015. Alors qu'il encourait trois ans de prison et 200 000 euros d'amende, le procureur a requis deux ans de prison avec sursis, 30 000 euros d'amende et l'interdiction définitive d'exercer toute fonction publique. Ce sont les syndicats SUD et CGT de BPCE qui sont à l'origine des poursuites en justice.

Un autre cas est soumis à Jacques Arrighi de Casanova par Éric Bocquet durant la même audition. « Il s'agit, précise celui-ci, d'un conseiller maître à la Cour des comptes en charge de la législation fiscale européenne et internationale, auteur de papiers très pointus sur l'évasion fiscale publiés dans une revue consacrée aux finances publiques. Cette personne, dont je ne citerai évidemment pas le nom, est devenue, au début de

11. SÉNAT, *Évasion des capitaux et finance : mieux connaître pour mieux combattre*, *op. cit.*, p. 158-159.

cette année [2013], conseiller en fiscalité auprès de la banque BNP Paribas [12]. J'ignore si la Commission de déontologie de la fonction publique a été saisie de ce dossier particulier, qui me pose question au regard du sujet qui nous intéresse. »

La réponse du président de la Commission de déontologie est franche : « Si j'identifie bien le dossier, compte tenu des indications que vous avez données, le cas a été soumis à la Commission. Il s'agissait d'une saisine à titre facultatif, mais c'est l'une des failles du système, puisque ce cas de passage au privé pose des problèmes au moins aussi nombreux et délicats que celui du fonctionnaire qui a été appelé à contrôler une entreprise et qui souhaite s'y faire embaucher. Le contexte ne saurait être ignoré, même s'il ne saurait suffire à justifier n'importe quel avis, notamment favorable. En effet, les hauts fonctionnaires du ministère des Finances, en particulier ceux affectés à la Direction générale des finances publiques (DGFiP), ont vu leurs possibilités de débouchés et de perspectives de postes de fin de carrière à l'intérieur de leur administration singulièrement amoindries depuis la réorganisation des services. [...] L'avis favorable repose, dès l'instant où aucun risque pénal n'est identifié, sur le pari selon lequel il n'est pas inutile qu'un fonctionnaire qui a la culture de l'administration fiscale aille dispenser la bonne parole dans le monde de l'entreprise. Ce pari s'est parfois vérifié. On ne saurait présumer qu'une telle personne contribuerait nécessairement à élaborer des montages pour le moins douteux [13]. »

Il faut être naïf ou complice pour prétendre qu'un haut fonctionnaire familier des modalités fiscales les plus complexes, y compris à l'international, ne mettra pas ce savoir

12. Il s'agit de Christian Comolet-Tirman, conseiller à la Cour des comptes, spécialiste en droit fiscal international.
13. SÉNAT, *Évasion des capitaux et finance : mieux connaître pour mieux combattre*, *op. cit.*, p. 161-162.

ésotérique au service du groupe bancaire détenteur de plusieurs dizaines de filiales à travers le monde, y compris dans les paradis fiscaux les plus exotiques.

« Il faut que tout change pour que rien ne change »

Malgré son départ de l'Élysée en mars 2014 après l'échec cinglant subi par le Parti socialiste aux élections municipales, Emmanuel Macron a été remplacé, au poste de secrétaire général adjoint de la présidence de la République, par une financière de haut vol lui ressemblant étonnamment. Laurence Boone est une économiste financière venue tout droit de la City de Londres. Elle a rencontré Jean-Pierre Jouyet, conseiller spécial à l'Élysée, à la banque Barclays Capital, où elle a occupé les fonctions de chef économiste de 2004 à 2011, avant de devenir chef économiste à la Bank of America Meryll Lynch d'où François Hollande la débauchera. Celui qui s'est fait élire en promettant une guerre sans merci contre son principal adversaire, la finance, doit, chaque matin en se rasant, se regarder dans son miroir soit en rigolant à la pensée de tous ces naïfs assez obtus pour l'avoir cru, soit en pleurant sur son socialisme aussi lointain que le recul du chômage.

> **La violence symbolique des palmarès**
> Sélections, classements, intronisations pour les uns, malchance, rejet, damnation pour les autres. À l'occasion de notre visite à l'Association des anciens élèves de l'École nationale d'administration, dans ses locaux du boulevard Saint-Germain, dans le 7e arrondissement de Paris, nous avons tous deux revécu la première expérience de cette dichotomie qui remonte aux résultats des premiers examens, avec les listes affichées dans les cours des lycées qui énumèrent les admis et ignorent cruellement les recalés, lesquels vivent là leur premier échec. En être, ou ne pas en être.

Aimablement renseignés par la jeune personne qui assure l'accueil des visiteurs, nous prenons un rendez-vous pour consulter les carrières des heureux admis à l'un des concours les plus difficiles des grandes écoles. L'annuaire des anciens de l'ENA est un très gros et lourd recueil, d'un coût encore plus pesant. Les biographies professionnelles qu'il rassemble sont toutes hors du commun. Le passage par de hauts postes dans l'administration ou auprès des élus et des ministres (avant de le devenir soi-même), les postes de responsabilité et de direction dans les entreprises, en particulier dans les banques et les cabinets des plus grands fiscalistes et des commissaires aux Comptes, dessinent les contours d'une noblesse qui ne connaît plus les frontières entre intérêts privés et publics.

Cet annuaire, comme ceux des cercles fermés ou des conseils d'administration des sociétés, ou encore le *Who's Who* ou le *Bottin Mondain*, sont des documents fort utiles pour les intéressés qui pratiquent une sociabilité intense, forme d'existence de la classe mobilisée. Documents élogieux aussi, en quelque sorte, puisque les mentions de décorations, l'appartenance aux grands corps de l'État, aux clubs et cercles viennent parachever les portraits professionnels. Ces documents sont là, sur les rayons des bibliothèques. Votre nom y est imprimé ou pas.

Ces recueils des noms de ceux ou celles qui comptent sont un camouflet silencieux pour ceux qui n'en sont pas et qui savent que maintenant les jeux sont faits et qu'ils n'en seront jamais. Ils font partie du nombre, de cette multitude anonyme, qui le restera. Ce n'est pas de l'envie, c'est bien plus profond. C'est le sentiment de faire partie d'une autre humanité, besogneuse et méconnue, comme le sont ceux qui ont construit les voies romaines ou les cathédrales pour les empereurs et les cardinaux. Faire partie d'une irrémédiable banalité confrontée à une aussi irréversible notoriété. Et cela d'autant plus que les listes des élus se multiplient et se recoupent parfois. Étrange société, au fond, où la libre concurrence fonde une inégalité justifiée. Si c'est comme cela, c'est que j'ai les mérites de ma supériorité. Si c'est comme cela, c'est que j'ai les failles de mon infériorité. La République a recréé des castes, une noblesse. Les fondements en sont différents, mais les conséquences identiques. L'aristocratie des dominants domine, l'humilité des humbles les condamne à être ce qu'ils sont.

LES CUISINIERS EN CHEF DE LA TAMBOUILLE FISCALE

Avec la mondialisation financière et la déréglementation des marchés, l'évasion fiscale doit pouvoir profiter de toutes les possibilités offertes aux quatre coins du monde dans la course généralisée à la compétitivité. Les cabinets d'audit et de conseil fiscaux se sont développés et les normes comptables ont dû se mettre à la mode anglo-saxonne pour permettre les comparaisons internationales.

Les paris sur l'avenir intégrés dans la comptabilité

L'Union européenne a pris la décision en 2002 d'« adopter pour les comptes consolidés des entreprises cotées des règles internationales, produites par un organisme privé, basé à Londres, l'International Accounting Standard Board (IASB) », regrette Jérôme Haas, président de l'Autorité des normes comptables, devant les sénateurs le 17 septembre 2013 [14]. S'agissant des entreprises, il précise les modifications qui ont découlé de cette décision. « Pour nous, le résultat, c'est la différence entre deux flux, ce que l'on dépense et ce que l'on gagne. C'est simple et sûr. Selon la comptabilité internationale, le

14. SÉNAT, *Évasion des capitaux et finance : mieux connaître pour mieux combattre*, *op. cit.*, p. 393.

résultat réside dans la différence entre deux bilans, dans lesquels peuvent se trouver des choses non réalisées. On n'est plus dans un monde où les chiffres sont sûrs, mais dans un monde où ils doivent tout dire [...]. Si l'on comptabilise l'avenir, on comptabilise des hypothèses. Plus il y a d'hypothèses, moins ce que l'on dit est crédible, et tous ceux qui doivent prendre des décisions sur cette base risquent de se tromper ! » La conséquence, nous l'avons déjà vécue en 2008 : « Lorsqu'on arrive dans le mur, dit simplement Jérôme Haas, le choc est d'autant plus fort que toutes les valeurs chutent d'un coup, l'ensemble de l'édifice reposant sur des hypothèses qui se sont avérées fausses [15]. » Ce changement de comptabilité est bien lié à la financiarisation de l'économie qui voit l'« entreprise comme une chose qui s'achète et se vend, l'important étant de valoriser, de façon instantanée, l'ensemble des actifs et des passifs. Pour ce faire, il faut prendre en compte le passé, qui est sûr, le présent, mais surtout l'avenir [16] ». Avec donc la prise en compte, dans les résultats, de bénéfices non réalisés. Voilà une autre manière d'augmenter l'opacité de l'économie.

Mais, grâce à la clarté des propos de ce président de l'Autorité des normes comptables, on comprend mieux le développement des cabinets d'audit comptable qui certifient les comptes des entreprises afin de rassurer les investisseurs. Avec la mondialisation et les entreprises multinationales, non seulement les cabinets d'audit se sont dotés de services de conseil, notamment dans le domaine de la fiscalité, mais ils se sont concentrés pour devenir des mastodontes afin de se partager le marché mondial.

15. *Ibid.*, p. 395.
16. *Ibid.*, p. 394.

Les Big Four, *ou les quatre gros*
Deloitte est en tête de ce palmarès avec un chiffre d'affaires de 34,2 milliards de dollars et 210 400 salariés à travers le monde [17] Le deuxième est PricewaterhouseCoopers (PwC) avec 33,9 milliards de dollars et 195 433 salariés, tandis qu'Ernst & Young brasse 27,4 milliards de chiffre d'affaires et emploie 188 000 personnes. Le petit dernier des quatre gros est KPMG, avec 24,8 milliards de dollars et 162 000 employés.

L'un des spécialistes du prix de transfert français, Gianmarco Monsellato, a été invité à témoigner devant les sénateurs le 5 juin 2012. Il est *managing partner* de TAJ, une société d'avocats membre de Deloitte. Dans sa présentation, il fait l'éloge de la présence de sa société partout sur la planète. « Cela nous donne une vision unique de la fiscalité dans le monde, depuis la Chine jusqu'aux États-Unis en passant par la France. Nos clients sont non seulement de gros groupes internationaux, mais aussi des PME exportatrices qui recherchent avant tout la sécurité [18]. » La sécurité passe par l'optimisation. « Notre travail consiste à beaucoup expliquer, à sécuriser les investissements sur le plan fiscal et, il est vrai, à optimiser parce que l'optimisation est nécessaire. En effet, les clients, entreprises françaises et étrangères, sont dans un monde de compétition sans merci. Une entreprise contrainte de payer significativement plus d'impôts que son concurrent est vouée à disparaître, absorbée ou annihilée par ce dernier. C'est une réalité. Les entreprises ont donc, vis-à-vis de leurs actionnaires comme de leurs salariés, l'obligation d'optimiser pour survivre [19]. »

Mais, quand il faut chiffrer le coût de ce qui est considéré par cet avocat comme de la simple optimisation fiscale, la gêne est palpable. À la question du sénateur socialiste Yannick Vaugrenard : « J'aimerais savoir ce que vous pensez du livre

17. *Le Monde*, 10 mars 2015.
18. SÉNAT, *L'Évasion fiscale internationale, et si on arrêtait ?*, *op. cit.*, p. 1186.
19. *Ibid.*, p. 1166.

d'Antoine Peillon, *Ces 600 milliards qui manquent à la France* », Gianmarco Monsellato répond très franchement : « Sur les paradis fiscaux, le livre que vous avez mentionné fait état de chiffres qui, j'assume mes propos, sont inventés. Je lis constamment des chiffres qui ne sont pas audibles, qui ne sont reliés à aucune source, que l'on ne retrouve nulle part dans l'OCDE. Par conséquent, soit un certain nombre d'auteurs et de journalistes sont mieux renseignés que l'OCDE, soit leur créativité est supérieure à leur sens mathématique. Ce chiffre de 600 milliards dans les paradis fiscaux paraît quand même surprenant puisque le montant total du commerce mondial est estimé par l'OCDE, de mémoire et à vérifier, à 2 000 ou 3 000 milliards. Dire que près de la moitié du commerce mondial se trouverait dans les paradis fiscaux est une grossière exagération, ou une vue de l'esprit, inutile d'être économiste pour le comprendre. »

Les sénateurs lui font remarquer que les 600 milliards d'euros dans les paradis fiscaux sont un chiffre sur plusieurs années cumulées, qu'il est d'autant plus difficile de le comparer au chiffre annuel du commerce mondial que les chiffres donnés par l'avocat, il est vrai prudemment, sont erronés, le montant annuel du commerce mondial oscillant autour de 20 000 milliards de dollars. Gianmarco Monsellato, visiblement gêné, conclut : « Je vous renvoie aux travaux de l'OCDE. Mais, franchement, ce n'est pas le sujet [20]. » Tant que les néolibéraux sont entre eux, maîtrisant leur jargon technique, leurs chiffres, leurs institutions de référence, ici l'OCDE et non le travail référencé de journalistes ou d'intellectuels, ils manifestent une assurance idéologique et linguistique tout à fait remarquable, mais qui, on l'a vu avec cet échange au cours d'une mission parlementaire dont les auditions sont placées sous serment, peut être brutalement mise à mal.

20. *Ibid.*, p. 1187.

Pour ce diplômé d'HEC, spécialiste du prix de transfert, c'est-à-dire du commerce à l'intérieur d'un même groupe qui permet de loger les bénéfices dans les paradis fiscaux et les coûts dans les pays à forte fiscalité, la mondialisation financière telle qu'elle est ne peut être soumise à la réflexion et encore moins à la critique. Elle va de soi. Soyons donc pragmatiques et pleins de bon sens. « La fin des souverainetés fiscales est peut-être le point le plus difficile à accepter pour un grand et vieux pays comme la France. Mais, poursuit Monsellato, en réalité, avec l'économie globalisée et aujourd'hui immatérielle, il est pratiquement impossible de savoir avec certitude où est créée la richesse : entre un producteur chinois, un chercheur français, un financier anglais, un assureur japonais et un dirigeant américain, cela fait vingt ans que je cherche la formule. Je ne l'ai toujours pas trouvée ! Les plus grands économistes eux-mêmes s'arrachent les cheveux ! » Et de déclarer sans l'ombre d'une hésitation que « la Suisse n'est pas un paradis fiscal : c'est un pays attractif, ce qui n'est pas la même chose [21] ».

On ne trouvera dans son discours aucune interrogation sur le sens de l'impôt et sur les conséquences sociales de ce qu'il appelle l'optimisation fiscale. Cet avocat fiscaliste est parfait, du point de vue de l'oligarchie, puisqu'il a commencé sa carrière comme chargé de mission à la Direction générale du ministère de l'Industrie en 1990, et qu'il connaît donc le dossier sur les prix de transfert sous toutes les coutures : selon le point de vue public depuis le ministère de l'Industrie et selon le point de vue privé depuis le cabinet d'avocats fiscalistes auquel il est désormais rattaché. Il s'intéresse à l'opéra, à l'histoire et à l'œnologie. Dans sa notice du *Who's Who 2013*, il mentionne ses collections de stylos et de lithographies japonaises…

Le témoignage anonyme d'un ancien salarié du secteur confirme l'optimisation fiscale comme principale ligne d'hori-

21. *Ibid.*, p. 1167 et 1168.

zon. Il s'agit le plus souvent de prodiguer des conseils pour accélérer ou retarder les rentrées et les dépenses dans le but de payer le moins possible d'impôts. L'interviewé ajoute aussitôt que « bien sûr il s'agit aussi de conseils pour déplacer les bénéfices dans les pays à faible fiscalité, optimiser le prix de transfert, optimiser les méthodes comptables toujours à la limite de la fraude avec la dépréciation systématique du capital ». Les avocats fiscalistes du cabinet TAJ, intégré au groupe Deloitte, s'engagent à « assurer une assistance technique permanente au cours des contrôles fiscaux en France et à l'étranger. Ainsi qu'à chaque étape des contentieux fiscaux éventuels, qui vous fasse bénéficier de la meilleure défense face aux questions techniques, toujours plus complexes, des administrations fiscales et dans le cadre de règles de procédures multiples et changeantes », comme l'indique le site de la société d'avocats TAJ.

Le même site vante, à propos des prix de transfert, les compétences de son équipe française, qui « allie une forte expertise internationale à une expérience économique et fiscale et entretient des relations soutenues avec les administrations fiscales françaises et étrangères ». Effectivement, ces « relations soutenues » expliquent peut-être que le fils d'Éric Woerth ait pu exercer ses compétences dans le service financier de Deloitte. Éric Woerth a occupé de hautes responsabilités dans un autre cabinet de conseil juridique et fiscal, Arthur Andersen, dont il a été un directeur associé de 1997 à 2002, et dans lequel travaillait également Gilles Pedini, devenu par la suite responsable du département « secteur public » du cabinet Deloitte.

Le département « secteur public » relève de l'audit et du conseil. En effet, les *Big Four*, pour élargir leur champ d'action et le nombre de leurs clients, intègrent l'audit et le conseil, autrement dit deux métiers, l'un qui juge les comptes et les valide, et l'autre qui conseille, notamment dans le domaine de la fiscalité. Est-ce un conflit d'intérêts, comme on l'entend souvent dire ? Bien sûr que non, c'est tout au contraire la synthèse des intérêts de l'oligarchie ! Pour les dominants, le réel ne se découpe pas en tranches sans communication entre elles, dans les affaires tout se tient. Le tout de leurs intérêts et de leur mobilisation se confond avec le monde réel. Le site de TAJ Deloitte indique que le département « secteur public », avec ses 160 experts, « s'est fortement engagé au service de la modernisation du service public. Le renouveau de l'action publique est un enjeu essentiel pour la modernisation d'un pays, un élément clé de sa performance ». Avec la modernisation et la performance, voici les deux mamelles de la « gouvernance publique » qui offre à des cadres supérieurs d'origine sociale élevée le bonheur d'« insuffler les valeurs du privé au cœur d'administrations du secteur public dont la raison d'être est pourtant liée à la mise en œuvre de l'équité et de l'intérêt général », comme nous l'a confié l'ancien salarié de ce secteur. La logique actionnariale est partagée par les prodigueurs et demandeurs de conseils, tous au service de la classe dominante. « Derrière la notion de valeur ajoutée, oxymore omniprésent dans la nouvelle langue des affaires, se cache celle de dividendes et de prédation au service des actionnaires, sous couvert d'éthique et de bien public », conclut tristement cet interlocuteur qui attire notre attention sur le choix des mots : « Regardez sur le site Internet des avocats de TAJ. Il est écrit : "TAJ sert ses clients dans l'excellence et sans compromis." Eh bien, "sans compromis" signifie, dans un contexte commercial, ça me semble un signal clair donné au client, que la loi ne sera pas un problème. »

Le rôle de ces *Big Four* aboutit à un lobbying qui ne dit pas son nom, mais qui exerce des pressions et aboutit à des décisions dans des domaines qui s'interpénètrent avec l'audit, le conseil en fiscalité et le conseil en politiques publiques. Avec les *Big Four*, on est dans un nouveau cœur nucléaire du fonctionnement oligarchique. Sa mobilisation vise la défense des intérêts des multinationales et de leurs actionnaires, par ailleurs de riches particuliers, pour ne plus s'acquitter de leur devoir de contribution sociale à la hauteur de leurs profits et de leurs richesses.

D'autant que, comme on l'a vu avec la présentation de Gianmarco Monsellato, ils sont nombreux à avoir le statut de *partner*, c'est-à-dire d'associé possédant une part actionnariale du cabinet. Selon la même logique qui a transformé les dirigeants des grandes entreprises et des multinationales en membres à part entière de l'oligarchie, puisque leurs rémunérations sont, depuis les années 1990, calculées selon les profits et la bonne santé des cours de l'action de l'entreprise qu'ils dirigent.

Éric Albert, journaliste au *Monde*, cite, à partir d'un rapport parlementaire britannique publié en 2013, l'« exemple de cet associé de KPMG qui a travaillé auprès du fisc britannique pour l'aider à développer des "boîtes à brevets" qui offrent une faible imposition sur les innovations. Peu après, KPMG a produit des brochures en papier glacé pour inciter ses clients à utiliser ces boîtes. "Ils influencent les lois fiscales, puis vendent aux clients la meilleure façon de les contourner", accuse un concurrent [22] ». Réciproquement, de hauts fonctionnaires peuvent être recrutés dans ces *Big Four*. C'est le cas d'Éric Ginter, ancien élève de l'ENA qui, après avoir passé près de dix ans à la Direction générale des impôts à Bercy, est aujourd'hui associé au cabinet STC Partners, lequel est affilié depuis 2010 au réseau KPMG International pour ce qui concerne la fiscalisation. L'une des fonctions objectives de l'ENA est d'effacer les frontières entre les sommets de l'État et ceux de la finance.

De Bercy aux Big Four

Le passage d'inspecteurs des Finances et des Impôts de Bercy aux cabinets d'avocats devrait être interdit par la loi, dans la

22. *Le Monde*, 10 mars 2015.

mesure où ils sont les meilleurs connaisseurs des procédures fiscales, de leurs subtilités et de leurs failles – et, de ce fait, les mieux placés pour contourner les obstacles opposés aux fraudeurs.

Non seulement le départ de Bercy pour un grand cabinet d'avocats ou pour le service fiscal d'une banque est autorisé, mais il existe même une structure au sein du Conseil d'État, le Centre de coordination et de documentation fiscale, qui sert d'intermédiaire entre Bercy, le Medef, les professeurs de droit et les conseillers d'État pour harmoniser les positions de chacun en matière de prélèvements obligatoires. Jérôme Turot, énarque, major de la promotion Voltaire, avocat à la cour, militant de l'International Fiscal Association (IFA) et conseiller d'État, fut le directeur de ce Centre de coordination de 1988 à 1993. Il est également membre du comité scientifique de la revue *Droit fiscal* et administrateur de l'Institut des avocats conseils fiscaux (IACF). On ne sera pas surpris d'apprendre que cette position multicarte a fait de lui l'un des avocats fiscalistes les plus réputés de Paris dans le domaine du redressement fiscal. Au cabinet Turot, dont il est le président depuis 2008, situé au cœur du faubourg Saint-Germain, rue de l'Université, dans le 7e arrondissement, on se fait fort de négocier en personne avec l'administration fiscale et d'obtenir des résultats positifs dans 98 % des cas. Pour bénéficier de tels services, la note est plutôt salée : 830 euros de l'heure, à quoi s'ajoute un bonus en fonction des réductions obtenues pour le client. Fils d'un directeur d'organisme bancaire, Jérôme Turot a fait ses études au collège privé et réputé Saint-Martin-de-France, à Pontoise. Il est aujourd'hui père d'une famille nombreuse et sa notice dans le *Bottin Mondain 2009* indique une adresse à Paris, un château en province et une villa au bord de l'océan. On a là tous les éléments du grand avocat fiscaliste mondain.

Mais voici un autre portrait révélateur : celui de l'avocat fiscaliste Éric Ginter. Ancien élève de l'ENA, né en 1953 dans le

16e arrondissement de Paris d'un père agriculteur[23], il fut, avant de devenir avocat en 1992, administrateur civil à la Direction générale des impôts de 1982 à 1992, « chargé notamment de la coordination du contrôle fiscal sur le plan international ». Sa notice dans le *Who's Who 2013* indique qu'il est membre de l'Association fiscale internationale (IFA). De 1992 à 2000, il a été associé au cabinet Gide Loyrette Nouel, puis aux cabinets Stibbe (2000-2001), Lefèvre-Pelletier & Associés (2001-2008), Sarrau Thomas Couderc devenu STC Partners, affilié au réseau KPMG International, auquel Éric Ginder était encore rattaché lors de son audition.

Nous avions déjà présenté Éric Ginter dans notre ouvrage consacré à Nicolas Sarkozy, *Le Président des riches*[24], en tant qu'avocat de la famille de l'émir du Qatar chargé du dossier de l'hôtel Lambert, un hôtel particulier du XVIIe siècle qui, après avoir été acheté par l'émir, devait faire l'objet d'une rénovation jugée brutale par les associations pour la préservation du patrimoine historique. Il faut rappeler que les nombreuses acquisitions immobilières du Qatar bénéficient d'avantages fiscaux offerts par Nicolas Sarkozy par la signature, le 19 février 2009, d'un avenant qui amende la convention fiscale signée antérieurement entre la France et le Qatar. Cet avenant aboutit à ce que les plus-values immobilières et les gains en capital réalisés en France par le Qatar, ou ses « entités publiques » dont la famille de l'émir fait partie, soient exonérés d'impôt. « C'est un avantage non négligeable pour un État figurant parmi les plus gros propriétaires de Paris », écrit Éric Vernier, docteur en finance, chercheur et consultant international[25]. Aussi l'auteur propose-t-il le concept de « paradis patrimonial », ce que serait

23. Il faisait probablement partie de ces grands propriétaires terriens qui résident dans les beaux quartiers tout en jouissant des revenus importants d'exploitations agricoles rentables.
24. Michel Pinçon et Monique Pinçon-Charlot, *Le Président des riches*, *op. cit.*
25. Éric Vernier, *Fraude fiscale et paradis fiscaux. Décrypter les pratiques pour mieux les combattre*, Paris, Dunod, « Fonctions de l'entreprise », 2014, p. 46.

devenue la France pour le Qatar, l'intérêt financier de ce dernier pour des investissements immobiliers qui se comptent en milliards d'euros étant dû « principalement au seul levier fiscal. La France se présente ainsi comme un paradis fiscal, principalement sur les bases patrimoniales, dont on parle peu [26] ».

Au cours de son audition au Sénat, le 5 juin 2012, avec quatre autres avocats fiscalistes dont Gianmarco Monsellato, Éric Ginter relativisera considérablement les problèmes liés à l'évasion fiscale, l'objectif fiscal ne lui apparaissant guère dans les préoccupations de sa clientèle. « De façon plus moderne peut-être, des personnes ont cherché à bénéficier d'instruments d'épargne diversifiés ou plus souples que ceux qui existent en France. De ce point de vue, il est vrai que les législations étrangères sont assez compétitives. Il ne s'agit donc pas là d'un objectif fiscal [27]. »

« Nous utilisons le plus possible la notion de complicité de fraude fiscale, a pourtant déclaré le directeur de la DNEF, Frédéric Iannucci, devant les sénateurs le 17 septembre 2013, afin que le juge puisse poursuivre toutes les personnes qui aident ou assistent le contribuable dans la commission de l'infraction elle-même, mais l'établissement d'éventuelles complicités nécessite de réaliser des investigations judiciaires lourdes pour établir leur rôle de facilitateur de la fraude fiscale. Lorsque nous saisissons le juge, nous prenons le soin de viser l'auteur présumé des infractions et ses complices. Nous appelons systématiquement l'attention des parquets sur ce sujet au moment du dépôt de plaintes pour fraude fiscale et, en qualité de partie civile, au cours de la procédure judiciaire [28]. » Pour que les notions de « complicité de fraude fiscale » ou de délinquance « en bande organisée » puissent être efficientes, encore

26. *Ibid.*, p. 48.
27. SÉNAT, *L'Évasion fiscale internationale, et si on arrêtait ?*, *op. cit.*, p. 1158.
28. SÉNAT, *Évasion des capitaux et finance : mieux connaître pour mieux combattre*, *op. cit.*, p. 379-380.

faudrait-il qu'il y ait au plus haut niveau la volonté politique de traquer la fraude fiscale. Mais, la plupart des politiques étant liés sociologiquement aux banquiers ou aux avocats, la mission est impossible sauf à renverser les rapports de classe.

Gérard Larcher, président du Sénat, a ainsi refusé la proposition d'Éric Bocquet de créer en son sein une délégation permanente dotée de moyens spécifiques pour mener une action constante et pérenne contre la fraude et l'évasion fiscales. Le refus est motivé par le prétexte d'un contexte budgétaire contraint et l'existence d'une Commission des finances dont c'est l'une des missions. Pourtant, avant l'arrivée du bouillonnant sénateur communiste du Nord, cette commission avait observé un silence de plus de vingt ans sur la question. Après le bijou sociologique que représentent les auditions et les rapports de ces commissions parlementaires sur l'évasion fiscale, accessibles à tous, un enterrement de première classe vient d'être décidé par le président UMP du Sénat.

En ces temps de concentration d'immenses richesses en quelques mains, la gestion de fortune est particulièrement rentable. Et ce sont les experts fiscaux, avocats, banquiers, juristes et autres comptables qui, depuis le paquebot de Bercy ou de l'extérieur, imposent les innovations législatives les plus diverses pour que les plus riches puissent contourner leurs devoirs civiques avec l'argument de la légalité. Celui-ci prend la forme cynique de l'optimisation fiscale, dans laquelle se confondent l'enrichissement des plus riches sous la protection de la loi et l'apparente garantie d'une honnêteté au-dessus de tout soupçon.

COMPTABLES, MAIS PAS COUPABLES : L'IMPUNITÉ DES POLITIQUES

Les hommes et les femmes politiques acquis au libéralisme, nombreux aujourd'hui, font partie du cercle oligarchique formé de financiers, d'avocats fiscalistes, d'économistes, de journalistes. Ils travaillent de concert, par l'intermédiaire de l'appareil législatif, à transformer la fraude fiscale en optimisation fiscale, c'est-à-dire à légaliser l'illégitimité au profit d'individualités fortunées. Ils finissent par s'autopersuader de n'avoir de comptes à rendre à personne d'autre qu'aux membres de leur classe sociale. De sorte que si les scandales se sont multipliés sous Nicolas Sarkozy, ils se sont poursuivis sous François Hollande, malgré la promesse d'une République exemplaire. Jérôme Cahuzac a été particulièrement bien placé, en tant que président de la Commission des finances de l'Assemblée nationale puis ministre du Budget, pour savoir qu'il n'était pas le seul fraudeur. Son compte non déclaré devait lui paraître bien maigrelet par rapport à l'immensité d'une fraude généralisée.

De l'« interprétation différente » à la « phobie administrative »

Que penser de Gilles Carrez, figure emblématique depuis des années de la lutte contre l'usage abusif des niches fiscales, dont il disait que dans chacune d'elles il y a un chien qui mord ? Aujourd'hui président de la Commission des finances de l'Assemblée nationale, membre de l'UMP, Gilles Carrez, après les révélations de Mediapart, a reconnu, le 25 octobre 2014, risquer un redressement fiscal en raison du non-paiement de l'impôt de solidarité sur la fortune. Ce député du Val-de-Marne, très au fait par ses fonctions des règlements régissant cet impôt, a appliqué l'abattement de 30 % prévu pour les résidences principales alors qu'il possède sa maison avec sa femme à travers une SCI (société civile immobilière) et que pour cette raison l'abattement ne peut s'appliquer. Or cet abattement était fort intéressant pour un homme politique se présentant comme l'ange bienfaiteur de la fiscalité, car il lui permettait de ne pas être assujetti à l'ISF. Les services fiscaux, après le signalement de Mediapart, ont contacté Gilles Carrez, qui a expliqué « avoir une interprétation différente » mais qu'il n'allait pas « discuter ».

Le syndrome du gagnant, avec la perte du sens des limites morales et civiques, accompagné du sentiment de surpuissance et d'impunité atteint jusqu'aux plus jeunes députés. Thomas Thévenoud, député socialiste, a été nommé fin août 2014 secrétaire d'État au Commerce extérieur. Il a dû démissionner le 4 septembre pour manquement à ses devoirs fiscaux. Thomas Thévenoud a déclaré avoir tout simplement *oublié* de payer ses impôts pendant trois ans, faisant valoir qu'il serait victime d'une « phobie administrative » puisqu'il ne payait pas non plus son loyer, les notes du kinésithérapeute de ses filles, ni les amendes consécutives aux excès de vitesse de sa voiture de fonction. De quoi tout de même être exclu du Parti socialiste, mais pas de l'Assemblée nationale où il peut toujours siéger en toute légalité. Cependant, la Commission des infractions fiscales a déposé une plainte pour fraude fiscale auprès du parquet de Paris en mai 2015. Ce qui devrait ouvrir une procédure judiciaire et relancer cette affaire qui risque de faire quelques éclaboussures. Thomas Thévenoud connaît très bien la mécanique de Bercy : « Derrière moi, on cache tout le reste, déclare-t-il dans une interview à *Libération* le 2 juin 2015. Derrière mon nom, on cache toutes leurs turpitudes. Et je refuse qu'on se rachète une morale à bon compte sur mon dos. » Puis il valide, en une phrase, toute notre enquête : « Les exilés fiscaux ne font l'objet d'aucune poursuite pénale, ils paient les indemnités qu'ils doivent à Bercy, et c'est tout. On régularise des comptes cachés sans avoir recours à la justice. »

Les conséquences de la phobie de Thomas Thévenoud ont pu être décelées et révélées grâce à la Haute Autorité pour la transparence de la vie publique (HATVP), créée à la suite de l'affaire Cahuzac. Cette instance est chargée de passer au crible le patrimoine des ministres et des parlementaires, ainsi que leurs comptabilités personnelles. Deux ministres avaient déjà été épinglés avant Thomas Thévenoud. Yasmina Benguigui, alors ministre de la Francophonie, a été inquiétée pour la pro priété depuis 2005 d'une société anonyme de droit belge, non déclarée. Le parquet de Paris, alerté, a décidé en décembre 2014 de faire comparaître cette écrivaine-cinéaste devant le tribunal correctionnel de Paris. Ce n'est pas une simple formalité : toute fausse déclaration ou omission dans les réponses données à cette Haute Autorité sont passibles d'un maximum de trois mois de prison, de 45 000 euros d'amende et d'une peine d'inéligibilité qui peut atteindre dix ans. Quant à Jean-Marie Le Guen, secrétaire d'État chargé des relations avec le Parlement, il a reconnu avoir tout simplement sous-évalué son patrimoine immobilier, mais il n'a subi aucune sanction, plaidant sa bonne foi, et il a régularisé sa situation, de façon à rester membre du gouvernement.

Après ce tir groupé sur les élus socialistes, passons à leurs collègues de l'UMP, devenus Les Républicains. Bernard Brochand, député des Alpes-Maritimes, Lucien Degauchy, député de l'Oise, et Bruno Sido, sénateur de la Haute-Marne, ont tous trois « omis de signaler » l'existence d'un compte en Suisse. La Haute Autorité a informé le procureur de la République de Paris. Même pris la main dans le sac, les parlementaires s'offusquent d'être mis sur le devant de la scène pour fraude fiscale. La palme revient à Bernard Brochand, ancien maire de Cannes, ancien dirigeant d'une agence de publicité, passé par le monde du football et ayant rempli de nombreuses autres fonctions dont sa notice du *Who's Who* regorge. Il avait assuré en pleine affaire Cahuzac avoir toujours déclaré son patrimoine, depuis 2001, au cours de ses quatre mandats successifs de parlementaire. Généralisant son cas, il avait dit ne pas voir l'utilité de la publication des patrimoines des parlementaires, à moins, suggérait-il, que les journalistes soient soumis à la même obligation. Car cette transparence risquait, selon ses propres termes, d'« affaiblir » et de « discréditer » « toute la classe politique ».

Le 21 avril 2015, le procureur de la République de Paris a ouvert une enquête sur les avoirs à l'étranger du député UMP des Bouches-du-Rhône Dominique Tian, notamment un compte en Suisse de près de 2 millions d'euros et des biens immobiliers en Belgique. Ce député n'a pas voté les lois relatives à la transparence de la vie publique, ni la loi du 6 décembre 2013 sur la lutte contre la fraude fiscale. Il n'avait pas tort puisque la Haute Autorité pour la transparence de la vie publique a transmis l'une de ses déclarations de patrimoine au parquet de Paris après avoir eu « un doute sérieux quant à l'exhaustivité, l'exactitude et la sincérité de sa déclaration de situation patrimoniale [29] ».

Le Canard enchaîné confirme, dans son numéro du 3 décembre 2014, que nombre de députés rechignent à payer leurs impôts. En effet, depuis le début de cette année-là, l'administration fiscale a envoyé à la Direction des affaires financières de l'Assemblée nationale plusieurs dizaines de demandes de saisie « sur salaire », c'est-à-dire sur les indemnités perçues par des députés mauvais contribuables. En sabir administratif, cela s'appelle des ATD, autrement dit des « avis à tiers détenteur ». Mais les membres de cette Direction des affaires financières se disent tenus au secret car il s'agit de « différends financiers privés ». Une fois de plus, il apparaît que le secret est requis dès qu'il s'agit des puissants. Le secret est donc bien le cache-sexe d'une oligarchie dépravée.

La litanie serait sans fin. Dans *Le Parisien* du 11 février 2015, la journaliste Martine Chevalet titre un article « 300 parlementaires visés par le fisc ». Dans le cadre de la loi sur la transparence de leurs patrimoines, les déclarations sont transmises systématiquement à l'administration fiscale. La suite de ces

29. *Le Canard enchaîné*, 13 mai 2015.

péripéties autour de l'impôt dira s'il s'agit de fraude fiscale ou d'une sous-estimation dans la déclaration. Une enquête judi ciaire s'intéresse, depuis la fin de l'année 2013, au patrimoine de Jean-Marie Le Pen, qui se serait accru de 1,1 million d'euros pendant la durée de son mandat de député européen, entre 2004 et 2009.

Concluons par les vicissitudes d'un homme politique qui est aussi un grand homme d'affaires et le propriétaire du *Figaro* : Serge Dassault, sénateur UMP et symbole de l'oligarchie au pouvoir. La Haute Autorité pour la transparence de la vie publique a transmis, en mars 2015, le dossier de Serge Dassault au parquet financier national, le soupçonnant d'« omission d'avoirs détenus à l'étranger ». Le parquet a ouvert une enquête préliminaire. Il s'agirait de deux comptes bancaires domiciliés au Luxembourg, non déclarés au fisc français, dont l'un serait crédité de 12 millions d'euros et l'autre d'un peu moins. Le premier compte aurait été auparavant domicilié en Suisse. Depuis le 1er semestre 2014, Serge Dassault est en contact avec le STDR, avec lequel il a entamé une procédure de régularisation. *Libération* avait révélé en octobre 2014 qu'un ami suisse de la famille Dassault, Gérard Limat, avait utilisé deux comptes au Luxembourg pour octroyer une prébende à des habitants de Corbeil-Essonnes, ville dont Serge Dassault fut le maire de 1995 à 2009, en échange d'une promesse de « bien voter ». L'un de ces comptes avait été ouvert à la banque Edmond de Rothschild, au nom d'une société Merger immatriculée aux îles Vierges britanniques. La gestion en avait été confiée à Gérard Limat par Marcel Dassault, le père de Serge. Gérard Limat a déclaré au cours de sa garde à vue que, pendant des années, il avait remis « à Serge Dassault des sacs de billets venant de Suisse qu'il récupérait à Paris *via* une société financière genevoise baptisée Cofinor, qui permettait de récupérer de l'argent liquide à Paris sans traverser la frontière, les bras chargés de billets », comme l'écrit Simon Piel dans *Le Monde* du

19 mars 2015. Entre 1995 et 2009, les fonds se sont élevés à plus de 56 millions de francs suisses. Serge Dassault a été mis en examen pour « achat de votes », « complicité de financement illicite de campagne électorale » et « financement de campagne électorale en dépassement du plafond autorisé ».

L'accumulation de ces délits divers et variés prouve qu'il ne s'agit pas de forfaitures individuelles, mais du comportement ordinaire d'une classe sociale qui considère comme insupportable toute forme de prélèvement public sur ses avoirs. À travers cette hostilité transparaît une volonté de remise en cause radicale des institutions publiques fondées sur un principe de solidarité. Cette conception, partagée par une grande majorité de la classe politique française, explique le laxisme en matière de sanctions concernant l'évasion fiscale.

4. LES BANQUES AU CŒUR DE L'ÉVASION FISCALE

L'un des moyens de freiner l'évasion fiscale serait de séparer les banques de dépôt des banques d'affaires. Les velléités spéculatives de celles-ci en seraient réduites, ne pouvant utiliser les dépôts obligatoires des salaires et des retraites. Les îles de rêve, les principautés et les États des États-Unis, au-delà des profits que ces paradis fiscaux tirent de l'argent volage, ne doivent pas faire oublier que ce sont les banquiers qui opèrent pour le compte des multinationales et des grandes fortunes. Les prouesses de la Suisse dans ce domaine, où les deux principales banques, UBS et HSBC, ont fait l'objet de scandales largement relayés par la presse, pourront permettre de dévoiler les mécanismes mis en œuvre.

LA BANQUE UBS FAIT SON MARCHÉ EN FRANCE

La filiale UBS France a été créée à Paris, en 1999, afin d'organiser l'immunité fiscale de grandes fortunes françaises en leur vendant « des comptes *offshore* non déclarés en Suisse, au Luxembourg, à Singapour (cette hyperstructure des paradis fiscaux), à Hong Kong de plus en plus, le tout étant géré depuis Genève, Lausanne, Bâle et Zurich [1] », comme l'explique

1. Antoine PEILLON, *Ces 600 milliards qui manquent à la France*, *op. cit.*, p. 26.

Stéphanie Gibaud. Elle a été embauchée dès la création de la filiale française pour organiser des événements mondains dont l'objectif était de mettre en contact les plus grandes fortunes avec les banquiers d'UBS France. Sans elle, sans Nicolas Forrissier, auditeur interne, dont le métier consiste à faire en sorte que les opérations réalisées par les banquiers se déroulent dans un cadre conforme aux lois françaises, et sans Olivier Forgues, chargé depuis 2002 de démarcher les clients fortunés, c'est-à-dire capables de mettre 500 000 euros du jour au lendemain sur un compte UBS, il n'y aurait jamais eu de poursuites judiciaires. Des chefs d'entreprise, des sportifs, voire des magistrats et des journalistes étaient ainsi approchés à l'occasion d'événements mondains, dans la loge d'UBS à Roland-Garros ou dans des salles de concert prestigieuses comme la salle Pleyel ou l'Opéra. Stéphanie Gibaud cite le bal du 14 Juillet à Deauville, où UBS a ses entrées, des réceptions chez madame Dassault au rond-point des Champs-Élysées, des galeries d'art et des musées privatisés le temps de la fête, des tournois de golf... Elle organisait des soirées prisées, qui rassemblaient jusqu'à 2 000 invités.

La sociabilité mondaine, dans cet alliage magique d'argent, de culture et de relations sociales au plus haut niveau, permet à la classe dominante de fêter, avec les meilleurs champagnes, sa supériorité et d'ouvrir ses portes à de nouveaux venus. « Dans le bel immeuble du boulevard Haussmann, écrit Stéphanie Gibaud, s'activent un certain nombre de cols blancs, qui, chaque matin, se lèvent pour gruger l'État français en favorisant l'évasion fiscale des grandes fortunes du pays [2]. »

Les témoignages courageux de ces trois lanceurs d'alerte ont été relayés par le journaliste de *La Croix* Antoine Peillon, et la justice s'est mise au travail. Dès 2005, Nicolas Forrissier

2. Stéphanie GIBAUD, *La femme qui en savait vraiment trop. Les coulisses de l'évasion fiscale en Suisse*, Paris, Le Cherche-Midi, 2014, p. 95.

décide d'auditionner ses collègues du service chargé des démarches auprès des plus grandes fortunes françaises. Il découvre alors que des comptes sont ouverts en Suisse, mais sans être déclarés en France. Les négociations se concrétisent par un déplacement de l'intéressé en Suisse ou, le plus souvent, par une rencontre à son domicile ou dans un lieu neutre, bar ou hôtel, avec un financier suisse venu sur le territoire français. Celui-ci agit comme un agent secret, auquel le service suisse de la gestion des risques bancaires remet un petit manuel du parfait espion, et qui ne doit en aucun cas se faire repérer [3].

Outre les modalités d'approche des grandes fortunes françaises, Antoine Peillon décrit les doubles comptes consignés sur des cahiers sournoisement baptisés « carnets de lait », sans doute pour signifier aux initiés qu'il s'agit des résultats de la traite de la vache française. La fraude fiscale est énorme, estimée à 275 millions d'euros pour la seule année 2006.

Il n'a pas été facile, pour des salariés choqués par ces méthodes frauduleuses, de manifester leur réprobation. « Les réponses de mon patron ont été cinglantes, confie Nicolas Forrissier à Antoine Peillon à propos de Patrick de Fayet, qui fut directeur général d'UBS France de 2004 à 2011. En substance : je ne connaissais rien à la finance et surtout je devais me mêler de ce qui me regardait. » Antoine Peillon ajoute que son interlocuteur « est resté sidéré par la brutalité inattendue d'une telle repartie dans ce qu'il pensait n'être qu'une conversation de pause-café entre collègues décontractés [4] ». Les trois salariés d'UBS « ont subi des violences inouïes », déclare le réalisateur Patrick Benquet dans *L'Honneur perdu d'une banque* [5] : licenciements, mensonges, manipulations diverses pour gagner du temps et freiner les velléités de la justice, disparition des preuves les plus compromettantes. Antoine Peillon témoigne dans ce documen-

3. Ce manuel est intitulé *Security, Risk, Gouvernance*.
4. Antoine PEILLON, *Ces 600 milliards qui manquent à la France*, *op. cit.*, p. 123.
5. L'un des trois épisodes de *La Grande Évasion fiscale*, de Patrick BENQUET, *op. cit.*

taire que la DRCI a donné priorité à la surveillance très intrusive des trois lanceurs d'alerte, par leur mise sur écoute téléphonique et le piratage de leurs messageries e-mail, plutôt que de poursuivre les dirigeants de cette énorme fraude du fisc français commise *via* un système sophistiqué de double comptabilité.

Les liens troubles entre UBS et le monde politique, comme on a pu le voir avec les comptes en Suisse de Jérôme Cahuzac et de Liliane Bettencourt, expliquent que la DRCI, spécialisée dans les questions bancaires et fiscales, dont Nicolas Sarkozy, ministre de l'Intérieur puis président de la République, connaissait les responsables, ait tout fait pour rester au service « d'un camp, si ce n'est d'un clan », comme le dit Antoine Peillon dans le documentaire de Patrick Benquet. Au demeurant, il ne semble pas non plus que la DNEF ait fait preuve d'une fébrilité dénonciatrice dans cette affaire de grave fraude fiscale [6].

Le démarchage illicite de la Suisse auprès de fortunes françaises montre à quel point les élites de notre pays, liées à la politique, au fisc et à la police, avant de défendre les intérêts de la France, font valoir ceux de leur classe sociale. Cette affaire montre également combien les lanceurs d'alerte, relayés par le travail des journalistes, sont indispensables.

HSBC GENÈVE FAIT SON MARCHÉ DANS LE MONDE ENTIER

Les gestionnaires de HSBC Private Bank de Genève ont eu, entre 2005 et 2007, 1 645 rendez-vous avec des clients ou de futurs clients dans vingt-cinq pays, dont la France, les États-Unis, l'Argentine, l'Espagne et la Belgique où le démarchage de clients par une banque étrangère sur le territoire national est illégal [7]. Rien qu'entre le 9 novembre 2006 et le 31 mars 2007,

6. SÉNAT, *Évasion des capitaux et finance : mieux connaître pour mieux combattre*, *op. cit.*, p. 378.
7. Selon les données subtilisées par Hervé Falciani et transmises par *Le Monde* au Consortium international des journalistes d'investigation (International Consortium of Investigative Journalists – ICIJ) début 2014.

180 milliards de dollars auraient convergé, selon la justice française, sur les comptes HSBC à Genève de 106 682 clients, résidant dans le monde entier, et de 20 129 sociétés *offshore*. Le cabinet d'avocats KPMG est chargé de l'audit de HSBC Suisse. Pourquoi l'alerte n'a-t-elle pas été lancée ? En l'état actuel de nos informations, nous n'avons pas d'autre réponse que celle de la connivence oligarchique.

La fraude, un mécanisme opaque et bien huilé

La filiale suisse de HSBC a donc fait la même chose qu'UBS en envoyant certains cadres des services de gestion des grandes fortunes démarcher des clients sur le territoire français pour leur vendre l'ouverture de comptes et la création de sociétés *offshore*, notamment pour leur éviter de payer la taxe ESD qui fut instituée le 1er juillet 2005 à la suite d'une directive européenne sur la fiscalité et l'épargne. Il s'agit d'une taxe prélevée à la source sur les intérêts de l'épargne entreposée par des non-résidents dans les banques de l'Union européenne et de pays partenaires, dont la Suisse. Cette taxe ne s'applique qu'aux personnes physiques. Pour l'éviter, les banquiers de HSBC Private Bank (Suisse) suggèrent de déplacer ces avoirs et de les confier à des sociétés *offshore*. « De nombreux instruments et structures existent qui peuvent vous permettre d'améliorer vos rendements dans ce nouvel environnement », écrivait la direction à ses clients en février 2005. Le tour est joué et, en plus, cela fait des rentrées d'argent pour la banque. La création d'une société écran basée à Panama lui permet ainsi d'engranger entre 3 000 et 7 000 euros de frais et 1 500 euros pour la gestion annuelle. Panama est réputé pour la mise au point de sociétés écrans créées en quarante-huit heures par des avocats, avec des prête-noms loués par des Panaméens pour arrondir leurs fins de mois. Tout le monde est gagnant, la banque et les clients. Dans les montages *offshore* proposés par HSBC, en désolidarisant leurs noms de leurs avoirs, les clients échappaient à la maudite taxe.

Brigitte Sibona, ex-responsable des opérations HSBC Private Bank, a été explicite devant les enquêteurs. « L'intérêt du client, leur a-t-elle dit, est qu'il évite la taxe ESD, et la banque a réalisé une marge en vendant des sociétés *offshore.* » *Offshore* et fantasmagoriques, ayant la consistance d'un zombie, mais dûment immatriculées dans des îles insensibles aux crises de conscience. « Notre hiérarchie était parfaitement au courant de tout ce qui se passait, confirme une ancienne employée de ce fleuron de la finance helvétique, Marie-Louise Duchassin. Cela ne posait pas de problème à la banque de savoir que les fonds n'étaient pas déclarés à l'administration fiscale du client [8]. » La taxe ESD avait pour objectif, étant nominative, de limiter les transferts de fonds. C'était sans prendre en compte, ou peut-être même était-ce en toute connaissance de cause ignorer ou faire semblant d'ignorer, la désinvolture des paradis fiscaux, même les plus « honorables », c'est-à-dire les plus roublards. Les taxes nominatives, au lieu de sanctionner, poussent au contraire à l'accroissement de l'opacité de la fraude fiscale. Maladresse ? Coups montés sciemment, l'oligarchie ne reculant devant rien pour accumuler, comme le veut la bonne logique capitaliste ? Le monde de la finance n'est opaque que pour ceux qui n'y ont pas accès. Car, pour Hervé Falciani, « il était évident que les responsables politiques avaient promulgué cette loi dans l'intérêt des banquiers et de toute l'industrie du crédit qui pouvait maintenant vendre de nouveaux produits et de nouveaux services à ses clients [...]. Tout se passe au détriment des simples citoyens, écrit-il plus loin dans son livre témoignage, qui ne savent pas, ou ne comprennent pas, que la formulation des règles concernant la finance et les banques sert souvent à éviter obligations et contrôles. Ou alors, même quand la vigilance existe, ce sont les moyens de la mettre en œuvre qui manquent et, sans ressour-

8. Déclarations aux enquêteurs reprises dans un article du *Monde*, 22 novembre 2014.

ces, on ne peut rien contrôler[9] ». Si bien que, en 2013, 63 % des quelque 2 000 milliards d'euros d'avoirs étrangers gérés en Suisse étaient détenus à travers des trusts, des holdings et d'autres sociétés écrans.

Hervé Falciani confirme devant les sénateurs, le 16 juillet 2013, les contournements de la régulation par la banque HSBC. « J'étais en charge des analyses techniques au sein du département des projets stratégiques. Ces projets devaient permettre à la banque de s'adapter aux réglementations et aux tentatives de régulation. Pendant des années, j'ai été témoin de son évolution, non pas vers un renforcement du contrôle des opérations qui avaient lieu en son sein, mais vers la soustraction à ses responsabilités[10]. » L'analyse des mécanismes de la fraude fiscale dévoile que les paradis fiscaux sont aussi et de plus en plus des paradis judiciaires. Des montages complexes sont mis en œuvre pour cacher les fraudeurs avec des sociétés écrans comme boucliers. Les quelque quatre-vingts témoins, clients et gestionnaires confondus, auditionnés par les gendarmes ont confirmé que les clients français se voyaient proposer ce type de montage qui permet de déresponsabiliser les personnes physiques et les personnes morales et de brouiller les pistes de la traçabilité de cette fraude.

HSBC est allée encore plus loin en utilisant les patronymes de certains de ses salariés comme prête-noms de ces sociétés opaques. Éric Bocquet, sénateur communiste, pose alors, le 16 juillet 2013, la question suivante à Hervé Falciani : « Notre collègue, Christian Eckert, rapporteur de la commission à l'Assemblée nationale, fait état de centaines de salariés HSBC qui serviraient de prête-noms. Confirmez-vous cet état de fait ?
— Certains employés disposent de droits de regard ou de

9. Hervé Falciani avec la collaboration d'Angelo Mincuzzi, *Séisme sur la planète finance*, *op. cit.*, p. 56 et 85.
10. Sénat, *Évasion des capitaux et finance : mieux connaître pour mieux combattre*, *op. cit.*, p. 269.

signature, répond Hervé Falciani. Il est nécessaire de connaître la nature du compte et la raison pour laquelle il procure ces droits. Un employé qui gère un fonds de pension est associé au compte alors que les avoirs ne lui appartiennent pas. Si des milliers d'employés sont concernés, les cas de figure seront nombreux. Encore une fois, la banque fonctionne de manière cloisonnée. Elle évite ainsi de s'exposer directement. » Et, pour cela, souligne Hervé Falciani devant les sénateurs, « HSBC avait demandé à ses informaticiens de substituer à un système fiable un système permettant de modifier les données » alors que, « officiellement, le système doit conserver une version numérique des fichiers » [11].

Cette volonté d'opacité afin de garantir l'immunité et l'impunité à la fois de la banque et de ses clients est attestée par les juges Guillaume Daïeff et Charlotte Bilger, saisis seulement en 2014 d'une instruction ouverte pour « démarchage bancaire et financier illicite » et « blanchiment de fraude fiscale », qui serait le fait d'une « bande organisée », en l'occurrence la banque HSBC : il « apparaît au vu des éléments recueillis par l'information que la banque HSBC Private Bank (Suisse), dans le cadre des faits de blanchiment dont nous sommes saisis, a bénéficié du produit des faits de fraude fiscale et a, en organisant l'opacification de flux financiers, blanchi les fonds d'origine illicite en permettant à des milliers de clients détenteurs d'avoirs très importants de les soustraire à l'administration fiscale française. L'établissement bancaire HSBC Private Bank a mis à disposition de ses clients des comptes au nom de sociétés *offshore* et les a conseillés afin qu'ils puissent dissimuler leurs avoirs [12] ».

11. *Ibid.*, p. 269.
12. Gérard DAVET et Fabrice LHOMME, « Affaire HSBC : les dessous d'une gigantesque fraude fiscale », *Le Monde*, 11 juin 2014. Les journalistes ont eu accès à certains documents.

Ainsi, l'échange automatique d'informations fiscales, auquel près d'une centaine de pays se sont engagés, à partir de 2017 pour certains, de 2018 pour les autres, pourra avoir comme conséquence perverse d'aggraver l'opacité avec la constitution de trusts et d'autres sociétés écrans où l'identité des véritables possesseurs de ces capitaux rendus orphelins sera très difficile à établir. Précisons également que l'échange automatique d'informations fiscales « est censé se mettre en place sur une base de confidentialité, l'information ne sera pas publique [13] ».

La sociologie des clients français de HSBC

Les noms des riches clients français qui n'ont pas déclaré l'ouverture de leurs comptes chez HSBC ont été divulgués au compte-gouttes par la presse. Le verrouillage au nom du secret fiscal et du secret bancaire a pesé sur cette affaire Falciani. Sans parler du secret défense, car « il serait erroné de croire que le vol des données de la banque HSBC est l'œuvre d'un solitaire qui a décidé de défier les grandes banques internationales, selon Angelo Mincuzzi, qui a recueilli les propos d'Hervé Falciani à l'origine des Mémoires de ce dernier. Bien au contraire, cette opération a été conçue, programmée et mise en œuvre par un groupe d'individus animés par des motivations différentes, mais tous unis par le désir de dénoncer un système bancaire et financier où tout est organisé pour contourner les lois et pour favoriser une petite élite privilégiée. La présence dans cette affaire de plusieurs services de renseignement laisse entrevoir en arrière-plan une guerre non déclarée, celle que mènent les États-Unis contre la Suisse pour l'abolition du secret bancaire. Il est donc possible que les dossiers de la HSBC aient été l'instrument d'une négociation clandestine

13. Christian CHAVAGNEUX, « À l'assaut du secret bancaire », *Alternatives économiques*, mai 2015.

servant les intérêts des États-Unis [14] ». Cette collaboration est confirmée dans le récit d'Hervé Falciani lui-même : « Les hommes du “réseau” qui parlaient anglais avec l'accent américain m'ont dit que les données ne leur étaient d'aucune utilité parce qu'elles ne pouvaient pas servir à ouvrir une enquête judiciaire aux États-Unis. La personne qui m'avait aidé pour le Cloud m'a expliqué qu'ils voulaient seulement mettre la Suisse sous pression. Les données, ils les avaient déjà [15]. »

Les journalistes du *Monde* Gérard Davet et Fabrice Lhomme, qui suivent cette affaire, ont dévoilé le 11 juin 2014 que 8 936 contribuables français ayant ouvert des comptes chez HSBC Genève ont été interrogés par les gendarmes. Ce qui a permis à ceux-ci de comptabiliser les montants transférés au Panama ou dans les îles Vierges britanniques, soit 5 752 278 041,12 euros. Mais combien y a-t-il d'autres milliards dans la partie invisible de l'iceberg ? Le cas de Richard Prasquier, ex-président du Conseil représentatif des institutions juives de France (CRIF), illustre bien ces manipulations financières et fiscales au sein des paradis fiscaux. Richard Prasquier a reconnu posséder un compte dont il a hérité de ses parents, ouvert après la Seconde Guerre mondiale. Mais, ensuite, il a créé, avec l'aide de HSBC, une société *offshore* (« Lotsun ») localisée au Panama, détenant 5 millions d'euros d'avoirs. « Cette société était implantée au Panama parce que c'est un paradis fiscal, a déclaré l'intéressé au *Monde* du 11 juin 2014. Le compte suisse ouvert à mon nom n'était déjà pas déclaré, et cette société n'avait pour seul but que de nous dissimuler encore davantage. » Il confirme de surcroît que « la banque en avait connaissance ». HSBC encourageait même ses clients à dissimuler leurs avoirs derrière des sociétés écrans basées pour 34 % d'entre elles au Panama et à 54 % aux îles Vierges britanniques.

14. Hervé FALCIANI avec la collaboration d'Angelo MINCUZZI, *Séisme sur la planète finance*, *op. cit.*, « Avant-propos d'Angelo Mincuzzi », p. 22.
15. *Ibid.*, p. 74.

« Je m'étais vraiment aperçu que l'unique préoccupation de la banque était de protéger tous les clients, y compris ceux qui fraudaient le fisc [16] », atteste Hervé Falciani dans son livre.

Antoine Francisci, qui fut le patron du cercle de jeux Haussmann, à Paris, est un client de HSBC Genève depuis 1990. Il avait une bonne raison : recevoir des revenus qu'il ne « souhaitait pas déclarer au fisc français ». Le 25 novembre 2013, il a aussi confié aux enquêteurs avoir eu recours à des sociétés écrans qui avaient pour but d'être officiellement titulaires de comptes, alors qu'en fait les avoirs lui appartenaient. Ces avoirs ont représenté 10 millions d'euros entre 2006 et 2007. En 2009, Antoine Francisci est devenu résident suisse et il dit avoir régularisé sa situation fiscale en réglant 2 millions d'euros de pénalités (*Le Monde*, 11 juin 2014).

Paul Bocuse, le restaurateur de renom, a reconnu les 2,2 millions d'euros détenus en Suisse, mais il a régularisé sa situation en 2010. L'opticien Alain Afflelou figure également sur la liste des 2 543 Français identifiés par l'administration fiscale comme étant susceptibles d'avoir fraudé. Mais, à l'époque où il détenait un compte chez HSBC à Genève, Alain Afflelou résidait en Suisse. Il a d'ailleurs payé 150 000 euros de redressement lorsqu'il est revenu en France. La famille Mentzelopoulos, propriétaire, entre autres, du domaine viticole Château Margaux, la famille Ouaki, propriétaire des magasins Tati jusqu'en 2004, le coiffeur Jacques Dessange se sont repentis et ont ainsi pu payer leurs impôts et les amendes en prime dans le secret des transactions des cellules de repentance. Henri Leconte, tennisman, est surpris d'avoir de l'argent placé à Genève alors qu'il croyait que c'était à HSBC Monaco.

Il est possible que certains fraudeurs aient disparu de la liste. Ce que semble confirmer le procureur de la République Éric de Montgolfier lors de son audition devant les sénateurs,

16. *Ibid.*, p. 56.

le 22 mai 2012. « Nous avons connu quelques épisodes un peu curieux, leur a-t-il dit. Certains noms, dont on connaissait l'existence, ils n'étaient pas neutres, ont disparu, puis sont revenus. Des incidents techniques se sont produits [17]. » C'est ainsi que Jean-Charles Marchiani disparaît des listings, puis réapparaît. Il faut dire qu'il s'agit d'une grosse pointure du pouvoir sarkozyste. Ex-officier du Service de documentation extérieure et de contre-espionnage (SDECE), cet ancien préfet, condamné pour avoir perçu des commissions occultes dans le cadre de passations de marchés à la fin des années 1990, a bénéficié, en décembre 2008, d'une remise de peine accordée par Nicolas Sarkozy.

Éric de Montgolfier certifie à Ian Hamel, correspondant du *Point* à Genève, cet aller et retour de Jean-Charles Marchiani sur la liste HSBC, publié sur le site de l'hebdomadaire [18]. « Lors d'une réunion sur ce dossier à la Direction des affaires criminelles et des grâces, j'ai effectivement pu constater que son nom avait été retiré des fichiers HSBC. Quand je me suis étonné de cette omission auprès de la gendarmerie nationale qui avait établi la liste des titulaires de comptes, il m'a été répondu qu'il s'agissait d'une erreur. »

L'AFFAIRE SWISS LEAKS

La solidarité internationale des journalistes

Le 10 février 2015, *Le Monde* publie les résultats de l'analyse d'une masse de données issues des archives numériques subtilisées à HSBC Genève par Hervé Falciani. Elles portent sur deux années, entre 2005 et 2007. Le nombre et la complexité des documents étaient tels qu'ils ont été partagés entre les 154 journalistes de 47 pays différents, coordonnés par le

17. SÉNAT, *L'Évasion fiscale internationale, et si on arrêtait ?*, *op. cit.*, p. 875.
18. Ian HAMEL, « Éric de Montgolfier : "Des noms ont été retirés des listings de HSBC" », lepoint.fr, 14 février 2015.

Consortium international des journalistes d'investigation, l'ICIJ, qui ont ainsi donné naissance, après Offshore Leaks et Lux Leaks, à Swiss Leaks.

L'origine de Swiss Leaks remonte à la fin de janvier 2014, lorsque « une personne s'est présentée à l'accueil du journal, boulevard Auguste Blanqui, à Paris, comme l'écrivent les journalistes du *Monde* Gérard Davet et Fabrice Lhomme. Cette source, dont nous protégeons l'anonymat, nous remet une clé USB contenant la totalité des fichiers établis à partir des “données Falciani”, dans le plus grand secret, à compter de 2009, par les services fiscaux français, parfois en dépit des réticences du pouvoir politique ». Que conclure de la remise anonyme de cette clé USB de couleur rouge ? Serait-ce un employé, un contrôleur ou un inspecteur des Impôts qui aurait confié ces fichiers traités dans les bureaux de Bercy aux deux journalistes d'investigation du *Monde* ? Si tel est le cas, cette source anonyme devait soupçonner Bercy de vouloir freiner l'enquête. À moins que ce ne soient l'Élysée et/ou l'administration fiscale de Bercy qui aient fait un bon coup double de communication en mettant en évidence l'ampleur du travail et de la mobilisation des pouvoirs publics pour traquer les fraudeurs et faire rentrer de l'argent dans les caisses de l'État. Et peut-être blanchir une liste que les services fiscaux auraient pu nettoyer de la présence de personnalités, notamment politiques, n'ayant rien à faire en la mauvaise compagnie de contribuables fraudeurs, compromis dans des comptes non déclarés en Suisse ? Ces hypothèses et ces questions ne devraient pas être abordées si l'évasion fiscale était traitée de manière transparente. Le chapitre que les deux journalistes du *Monde* ont consacré à la « Source » ne donne pas vraiment de clefs à la clef[19].

19. Gérard DAVET et Fabrice LHOMME, *La Clef. Révélations sur la fraude fiscale du siècle*, Paris, Stock, 2015, p. 127-139.

La diffusion de ce travail collectif des journalistes de l'ICIJ a été fixée au 8 février 2015. *Le Monde* du 10 février a publié quelques noms des heureux nominés français de la liste HSBC, venant compléter celle déjà publiée le 11 juin 2014. Le numéro du lendemain du *Monde* donnait des noms et des informations sur les contribuables étrangers de cette même liste. Le mélange des genres parmi les clients de cette fraude fiscale est étonnant puisque cela va des capitaines d'industrie à des personnalités politiques, des vedettes du show-biz, des sportifs connus, des trésoriers d'organisations terroristes, des trafiquants d'armes, etc.

Éric de Montgolfier s'est étonné des critères qui ont présidé au choix des noms publiés dans la liste française. « Pourquoi ce tri ? Bien des questions appellent encore des réponses », dit-il à Ian Hamel. L'ancien procureur de la République de Nice, qui a saisi le matériel informatique à la demande de la Suisse en perquisitionnant chez le père d'Hervé Falciani, trouve en effet curieux l'absence d'hommes politiques français. Ce procureur a déjà mentionné la disparition du nom de Jean-Charles Marchiani. « C'est d'autant plus surprenant, écrit Ian Hamel, que les listes de HSBC Genève datent de 2006-2007. Or, en 2005, la multinationale avait absorbé le Crédit commercial de France (CCF), une banque qui avait la réputation de draguer les politiciens, notamment dans le Sud de la France (le CCF avait précédemment absorbé la Caisse de crédit de Nice). » Un ancien patron d'une banque genevoise a confirmé ses soupçons à Ian Hamel. « Je partageais de nombreux clients français avec HSBC, qui avait repris en 1999 la Republic National Bank of New York d'Edmond Safra. Tout le monde sait à Genève que cette banque comptait 15 à 20 % de Français. Or, sur plus de 100 000 noms, Swiss Leaks évoque moins de 3 000 noms. C'est pour le moins surprenant. Aurait-on soustrait certains clients [20] ? » Le seul

20. Ian HAMEL, « Éric de Montgolfier : "Des noms ont été retirés des listings de HSBC" », *op. cit.*

homme politique qui soit apparu est Aymeric, duc de Montesquiou Fezensac. Ce sénateur UDI du Gers est associé, dans les fichiers de HSBC Genève, à un compte numéroté, ouvert dans les années 1990 et fermé en 1994, lui-même lié à une société écran basée au Panama, nommée Susumi Finance Corporation. Cependant, l'intéressé a démenti le fait aux journalistes. La levée de l'immunité parlementaire de ce sénateur a été demandée par les juges d'instruction Roger Le Loire et René Grouman en février 2015 pour un éventuel « trafic d'influence par personne titulaire d'un mandat électif public » dans le cadre d'un dossier de vente d'hélicoptères au Kazakhstan, sous la présidence de Nicolas Sarkozy. Cette immunité a été levée en mars 2015 et la mise en examen déclarée le 8 juillet 2015.

La justice saisie dans soixante-deux cas

L'administration de Bercy, entre ministre du Budget et Commission des infractions fiscales, n'a saisi la justice que dans soixante-deux cas, dont cinq pour fraude fiscale ou blanchiment de fraude fiscale. Le 16 février 2015, à Paris, s'est ouvert le procès des héritières de la couturière Nina Ricci : Arlette Ricci, sa petite-fille, et Margot Vignat, son arrière-petite-fille, ainsi que son ancien mandataire de gestion, Bertrand-Charles Leary, le patron des Grands Moulins de Strasbourg, ex-administrateur de HSBC France, qui a géré l'héritage de Nina Ricci jusqu'en 2005. Il s'agirait de 19,4 millions d'euros pour Arlette Ricci et 1,8 million pour sa fille Margot qui auraient été dissimulés au fisc français avec la complicité, la compréhension et l'efficacité de la filiale suisse de HSBC.

Lors de ce procès pour fraude fiscale, blanchiment de fraude fiscale et organisation frauduleuse de son insolvabilité, Arlette Ricci a revendiqué ses activités de psychanalyste et d'écrivain plutôt que son statut d'héritière. Sa fille, Margot, a fait de même en parlant de ses tournées de chant dans les bars et des leçons de musique qu'elle donne en tant que musicienne rock. L'une et l'autre étaient dans le déni, si ce n'est le mépris, des questions financières. Mais la nouvelle présidente de la 11e chambre correctionnelle consacrée aux affaires financières et boursières, Bénédicte de Perthuis, qui siège parfois à la 32e chambre créée pour juger des affaires du nouveau parquet national financier, a rappelé que l'une a signé les ordres de transfert d'un compte luxembourgeois vers la Suisse et que l'autre n'hésitait pas à se déplacer à Genève pour prélever des liquidités sur son compte.

Ce procès de la dynastie familiale de la grande couturière Nina Ricci illustre la familiarité que la classe dominante peut entretenir avec la fraude fiscale. Elle se transmet avec le patrimoine. Pas systématiquement, sans doute. Mais souvent. L'argent est une composante ordinaire de la vie extraordinaire de ceux qui n'ont pas à compter et à se faire du souci pour terminer le mois. Pour les familles riches, l'argent n'est pas un problème : il est naturellement là, comme un élément ordinaire de vies qui ne le sont pas. Le passage entre les générations est aussi celui de cette aisance matérielle qui, vécue dès l'enfance, jamais interrompue, est une composante de l'existence qui va de soi. Les souvenirs des séjours sur les bords du lac Léman et les comptes *offshore* s'entremêlent dans leur usage familier, mais discret : nul besoin de signaler leur existence pour régler la succession. Arlette Ricci s'est montrée très décontractée au cours du procès, « presque amusée d'être sur les listes Falciani », selon un magistrat. Amusée : un terme qui, avec ses déclinaisons, est un habitué des conversations mondaines. C'est une marque de fabrique de la haute société. Un dîner se doit d'être « amusant », une rencontre inattendue l'est aussi et « comme c'est amusant » peut se traduire par « ce que vous dites est intéressant ». Un milieu où l'on s'amuse de tout. Utilisé pour des questions d'argent, le terme fonctionne encore, signifiant une choquante légèreté, qui semble révéler un sentiment d'impunité, l'expression de privilèges vécus comme mérités, sanctions positives d'existences exceptionnelles et indispensables au bon fonctionnement de la vie. Une assurance de soi qui parfois est perçue comme une arrogance.

Durant le procès, Ariane Amson, substitut du procureur du parquet national financier, a relevé le caractère insolite de la manière dont les inculpés affrontaient un procès qui, pour d'autres, aurait été un drame insurmontable : « On a l'impression que, pour certaines personnes, la fraude fiscale, ça ne compte pas. On s'en vante même. Madame Ricci, dans ses conversations téléphoniques, en parle facilement, elle en plaisante. Or, la fraude fiscale, c'est contagieux. Payer ses impôts fait partie du contrat social. C'est un système de confiance : l'État demande aux contribuables de déclarer et payer leurs revenus sans contrepartie directe, si ce n'est des services publics comme celui de la justice. »

Le 13 avril 2015, le tribunal correctionnel de Paris a condamné Arlette Ricci à trois ans de prison, dont un ferme, pour « des faits dont la gravité porte une atteinte exceptionnelle à l'ordre public et au pacte républicain », comme l'ont estimé les juges. Arlette Ricci devra s'acquitter d'une amende pénale de 1 million d'euros et régler au fisc 6,7 millions d'impôts sur le revenu et de pénalités pour les années 2007 à 2009, à quoi viendront s'ajouter 3,5 millions d'euros d'impôts sur la fortune et 200 000 euros d'amendes fiscales. Ses deux maisons à Paris et en Corse sont confisquées. Arlette Ricci les avait placées dans des sociétés civiles immobilières pour organiser son insolvabilité. Sa fille a été condamnée à huit mois de prison avec sursis.

L'avocat fiscaliste d'Arlette Ricci, Henri-Nicolas Fleurance, a été condamné pour complicité d'organisation d'insolvabilité à un an de prison avec sursis, 10 000 euros d'amende et le paiement solidaire des impôts éludés et de leurs pénalités. Cette condamnation manifeste que la justice pénale en matière de fraude fiscale tiendra compte de l'aide apportée par les professionnels de l'ingénierie fiscale. L'avocat de l'administration fiscale, Pierre de Fabrègues, déclare au *Monde* du 15 avril 2015 qu'il s'agit bien d'un « avertissement donné à tous ceux qui concourent à ces montages frauduleux ». Il est hautement probable que ces jugements feront l'objet d'une procédure d'appel.

Enfin, le protagoniste de cette affaire Ricci qui s'en sort le mieux est Bertrand-Charles Leary, qui avait pourtant été mis en examen dans ce dossier, le 23 janvier 2013, pour complicité de fraude fiscale et blanchiment de fraude fiscale. Il a bénéficié de la relaxe pour le chef de complicité de fraude fiscale. Pour quelle raison une telle mansuétude ? Est-elle liée à sa repentance concernant le joli pactole de 25 millions d'euros qu'il détenait lui-même à Genève, qui lui valut également en 2011 une régularisation de 8,2 millions d'euros ? On peut en tout cas en formuler l'hypothèse. Celle-ci viendrait conforter ce que nous avons déjà souligné sur les avantages, certainement financiers, mais aussi et surtout idéologiques, politiques et symboliques, de la repentance dans le secret des bureaux de l'administration de Bercy. Cette repentance permet d'échapper à la haute visibilité du procès ouvert au public mettant en scène les turpitudes fiscales des grandes familles fortunées depuis plusieurs générations.

Michel Sapin, ministre des Finances depuis 2014, s'est engagé, dans un entretien accordé le 12 février 2015 à Anne Michel pour *Le Monde*, à « empêcher que des particuliers et des entreprises échappent à l'impôt à travers des sociétés écrans et autres montages *offshore*. Je profiterai de la loi sur la transparence de la vie économique, dont je suis chargé, pour inscrire dans le droit français l'obligation de révéler l'identité des bénéficiaires de ces sociétés ». À suivre avec attention.

L'IMPERTINENCE DES PALMARÈS

Les palmarès des fraudeurs au sein des plus grandes banques internationales sont un extraordinaire pied de nez au candidat François Hollande qui, le 22 janvier 2012, déclarait que son véritable adversaire « n'a pas de nom, pas de visage, pas de parti, il ne présentera jamais sa candidature, il ne sera donc pas élu et pourtant il gouverne. Cet adversaire, c'est le monde de la finance ». Malgré le peu de noms divulgués par la presse, les réactions ont été immédiates.

Les actionnaires du Monde *: perplexité ou double jeu ?*

Matthieu Pigasse, directeur général délégué de la banque Lazard France, récemment nommé responsable mondial des fusions-acquisitions de cette banque franco-américaine, et Pierre Bergé, président du conseil de surveillance du *Monde*, sont tous deux coactionnaires du quotidien du soir. Ils ont réagi à la publication de quelques dizaines de noms de contribuables indélicats, dévoilés par les journalistes qui ont consacré de nombreux articles à l'affaire HSBC. Sur France Inter, le 10 février 2015, le banquier de Lazard a déclaré qu'il « y a un juste équilibre à trouver entre le fait de divulguer des informations d'intérêt général ou d'intérêt public, et celui de ne pas tomber dans une forme de maccarthysme fiscal ou de délation [...]. C'est une interrogation légitime ». Le même jour, sur RTL, Pierre Bergé se demandait avec vivacité : « Est-ce le rôle d'un journal comme *Le Monde* de jeter en pâture des noms, des gens ? Pour moi, c'est du populisme, c'est flatter les pires instincts qui soient... Tout de même, la délation, c'est la délation. » Donner les noms des contribuables français n'ayant pas déclaré les comptes qu'ils ont ouverts dans la filiale suisse de la banque HSBC est en effet très gênant pour les membres de l'oligarchie, car nombre de nominés font partie de leur caste, ce type de banque et de fraude excluant par définition les ouvriers et les employés, dont les moyens financiers ne leur permettent guère autre chose que de consommer pour vivre ou survivre tout en contribuant avec la TVA à ce qui constitue plus de la moitié des recettes fiscales de l'État. Le médiateur du *Monde* cite dans le numéro du 14 février 2015 les réactions de deux lecteurs, très en phase avec Matthieu Pigasse et Pierre Bergé. L'un ne voit qu'un « mauvais journalisme axé sur le sensationnalisme et l'écume des jours ». L'autre écrit avoir « éprouvé de la honte à voir stigmatiser, jeter en pâture un ou deux noms (parmi des milliers) connus, en particulier celui de Gad Elmaleh (qui a payé ce qu'il devait au fisc) ».

S'agit-il de « maccarthysme fiscal ? » se demande le directeur du *Monde*, Gilles van Kote, dans un éditorial écrit le 9 février et publié dans *Le Monde* daté du 10, soit avant la déclaration de Matthieu Pigasse. « Non, dit-il. Il s'agit d'une enquête qui donne à voir ce qui était fait pour rester dissimulé, invisible et dont nous estimons qu'elle contribue à faire progresser le débat démocratique, la régulation et la justice fiscale. » Pour se justifier, Gilles van Kote précise que *Le Monde* n'a diffusé qu'une cinquantaine de noms sur les 3 000 noms français figurant sur les listes HSBC. Les noms retenus sont ceux de « personnalités publiques dont les responsabilités ou la notoriété auraient dû les engager à l'exemplarité, ou de personnes ayant commis des infractions suffisamment graves pour qu'elles fassent l'objet d'une plainte de l'administration fiscale et d'une procédure judiciaire ». Mais nous ne saurons jamais si le tri opéré par *Le Monde* aura ou non pris en compte l'éventuelle pression des actionnaires, soucieux de préserver les personnalités faisant partie des mêmes réseaux, conseils d'administration, clubs et relations d'affaires.

En quoi est-il scandaleux de nommer ceux qui mettent en difficulté des millions de vies ? En quoi est-il choquant de pointer du doigt les actionnaires de ces sociétés qui voient leurs dividendes prospérer grâce à cette miraculeuse compétitivité qui comble patrons et rentiers ? Les uns et les autres refusent d'apporter leur juste part à la solidarité nationale en respectant la loi fiscale. Ils creusent ainsi la dette publique. Et ils souscrivent joyeusement aux emprunts contractés pour résorber cette dette. Les intérêts de ces prêts viennent abonder la richesse voyageuse de ces créanciers qui gagnent sur tous les tableaux. Et leur permet d'en faire collection, soigneusement entreposée dans les ports francs, à l'abri de toute velléité fiscale dans ces paradis où il fait si bon accumuler. Dans la guerre sociale, qui a pour champ de bataille l'économie et la finance, il est du devoir des économistes, des journalistes et des sociologues de désigner les responsables et les profiteurs du pillage des peuples et des ressources naturelles de la planète, et ainsi de briser la violence symbolique interdisant de dévoiler ce qui est sacré et doit donc le rester.

« Dans un univers où les positions sociales s'identifient souvent à des “noms”, la critique scientifique doit parfois prendre la forme d'une critique *ad hominem*. Comme l'enseignait Marx, la science sociale ne désigne “des personnes que pour autant qu'elles sont la personnification” de positions et de dispositions génériques[21]. » Ainsi s'ouvrait, il y a plus de quarante ans, un numéro de la revue fondée par Pierre Bourdieu, *Actes de la recherche en sciences sociales*. La personnalisation des positions dans les champs politique, juridique, économique, financier ou médiatique est à la fois profondément pertinente sur le plan scientifique et profondément impertinente par rapport à un « ordre » qui se présente comme parfaitement naturel. D'où les réactions hostiles et les rappels à l'ordre violents qu'une telle démarche suscite immanquablement.

Pour autant, aucune théorie du complot ne saurait rendre compte de l'efficacité du collectivisme grand-bourgeois qui met en commun, au-delà des richesses qu'il détient, l'infinie

21. *Actes de la recherche en sciences sociales*, n° 5-6, novembre 1975.

multiplicité de ces pouvoirs partiels qui, rassemblés, forment la réalité de son pouvoir. C'est cette unité pratique qui confère à la classe dominante une force qui, par la violence symbolique qu'elle impose, par son extraordinaire puissance d'intimidation, explique aussi sans doute l'étonnante rareté d'enquêtes sociologiques détaillées la concernant.

Attention, secret fiscal !

Le député socialiste de l'Ariège Alain Fauré a dit sa surprise, dans le cadre de la discussion du rapport Eckert sur la liste HSBC et les données d'Hervé Falciani, devant le fait que, dans ce rapport, « nous ne donnons jamais de noms. Si nous voulons que la fraude cesse d'être un sport national, ne devrions-nous pas nommer certaines des personnes concernées ? Il ne s'agit pas pour autant de jeter des gens en pâture à l'opinion. N'y a-t-il pas d'ailleurs dans cette liste certains noms gênants qui expliqueraient pourquoi le travail de la justice est si lent ? Nos concitoyens sont en droit de se poser la question [22] ». L'imprudent député de l'Ariège sera rappelé à l'ordre par Christian Eckert en ces termes : « Monsieur Fauré, le secret fiscal existe et doit être préservé : il en va quand même des libertés individuelles ! Cette disposition n'empêche ni les contrôles ni les poursuites. Je sais bien d'ailleurs qu'on risque de m'accuser de vouloir, avec ce rapport, dédouaner l'administration fiscale : j'assume. Le Parlement ne contrôle pas l'autorité judiciaire, mais il peut contrôler l'administration fiscale [23]... »

LA FRAUDE FISCALE, INTERNATIONALE DES RICHES

HSBC, la deuxième plus grande banque privée du monde, est présente dans quatre-vingt-quatre pays, avec 271 000 salariés,

22. ASSEMBLÉE NATIONALE, *Le Traitement par l'administration fiscale des informations contenues dans la liste reçue d'un ancien salarié d'une banque étrangère*, *op. cit.*, p. 38.
23. *Ibid.*, p. 39.

pour une soixantaine de millions de clients. Avec ses multiples filiales dans de nombreux paradis fiscaux, cet établissement bancaire ressemble à une pieuvre qui déploie ses tentacules à l'échelle de la planète pour capturer des proies aux porte-monnaie bien remplis qui ne demandent qu'à cacher leur bonne fortune. HSBC Private Bank (Suisse) a été inculpée par un juge belge en novembre 2014 pour « fraude fiscale et blanchiment d'argent ». Elle est accusée d'« avoir sciemment favorisé et encouragé la fraude fiscale en mettant à la disposition de ses clients privilégiés des sociétés *offshore*, au Panama et dans les îles Vierges britanniques, n'y ayant aucune activité économique et n'ayant comme seul but que de dissimuler les avoirs des clients ». Il s'agit en particulier de courtiers en diamants. Quelque 3 000 ressortissants belges seraient concernés par 4 616 comptes pour un total de 5,54 milliards d'euros.

« La branche chargée de gérer les gros patrimoines, HSBC Private Bank, administre, explique Angelo Mincuzzi dans son avant-propos au livre d'Hervé Falciani, 382 milliards de dollars d'actifs, et ce sont justement les opérations liées à ces centaines de milliards qui se trouvent archivées dans l'ordinateur de Falciani. Ces informations copiées à partir des systèmes informatiques de l'établissement concernent plus de 10 000 clients italiens, plus de 12 000 clients français, près de 11 000 Britanniques, 6 000 Américains, 1 800 Japonais et de nombreux Espagnols. On y compte aussi 1 300 Grecs et puis des Chinois, des Brésiliens, des Argentins, des Turcs, des Libanais, des citoyens richissimes de 183 pays du monde. Mentionnons aussi les comptes de 110 résidents de Niue, un paradis fiscal du Pacifique habité par seulement 1 400 personnes, dont presque une sur dix aurait donc déposé son argent dans les coffres de la banque HSBC. Un record mondial[24]... »

24. Hervé FALCIANI avec la collaboration d'Angelo MINCUZZI, *Séisme sur la planète finance*, *op. cit.*, « Avant-propos d'Angelo Mincuzzi », p. 13-14.

La fraude fiscale est mondialisée, et ce principalement grâce aux banques. Elle concerne des individus, des familles, parfois sur plusieurs générations, des établissements financiers souvent mis en examen comme personnes morales, des multinationales et de grandes entreprises, des gouvernements, un ministre du Budget, des hommes et des femmes politiques ; la fraude fiscale traverse, dans leur pôle dominant, tous les secteurs de l'activité économique et sociale, l'industrie, la finance, l'art, le sport... Bref, l'accumulation de fraudes fiscales, avec les noms des fraudeurs et de leurs organismes bancaires, sans oublier leurs complices, avec les politiques de haut vol, les actionnaires et les avocats fiscalistes, est le fait d'une oligarchie mondialisée qui cherche à s'affranchir de tous les obstacles à son enrichissement et à son pouvoir de gouverner le monde à sa guise.

Au Royaume-Uni, l'ancien trésorier des conservateurs, Lord Stanley Fink, est présent, comme six autres gros donateurs du parti conservateur, sur la liste Swiss Leaks. Celle-ci révèle également les noms de têtes couronnées, comme celle du roi du Maroc. Celui-ci a ouvert un compte à Genève en 2006 où il a déposé jusqu'à 7,9 millions d'euros. Une dizaine de membres de la famille royale d'Arabie saoudite tiennent compagnie au monarque marocain. D'autres Saoudiens fortunés sont aussi clients de HSBC. Les sultans sont aussi admis, celui de Brunei en particulier. De nombreuses personnalités politiques du Liban, de Syrie, de Libye, de Chine ont confié leurs économies à la banque suisse, à l'abri de la justice fiscale.

Il faut encore mentionner les quelque 2 000 Grecs ayant détenu des comptes HSBC en Suisse, regroupés dans ce qu'il est convenu d'appeler la « liste Lagarde ». En effet, c'est Christine Lagarde, alors ministre française de l'Économie et des Finances, qui a fait parvenir en 2010 à son homologue grec, Georges Papaconstantinou, un disque contenant les noms de ces contribuables hellènes aimant les verts pâturages helvétiques. Curieusement, cette liste est comme l'Arlésienne, apparaissant puis disparaissant pour mieux réapparaître nettoyée de trois proches de la famille de ce ministre. La tempête médiatique qui s'ensuit est d'autant plus violente que c'est Georges Papaconstantinou qui a signé, avec les trois institutions non élues de la Troïka (le FMI, la Commission européenne et la Banque centrale européenne), le premier accord de prêt conditionné par des mesures drastiques d'austérité pour le peuple grec. Une commission parlementaire est mise en place qui conclut, le 4 juillet 2013, que ce ministre du Parti socialiste, le Pasok, dont il a d'ailleurs été exclu, était potentiellement coupable de falsification de document public, abus de confiance et manquement au devoir, trois crimes qui pouvaient le faire condamner à la prison à vie. Après plus d'un an d'instruction, le procès s'est ouvert le 25 février 2015 et l'ancien ministre a été condamné à un an de prison avec sursis pour le seul délit de falsification de document public. La prison ferme a été évitée, mais la légitimité de cet homme politique très apprécié des responsables de la Troïka est tout de même mise à mal par cette condamnation somme toute symbolique. Les victimes de la catastroïka apprécieront le démenti de la rumeur selon laquelle le peuple grec n'a que ce qu'il mérite puisqu'il ne paye pas ses impôts, pourtant prélevés à la source.

La « liste Lagarde » confirme que c'est bien au cœur de l'État qu'il faut chercher et parfois trouver les manœuvres favorisant l'immunité fiscale des puissants. Hervé Falciani nous apprend que « la mère de l'ancien Premier ministre grec Georges Papandréou avait un compte de 500 millions d'euros [25] » chez HSBC à Genève. Mais il n'est pas si simple pour le nouveau Premier ministre grec, Alexis Tsipras, qui veut engager la lutte contre l'évasion et la fraude fiscales pour faire rentrer de l'argent dans les caisses d'un État fortement

25. *Ibid.*, p. 95.

endetté, de lutter contre une oligarchie financière qui a toujours de bonnes raisons pour préserver ses privilèges. Les plus riches « étaient protégés tant par l'élite politique que par la Troïka, qui "fermait les yeux" », écrit Alexis Tsipras dans *Le Monde* du 2 juin 2015.

Le combat de Syriza contre la fraude fiscale est également rendu difficile par les politiques d'austérité qui ont abouti à une diminution de 22 % du nombre des employés de l'administration fiscale grecque entre 2008 et 2012. Toutefois, l'un des membres d'une famille d'oligarques grecs de la « liste Lagarde » a été arrêté le 22 avril 2015. Leonidas Bobolas, dont la famille est à la tête d'une très grande fortune dans le bâtiment et les travaux publics et contrôle également la principale chaîne de télévision privée du pays – des Bouygues grecs en quelque sorte –, est accusé de ne pas avoir déclaré plusieurs millions d'euros placés en Suisse chez HSBC. Ce fils de l'une des « cinquante familles » grecques qui tiennent les rênes d'un pays à leur service a réglé 1,8 million d'euros d'impôts et a pu être libéré. Son frère Fotis figure lui aussi sur la « liste Lagarde ». C'est la première fois qu'une des « cinquante familles » est inquiétée. Avec l'arrivée de Syriza et d'Alexis Tsipras à la tête de l'État et les exigences répétées de la Troïka de faire rentrer de l'argent dans les caisses pour pouvoir bénéficier de son soutien financier, cette lutte contre la fraude fiscale des plus riches ne devrait que réjouir les uns et les autres. D'autant que 85 % des impôts impayés à l'État grec sont dus par 5 % des fraudeurs, particuliers et entreprises.

La Suisse réagit

Ce n'est que sous la pression médiatique et diplomatique créée par l'affaire Swiss Leaks que, le 18 février 2015, le ministère public du canton de Genève a procédé à une perquisition au siège de HSBC et ouvert une enquête contre cet établissement bancaire, pour blanchiment d'argent aggravé. Trois mois et demi plus tard, le 4 juin 2015, le procès est évité contre une amende de 40 millions de francs suisses, soit 38 millions d'euros.

Quant à la justice de la Confédération, elle semble fonctionner au ralenti quand il s'agit du sacro-saint sujet des banques. Le ministère public répond ainsi, dans un article du quotidien suisse *Le Temps* du 12 février 2015, qu'il ne dispose pas d'« indices concrets » justifiant l'ouverture d'une enquête pénale. « Ainsi donc, écrit Ian Hamel sur la page de lepoint.fr du 18 février 2015, le ministère public de la Confédération se mobilise pour juger cette année Hervé Falciani, soupçonné de “violation du secret bancaire” et de “soustraction de données”, mais n'envisage toujours pas de demander des comptes aux anciens dirigeants et aux dirigeants actuels de HSBC. » C'est que ceux-ci sont puissants et bénéficient, grâce à la diversité de leurs responsabilités dans l'univers de la banque, d'une assurance tous risques. Ainsi, Alexandre Zeller, qui fut le directeur général de HSBC Private Bank à Genève de 2008 à 2012, a été également président de la direction du Private Banking Suisse au Crédit Suisse et président de la direction de la Banque cantonale vaudoise. Il est aussi administrateur de la banque privée Lombard Odier, du Swiss Finance Institute et de la Fondation de la Banque nationale suisse.

DES SANCTIONS... POUR LA FORME ?

Les sanctions seront-elles à la hauteur de la fraude ?

Le comte Patrick de Fayet, ancien directeur général d'UBS France, a été mis en examen en novembre 2012 pour « complicité de démarchage illicite » et « blanchiment et recel » dans le cadre d'une information judiciaire sur les pratiques de la banque suisse UBS dans l'Hexagone. La filiale française a été mise en examen à Paris, le 23 juillet 2014, pour blanchiment aggravé de fraude fiscale. Toutefois, avant d'en arriver à cette mise en examen, il y a eu, selon Antoine Peillon, « des négociations occultes entre la banque UBS et l'État français, *via* le parquet de Paris, afin de trouver une solution à l'amiable, un deal de justice prétendument "gagnant-gagnant", au détriment d'une information complète et d'un procès où justice et vérité seraient réellement satisfaites [26] ». À la fin de l'instruction, ces tentatives d'arrangement entre amis ont recommencé : au lieu de renvoyer cette affaire à l'audience publique, le parquet a proposé, début 2015, avec l'accord des juges d'instruction, d'en finir par un « plaider-coupable », c'est-à-dire une peine négociée entre les prévenus, ici la banque et le procureur.

Le « plaider-coupable » ou la repentance devant la justice

Le président du tribunal de grande instance de Paris, Jean-Michel Hayat, a en effet proposé, lors de l'audience de la rentrée 2015, d'instaurer une procédure de « plaider-coupable » dans les procès concernant les délits financiers, dont ceux relevant du domaine de la fiscalité. C'est, paradoxalement, la loi votée le 6 décembre 2013 à la suite de l'affaire Cahuzac, loi dite relative à la lutte contre la fraude fiscale et la grande délinquance économique et financière, qui améliore la procédure de « comparution sur reconnaissance préalable de culpabilité » (CRPC). Ce nouveau dispositif permet d'envisager le plaider-coupable beaucoup plus en amont de la procédure.

Si la personne mise en examen reconnaît les faits qui lui sont reprochés et accepte de plaider coupable, le procureur de la République propose des sanctions pénales au prévenu et chiffre le montant des sanctions financières qu'il devra verser aux parties civiles. L'intérêt de la procédure du plaider-coupable réside, selon les hiérarques du tribunal de grande instance de Paris, dans l'économie de temps qu'elle offre par rapport aux procédures longues et fastidieuses que nécessitent la complexité et la sophistication des circuits et des élaborations

26. Antoine PEILLON, *Corruption*, *op. cit.*, p. 103-104.

des fraudes financières et fiscales. Mais le véritable intérêt du plaider-coupable dans les affaires économiques et financières est surtout d'échapper à l'« insécurité judiciaire » du tribunal correctionnel de Paris. Les présidents des deux chambres financières ont en effet montré ces derniers temps qu'ils n'étaient pas tendres avec les délinquants en col blanc. En outre, les peines négociées, quand il s'agit d'affaires financières importantes, bénéficient d'une discrétion absolue : à l'issue de la procédure, au lieu d'être cloués au pilori de l'audience publique, ces prévenus de la haute société seront désormais convoqués, à l'insu de la presse, dans la salle de la bibliothèque de l'immeuble de la rue des Italiens qui abrite les juges d'instruction et le parquet des services économiques et financiers.

Ces arrangements avec le représentant de l'exécutif qu'est le procureur risquent d'aboutir à des sanctions faibles au regard du délit. Ce milieu est mobilisé pour éviter la seule chose dont les institutions financières ont vraiment peur : l'atteinte à leur image. Il faut en effet savoir que cette grande délinquance économique et financière se moque assez largement des amendes et des dommages et intérêts que la justice peut éventuellement lui imposer. De l'argent, elle en a, et ce ne sont pas quelques millions d'amendes et de réparations qui feront renoncer les banques à leurs pratiques délictueuses. Mais le fait de livrer leurs pratiques scandaleuses en pâture à l'opinion publique, c'est autre chose.

La fraude légitimée par des membres de la noblesse

Patrick de Fayet a quitté UBS France durant l'été 2009 dans le cadre d'un plan social, « emportant avec lui ses secrets contre un chèque d'un montant substantiel [27] ». Dans le *Who's Who* 2013, il déclare la nouvelle profession de consultant. Malgré sa mise en examen, le voici directeur du développement de

27. Stéphanie GIBAUD, *La femme qui en savait vraiment trop*, *op. cit.*, p. 155.

Pergam Finance. En 2014, il était toujours membre du Jockey Club, cercle emblématique de la noblesse française, dont l'un des autres membres nous a pourtant assuré qu'« on [n'y] parle jamais d'argent ». Le père de Patrick de Fayet était directeur d'un cabinet de recrutement tandis que sa mère occupait la fonction de conservatrice de musée. Les Mémoires de son grand-père, Pierre de Fayet, mettent en scène de nombreuses alliances au sein de la haute noblesse. Patrick de Fayet est lié à la famille Wendel et on peut le distinguer, dans les premiers rangs à droite, sur la photo de *Paris Match* publiée à l'occasion du tricentenaire de cette famille célébré au musée d'Orsay et autour de la table ovale du directoire de Wendel en 2009, sous la présidence de Frédéric Lemoine, dans un documentaire de Patrick Benquet [28].

Nous avons eu l'occasion de travailler avec Patrick de Fayet en 1998 et 1999, alors qu'il était directeur du développement de la CPR Gestion privée, une banque qui nous avait proposé une recherche dont les résultats furent publiés sous le titre *Nouveaux Patrons, nouvelles dynasties* [29]. Au cours des réunions où nous présentions l'avancée de notre travail, nous le sentions passionné par le temps long de la démarche intellectuelle et il fut toujours généreux dans ses conseils avisés. Au point que nous l'avons interviewé en 2006 pour la réédition de notre ouvrage sur les grandes fortunes alors qu'il était directeur général d'UBS France [30].

Le comte Thierry Pelletier de Chambure Hémart du Neufpré était, quant à lui, président du directoire d'UBS France au moment où Patrick de Fayet en était le directeur général et Jean-Frédéric de Leusse le président. Après son départ

28. Patrick BENQUET, *Du fer à la finance, l'empire Wendel*, Compagnie Phares et balises, diffusé sur France 2 le 3 mars 2015.
29. Michel PINÇON et Monique PINÇON-CHARLOT, *Nouveaux Patrons, nouvelles dynasties*, Paris, Calmann-Lévy, 1999.
30. Michel PINÇON et Monique PINÇON-CHARLOT, *Grandes Fortunes*, *op. cit.*, p. 61.

d'UBS France, Thierry de Chambure a rejoint en 2012 le cabinet Deloitte, en tant qu'associé *corporate finance advisory*. C'est un autre comte, Jean-Louis de Montesquiou Fezensac, premier président du directoire d'UBS France de 1998 à 2004, qui a été convoqué le 12 décembre 2003, avec l'auditeur interne de la banque, le lanceur d'alerte Nicolas Forrissier, dans les locaux de Tracfin[31].

Si les membres de la noblesse sont surreprésentés dans les hautes sphères de la finance internationale, cela est dû au capital symbolique lié aux titres, aux patronymes à particule et à leur insertion dans des réseaux mondains internationaux qui fondent des carnets d'adresses à haute valeur ajoutée sur le marché du travail et des entreprises. Leur image policée, élégante et courtoise achève la légitimation d'une finance hautement spéculative, ce qui implique toujours des risques et parfois la tentation d'aller au-delà de la légalité. L'entre-soi, entre le client fortuné et le banquier de bonne extraction, est source de confiance réciproque, de connivence, voire de complicité dans le déroulement des services rendus par la banque, pour qui les fonds dont dispose le client sont garantis *de facto* par sa classe. Leur origine et les modalités permettant de les faire fructifier ne posent aucun problème : entre personnes de bonne compagnie, on sait se comprendre.

Les lettres de noblesse en imposent encore dans une France qui a pourtant fait la révolution il y a plus de deux siècles. Elles participent au consentement et à l'assujettissement des Français devant cette finance qui, pourtant, les écrase. « C'est dans le passé, écrit Pierre Bourdieu, dans l'histoire et dans l'ancienneté des droits acquis que cette "élite" dirigeante qui se veut tout entière projetée vers l'avenir trouve les vérita-

31. Antoine Peillon, *Ces 600 milliards qui manquent à la France*, *op. cit.*, p. 201.

bles principes de sa sélection en même temps que les justifications pratiques de ses privilèges[32]. »

Quant à l'issue finale sur le plan judiciaire, elle est attendue avec d'autant plus d'impatience que le cloisonnement des procédures concernant la grande délinquance financière semble être la règle. Dans le cas d'UBS France, « il y a actuellement quatre instructions menées par des juges d'instruction différents, mais qui relèvent toutes quatre de la section F2 du parquet de Paris, selon un magistrat qui nous a parlé sous anonymat. Ainsi, aucun n'a une vue d'ensemble de l'affaire ». Cet éclairage permet peut-être de comprendre les rebondissements multiples, contradictoires mais toujours ubuesques de l'affaire Bettencourt, par exemple. Le cloisonnement s'est encore aggravé avec la mise en place en 2013 du nouveau parquet financier national. « On est face à une véritable dyarchie, poursuit ce magistrat, qui rend le travail plus difficile car les deux parquets sont en concurrence sur les dossiers les plus en vue. »

À des dysfonctionnements institutionnels s'ajoute la diminution des effectifs. « Les moyens de la répression judiciaire, quand l'affaire est jugée par le tribunal correctionnel, donc par le juge pénal, ne sont pas là, selon Guillaume Daïeff lors de son audition devant les sénateurs le 23 mai 2012. Ainsi, les effectifs du TGI de Paris pour l'enquête dans ce secteur ont baissé d'un quart en quatre ans ! En 2009, les services de l'instruction du pôle financier comptaient douze juges d'instruction en charge de ce contentieux ; en 2012, il n'en compte plus que huit[33]. » Puis il poursuit la litanie de la diminution des dif-

32. Pierre BOURDIEU, *La Noblesse d'État. Grandes écoles et esprit de corps*, Paris, Minuit, « Le Sens commun », 1989, p. 476-477.
33. ASSEMBLÉE NATIONALE, *Le Traitement par l'administration fiscale des informations contenues dans la liste reçue d'un ancien salarié d'une banque étrangère*, *op. cit.*, p. 903.

férentes catégories de personnel, qu'il s'agisse des assistants spécialisés ou des personnels de la police au sens large...

Mises en examen, amendes et pardons

Le 18 novembre 2014, la banque HSBC Private Bank a été mise en examen à Paris en tant que personne morale pour « démarchage bancaire et financier illicite » et « blanchiment de fraude fiscale » par les juges d'instruction français Guillaume Daïeff et Charlotte Bilger. HSBC a dû s'acquitter d'une caution de 50 millions d'euros, ses montages ayant permis de cacher 5,7 milliards au fisc français à travers des sociétés écrans basées au Panama ou aux îles Vierges britanniques.

Le 8 avril 2015, le groupe bancaire HSBC Holding est, à son tour, mis en examen à Paris pour « complicité de blanchiment aggravé de fraude fiscale » et « complicité de démarchage illicite » par les mêmes juges. La holding doit verser une caution d'un milliard d'euros afin de garantir le paiement d'une amende si la justice le décide ainsi. Le groupe bancaire est soupçonné de fraude fiscale impliquant sa filiale suisse pendant la période 2006-2007.

Cette affaire est emblématique de la mobilisation d'une classe dominante qui tente, à l'échelle de la planète, de ne plus contribuer au bien commun et à la nécessaire solidarité. Sont désormais poursuivies, que ce soit pour UBS ou pour HSBC, des personnes physiques, c'est-à-dire des individus, mais aussi des personnes morales, ici des banques en tant qu'entreprises. En mettant en examen pour blanchiment de fraude fiscale une banque en tant que personne morale, c'est bien à la classe dominante mobilisée dans la défense cynique de ses seuls intérêts particuliers que les magistrats s'en prennent.

La procédure du plaider-coupable conviendrait, comme pour UBS, à la banque HSBC. Le directeur juridique de HSBC Private Bank (Suisse), David Garrido, a d'ailleurs déclaré le 29 octobre 2014 à des magistrats belges, dans le cadre de la transaction qu'il cherchait à négocier avec la justice belge pour éviter un procès : « Si, en France, nous aboutissions à la conclusion qu'un bouclement de la procédure par une reconnaissance préalable de la culpabilité est dans l'intérêt de la banque, ce serait le chemin que nous prendrions. » Et c'est bien ce qui s'est passé. Les différentes parties s'étaient en effet mises d'accord sur une CRPC, mais c'est HSBC qui a reculé devant le risque qu'une condamnation lui fasse perdre sa licence pour exercer sur le territoire des États-Unis. La procédure habituelle en correctionnelle a repris ses droits, avec l'espoir pour la banque que ses avocats trouvent de nombreuses failles pour faire annuler la procédure avant d'aborder les questions de fond. Et puis les recours font toujours au moins gagner du temps.

Dans sa réponse au *Monde* des 10 et 11 février 2015, HSBC Private Bank (Suisse) fait amende honorable en précisant que, depuis, la filiale suisse « a ainsi multiplié par trois les professionnels de la déontologie » parmi son personnel, et a réduit sa clientèle de 70 % depuis 2007. « Nous avons supprimé le service de garde du courrier. En 2007, HSBC Private Bank totalisait 30 412 comptes. À la fin de 2014, nous avions réduit ce nombre à 10 343. » En 2007, les actifs totaux de la clientèle de cette filiale s'élevaient à 118,4 milliards de dollars. À la fin 2014, ce montant avait été réduit à 68 milliards de dollars. Les efforts promis, le pardon et la repentance ne sont que des manipulations pour transformer la menace de la pénalisation du délit en une amende qui peut être lourde, mais qui restera une goutte d'eau dans l'océan des francs suisses, des dollars et des euros dans lequel baigne ce type de banque. Avec l'amende, on reste dans le domaine de l'économie et de l'argent, ce qui permet de préserver le capital symbolique. La peine de prison, ferme ou avec sursis, fait passer du côté de la condamnation qui entache le nom, donc le capital symbolique. Y compris celui de la banque et des banquiers dont le pouvoir est fondé sur la confiance et la réputation. Grâce à l'amende, la page peut être plus facilement tournée, avec un plan de restructuration annoncé le 9 juin 2015 impliquant la réduction de 50 000 salariés, la priorité aux multinationales et un développement accru en Asie.

Mais que fait le Groupe d'action financière international (GAFI) ?

Il nous est difficile de démêler les fils légaux et illégaux de cette pelote d'autant plus immorale que, depuis la création à Paris, en 1989, du GAFI, les pays dotés des centres financiers les plus importants ont fait reposer sur les banques elles-mêmes l'essentiel des signalements de pratiques suspectes aux autorités publiques. Or, avec la mondialisation financière et la liberté de circulation des capitaux, l'économie illégale, avec les nombreuses possibilités d'investissement, de transfert et d'anonymat qu'offrent les marchés financiers, utilise les mêmes méthodes et les mêmes circuits que l'économie dite légale. « Premier exemple déjà abordé, écrit Éric Vernier, les marchés financiers au sein desquels les opérations de blanchiment ont toute l'apparence de la légalité. Le circuit est identique quelle que soit l'origine des fonds. La seule différence provient du fait que l'argent est initialement sale. C'est donc la provenance de l'argent qui est en cause et non la blanchisserie, c'est-à-dire le système boursier qui est, quant à lui, totalement autorisé [34]. » Les banques sont donc associées aux actions internationales de lutte contre les circuits de blanchiment de l'argent de la drogue et, d'une façon plus générale, de tous les fonds d'origine illicite, y compris ceux liés au terrorisme. « Mieux encore, écrit Pierre Lascoumes, c'est cette coopération qui assure aux institutions financières leur impunité pénale [35]. » Les banques auraient même « eu toute latitude pour définir les modalités pratiques d'application qui leur convenaient ». Le GAFI n'est

34. Éric VERNIER, *Techniques de blanchiment et moyens de lutte*, *op. cit.*, p. 174.
35. Pierre LASCOUMES, « La fiction de l'autorégulation bancaire ne trompe plus personne », *Le Monde*, page « Débats », 24 février 2015.

qu'un regroupement d'États sans pouvoir législatif propre. Il doit se contenter de produire des recommandations ou, au mieux, publier des listes de pays et territoires non coopératifs (PTNC). Alors se pose le problème du contrôle de l'application des recommandations du GAFI. « Faire accepter par les banques l'acceptabilité de ces vérifications n'a été possible qu'en recourant à un contrôle par les pairs, c'est-à-dire à des évaluations mutuelles où chacun, à tour de rôle, est examinateur puis examiné [36]. » Le cercle doit être vicieux jusqu'au bout puisque « la procédure garantit à l'examiné une maîtrise des conclusions finales ». L'oligarchie au sommet des États et des banques systémiques s'est ainsi donné les moyens, au nom de la lutte contre l'évasion fiscale et le blanchiment de l'argent sale, de contrôler, pour mieux les développer à son profit, la fraude, l'évasion et le blanchiment. Cela explique que dans les différentes listes de PTNC du GAFI ne figurent jamais ni l'État du Delaware, ni la Suisse, ni le Luxembourg, ni le Royaume-Uni, ni le Liechtenstein. La vraie lessiveuse de l'argent volage est à rechercher dans la haute société et ses beaux quartiers.

36. *Idem.*

5. L'ÉVASION FISCALE AU CŒUR DE L'EUROPE : ENQUÊTE AU LUXEMBOURG

Jean-Claude Juncker a été coopté président de la Commission européenne le 15 juillet 2014, après avoir été, entre 2004 et 2013, le président de l'Eurogroupe qui réunit les ministres des Finances des pays membres de la zone euro. Quelle meilleure place, pour un ancien Premier ministre (1995-2013) et en même temps ministre des Finances (1999-2013) du paradis fiscal qu'est devenu le Luxembourg, pour empêcher toute velléité de supprimer le dumping fiscal à l'intérieur de l'Europe ?

Le Luxembourg a ainsi pu exercer son droit de veto pour faire obstacle aux vrais changements en matière d'évasion fiscale, en bloquant, seul ou avec l'Autriche, la directive épargne de 2005 et en favorisant une opacité toujours plus importante à la faveur des trusts et sociétés écrans déconnectés de leur propriétaire. C'est ce que les économistes appellent l'« effet de cliquet », qui est activé lorsque les décisions peuvent compromettre des principes du néolibéralisme. Dans les domaines de la fiscalité et du social, les décisions doivent donc être votées à l'unanimité. Si bien que chaque État dispose de fait d'un droit de veto dans la concurrence fiscale et le dumping social. En l'état actuel des partis politiques au pouvoir dans les pays de l'Union européenne, il apparaît difficile de faire rentrer dans les caisses des États les 1 000 milliards d'euros de recettes fiscales qui, pour deux tiers, sont dus par les entreprises, l'autre tiers étant imputable aux particuliers. L'ampleur des dettes est liée à ce manque à gagner. Mais aussi aux intérêts de ces dettes, 40 à 50 milliards d'euros par an pour la France, qui ne profitent qu'aux banques privées et à leurs actionnaires puisque les traités européens ont interdit la possibilité pour la Banque centrale européenne et les banques nationales, comme la Banque de France, de prêter aux États. Le cercle oligarchique européen est vicieux jusqu'au bout puisque la Banque centrale européenne a le pouvoir de prêter aux banques à des taux d'intérêt très faibles, celles-ci prêtant aux États avec des intérêts d'autant plus élevés qu'ils ont des difficultés. Cela entraîne, comme on a pu le constater pour le peuple grec, un appauvrissement inouï, tandis que les intérêts de la dette n'enrichissent que les déjà riches créanciers.

Nous sommes partis pour deux semaines au Luxembourg, en janvier 2015, avec les mêmes objectifs que ceux de notre croisière sur le paquebot de Bercy : traquer au cœur de l'Europe les processus institutionnels et les conditions sociologiques mis en place pour permettre aux plus riches et aux multinationales de s'enrichir au détriment des peuples.

PROMENADE SOCIOLOGIQUE DANS LE « QUARTIER EUROPÉEN » DE LUXEMBOURG

Le pont en acier, baptisé « Grande-Duchesse Charlotte », franchit gaillardement le ravin creusé par l'Alzette et relie le centre de Luxembourg au quartier européen de Kirchberg. Ce pont majestueux est le symbole de la CECA, la Communauté européenne du charbon et de l'acier. Créée en 1952 par l'Allemagne, la Belgique, la France, l'Italie, le Luxembourg et les Pays-Bas, cette préfiguration de l'Union européenne eut dès le début son siège à Luxembourg. Plateau encore rural dans les années 1950, Kirchberg a vu naître sur son sol nombre d'institutions de l'UE.

Le Luxembourg fut un pays industriel. Les richesses minières du sud du Grand-Duché, dans le prolongement des mines mosellanes, ont permis le développement d'une industrie sidérurgique dont le fleuron fut l'ARBED, les Aciéries réunies de Burbach, Eich, Dudelange, dont la fondation remonte à 1911. Ces aciéries font maintenant partie du groupe Arcelor-Mittal, dont le prince Guillaume de Luxembourg fut administrateur de 2006 à 2014. Le travail des quelque 6 500 salariés de ces aciéries représente 10 % du produit intérieur brut du Luxembourg ; mais, aujourd'hui, plus de 50 % de ce PIB sont assurés par le secteur bancaire. Depuis les années 1960-1970, le Luxembourg s'est engagé dans l'optimisation fiscale en exonérant d'impôts des dizaines de milliers de holdings qui y élisaient domicile. Ce qui fut justifié par les responsables du pays en invoquant la crise de la sidérurgie : il n'y avait pas le choix. Ce pari fut payant puisque, lorsque Jean-Claude Juncker est choisi pour devenir le président de la Commission européenne en 2014, le PIB par habitant du Luxembourg a déjà atteint 77 900 dollars. Il est d'ailleurs le plus élevé de tous les pays membres de l'Union européenne, loin devant l'Allemagne avec ses 39 500 dollars, et la France avec 35 700 dollars, par habitant [1].

Le 1er janvier 1958, la Communauté européenne du charbon et de l'acier (CECA) devient la Communauté économique européenne (CEE), comme le prévoyait le traité de Rome en 1957. La gauche socialiste a participé en toute connaissance de cause à la construction d'une Europe travaillée par la concurrence fiscale. Lors de la ratification du traité de Rome à l'Assemblée nationale, le 9 juillet 1957, 99 députés socialistes sur 100 ont voté pour. Seul le groupe des 143 députés communistes a voté contre.

1. Le PIB moyen par habitant pour l'ensemble des pays de l'Europe étant mis en base 100 en 2013, le Luxembourg se distingue franchement puisque son indice est de 264. *Sources* : Insee et UE.

La *Banque européenne d'investissement* (BEI) est installée depuis 1973 à Luxembourg. Les bus s'arrêtent à la station « BEI », devant un immense vaisseau de verre, sur le boulevard Konrad Adenauer, tout de suite à gauche après avoir traversé le ravin en empruntant le pont Grande-Duchesse Charlotte. À l'entrée de ce qui n'était encore en 1950 qu'un vaste plateau rural se dresse l'établissement bancaire de l'UE consacré aux financements à long terme. Le bâtiment de la *Commission européenne* est imposant, mais toujours dans le ton de Kirchberg, c'est-à-dire moderne, froid, peu accueillant en raison de la force technocratique qui s'en dégage. Depuis le mois de juillet 1967, les services liés au fonctionnement de cette instance non élue par les citoyens européens sont répartis entre Luxembourg et Bruxelles, la capitale belge en hébergeant le siège. Les services administratifs de la Commission sont regroupés sur ce plateau. Comme les autres institutions européennes, la Commission semble coupée des peuples et de la vie quotidienne du monde ordinaire.

La Commission européenne a été créée avec le premier traité de la CECA. Elle s'appelait à l'époque la Haute Autorité. Ses membres « ne sollicitent ni n'acceptent d'instructions d'aucun gouvernement, ni d'aucun organisme. Ils doivent s'abstenir de tout acte incompatible avec le caractère supranational de leurs fonctions. Chaque État membre s'engage à respecter ce caractère supranational et à ne pas chercher à influencer les membres de la Haute Autorité dans l'exécution de leur tâche », selon l'article 9 du traité de Paris du 18 avril 1951 fondant la CECA.

Pierre Moscovici fait partie aujourd'hui des vingt-huit commissaires européens qui sont proposés par leurs gouvernements, ceux-ci ne pouvant les démettre de leurs fonctions pendant la durée de leur mandat de cinq ans. Il s'agit de les préserver de tout nationalisme. Pour cela, dans les premières décennies de la construction européenne, les prises de décision se sont faites par consensus plutôt que par des votes individuels. Ce qui, selon Bruno Poncelet, a arrangé les petits États. « En effet, leur point de vue est généralement mieux défendu dans les discussions consensuelles, associant un petit groupe de personnes amené à travailler régulièrement au sein de la Commission européenne, que dans un système de type intergouvernemental, où des pays comme l'Allemagne et la France pèsent souvent de tout leur poids. C'est pourquoi, depuis la naissance de l'Europe, les petits pays (Belgique, Pays-Bas, Luxembourg) ont négocié et obtenu de conférer d'importants pouvoirs à la Commission européenne [2]. » Notamment ceux de cumuler le pouvoir exécutif et l'essentiel du pouvoir législatif. Parmi les 24 000 fonctionnaires de la Commission, 3 500 ont leur poste au Luxembourg, les autres étant à Bruxelles. La mise en ordre statistique des données concernant l'Europe est réalisée par *Eurostat*, dont les locaux sont situés dans l'immeuble de la Commission européenne, donc sur le plateau de Kirchberg.

La Commission européenne est, avec la *Cour de justice de l'Union européenne*, la gardienne des traités. Toutes deux sont des institutions supranationales. La Cour de justice veille à l'application du droit européen. Mais, comme celui-ci est largement défini par la Commission européenne, « la Cour de justice de l'Union européenne sert de garant juridique à un droit dont la légitimité démocratique est contestable », précise Bruno Poncelet, qui ajoute aussitôt que la Cour de justice de l'Union européenne « jouit d'un pouvoir bien plus important que les institutions judiciaires nationales » et surtout qu'elle affirme la « primauté absolue du droit européen sur les législations nationales » [3].

Ainsi, le 15 juillet 1964, écrivent les journalistes Christophe Deloire et Christophe Dubois, « les magistrats de la Cour

2. Bruno PONCELET, *Europe : une biographie non autorisée. De la « paix américaine » à la « civilisation poubelle »*, Bruxelles, Aden, 2014, p. 112.
3. *Ibid.*, p. 115.

entreprennent un véritable putsch juridique [...], ce jour où, à Luxembourg déjà, la Cour de justice annonce l'arrêt Costa/Enel. L'affaire oppose Flaminio Costa, actionnaire d'une société de production d'électricité, à l'Ente Nazionale per l'Energia Elettrica, l'équivalent d'EDF en Italie. Les juges profitent de l'affaire pour affirmer la primauté absolue du droit européen sur le droit national [4] ». Puis, en 1970, cette primauté est étendue aux règles constitutionnelles elles-mêmes. « Les juges du Luxembourg considèrent aussi que notre Constitution, le texte suprême de la République française, est inférieure au droit européen. La France avait perdu sa souveraineté juridique, sans que cela suscite la moindre émotion [5]. »

La Cour de justice européenne, toute de verre fumé et de modernité opaque, avec ses deux tours jumelles recouvertes de pâte de bronze, accueille depuis 1973 ses 2 500 fonctionnaires et ses 1 200 « juristes linguistes », c'est-à-dire les traducteurs qui doivent avoir des compétences juridiques pour traduire le langage spécifique de cette justice européenne.

Le *Secrétariat général du Parlement européen* apporte une note de couleur dans cette atmosphère de cimetière ouvert à tout vent, du moins en ce 13 janvier 2015, avec les vingt-huit drapeaux des États membres. Nous ne planterons pas le drapeau noir que nous avions préparé, celui du vingt-neuvième État avec ses 25 millions de chômeurs européens, car la pluie qui tombe en tornade nous oblige à grimper dans un autobus que nous ne quitterons plus, tant il est, lui, confortable et bien chauffé.

Les sessions plénières du Parlement européen se tiennent en alternance à Bruxelles et à Strasbourg. Les premières élections de députés européens ne datent que de 1979. Le Parlement européen est constitué selon une proportionnalité dégressive qui favorise les petits pays. Un député du Luxem-

4. Christophe Deloire et Christophe Dubois, *Circus politicus*, Paris, Albin Michel, 2012, p. 281.
5. *Ibid.*, p. 282.

bourg représente en 2014 environ 86 800 habitants, tandis qu'en Allemagne un député européen est le porte-parole de 821 200 habitants. « Mais, précise Bruno Poncelet, le Parlement européen sorti des urnes en 1979 n'a pour ainsi dire aucun pouvoir : hormis en matière budgétaire, il est uniquement consulté à titre indicatif[6]. » Aujourd'hui encore, « il ne peut rédiger aucune législation, directive ou règlement européen. Ce droit de rédaction reste le pouvoir quasi exclusif d'une institution non élue par les peuples [la Commission européenne], à laquelle le Parlement peut tout au plus adresser des demandes "thématiques" de législations[7] ».

Le Luxembourg occupe certainement une place stratégique dans l'évasion fiscale grâce à ce regroupement sur son territoire de nombreuses institutions européennes. La *Cour des comptes de l'UE*, instance chargée du contrôle des finances européennes, se dresse juste en face de la Chambre de commerce du Grand-Duché, toujours sur le plateau de Kirchberg. Quartier européen, ce plateau regroupe non seulement de nombreuses institutions, mais aussi des banques d'affaires du monde entier. Dont évidemment BNP Paribas, et des banques suisses, avec UBS et Pictet, sans oublier la chambre de compensation *Clearstream*, fondée en 1970. Celle-ci est chargée, avec Euroclear, créée en 1968 et installée à Bruxelles, de centraliser et d'enregistrer toutes les transactions financières réalisées sur la planète. Dès l'apparition du fax, puis de l'informatique, les banquiers ont créé des sociétés financières pour opérer des achats et des ventes de titres sans avoir à se déplacer. Denis Robert, journaliste d'investigation, note que l'examen attentif des documents concernant les clients de Clearstream constitue un tour du monde de l'évasion fiscale. « On passe des Bermudes aux Bahamas, de Jersey à Macao, du Vanuatu à l'île de Montserrat. On ferme les yeux et on imagine des milliers

6. Bruno PONCELET, *Europe : une biographie non autorisée*, *op. cit.*, p. 117.
7. *Ibid.*, p. 118-119.

de tuyaux invisibles qui envoient l'énergie. Clearstream est au cœur d'un système d'irrigation des paradis fiscaux[8]. »

« Je porte des accusations d'une très grande gravité à l'égard de cette multinationale, de ses hauts dirigeants et de ses actionnaires, confirme clairement Denis Robert lors de son audition, le 11 septembre 2013, devant les sénateurs. Je considère que la fonction "essentielle" de Clearstream reste la dissimulation ainsi que l'aide au blanchiment et au noircissement. Je ne parle pas ici de sa fonction "officielle", mais de sa fonction "officieuse". J'accuse cette entreprise d'effacer industriellement des traces de transactions. » Le contraste est intense entre la transparence annoncée de cet immeuble tout en verre et l'opacité des transactions qui s'y déroulent. Car, selon Denis Robert, « Clearstream, chambre de compensation, est un outil essentiel pour les affaires des mafieux, qu'ils soient chinois, russes, italiens ou autres. Ce n'est pas pour rien qu'une loi a été votée au Luxembourg autorisant les banques à détruire leurs archives dans un délai de quinze ans [...]. Comprenez que Clearstream est un outil essentiel pour le blanchiment[9] ».

Une puissance technocratique devant laquelle tout et tous se plient

Le plateau venté de Kirchberg, planté de hauts édifices défiant les rafales de pluie, parsemé de bâtiments râblés inaccessibles au commun, offrant le spectacle caché d'une fourmilière au travail mystérieux, projette le passant d'occasion dans un univers dont il sent ne pas avoir le sens ni la clef, dont il sait qu'il ne peut en entrevoir que les parcelles que l'on veut bien lui sacrifier.

8. Denis ROBERT, *Tout Clearstream*, Paris, Les Arènes, 2011, p. 601.
9. SÉNAT, *Évasion des capitaux et finance : mieux connaître pour mieux combattre*, *op. cit.*, p. 352.

Et, pourtant, ce passant d'un jour, ébahi, réduit à peu de chose devant cet étalage de puissance, prend conscience d'être là face au monde réel, celui qui décide et prend les décisions qui règlent sa vie. Mais, d'un même mouvement, cet univers plus que contemporain, d'une certaine manière fictionnel, est ressenti justement comme une fiction, une réalité non réelle, non ancrée dans ses problèmes à lui, dans les difficultés de sa famille, des gens de son pays. Faisant intuitivement le rapprochement avec la Cloche d'Or, cet autre quartier de Luxembourg où s'agrègent d'autres millions de mètres carrés de bureaux rassemblant les sociétés et les entreprises de la planète, celles qui comptent mais qui ne sont pas d'ici – et souvent de bien loin – l'irréalité devient angoissante, elle est prise de conscience d'un décalage abyssal entre le monde réel et le monde politico-financier.

Le promeneur perdu dans cet univers impalpable ressent une puissance devant laquelle tout et tous se plient. Que l'on ne sait pas trop bien prévoir, analyser et comprendre. Même la signification du drapeau européen, avec ses douze étoiles dorées, échappe, mais pas à Philippe Vandel qui fait ainsi le récit de sa conception : « Arsène Heitz [son créateur] s'inspire d'une médaille porte-bonheur qui était en vente chez les Petites Sœurs de Saint-Vincent-de-Paul, une institution religieuse catholique. Il conçut un drapeau bleu sur lequel se détachent les douze étoiles de la médaille miraculeuse. Il se garda bien de révéler la source de son inspiration, et les membres du Conseil ne virent là que le ciel bleu sans nuage, et la symbolique rassembleuse du chiffre 12 (les douze mois de l'année, les douze heures de la journée, les douze signes du zodiaque, les douze travaux d'Hercule, les douze apôtres, etc.) [10]. » Ce drapeau n'est pas ce que l'on croit, bien que

10. Philippe VANDEL, « Pourquoi le drapeau européen est-il bleu avec 12 étoiles dorées en cercle ? », *Les Pourquoi*, France info, 25 mai 2014.

> son non-sens par rapport à son objet officiel reflète parfaitement la relation la plus fréquente des citoyens européens aux mystères impénétrables de l'Europe : l'indifférence rompue seulement pour maugréer contre l'institution.

DU SUR-MESURE FISCAL POUR LES MULTINATIONALES

Le Luxembourg, en commercialisant sa souveraineté nationale, avec la complicité bienveillante de tous les responsables politiques qui œuvrent ou ont œuvré à la construction de l'Europe, a ouvert ses portes aux multinationales qui considèrent que les nations ne sont que les relais utiles à la réussite de manœuvres rocambolesques pour payer le moins d'impôts possible. Les rescrits fiscaux (ou *tax rulings*) sont des accords octroyés par le Luxembourg pour les attirer sur son territoire. Des discussions aboutissent à un régime fiscal plus favorable aux multinationales que ceux auxquels elles seraient soumises dans les pays où elles réalisent leurs bénéfices. Il s'agit bien d'arrangements, assortis parfois de conditions de délocalisation au Luxembourg et d'engagements concernant les emplois et les investissements dans le pays.

Dès le début des années 1980, face à la crise persistante de la sidérurgie, l'idée de monnayer la souveraineté nationale du Grand-Duché a germé chez les économistes. Un jeune économiste, aujourd'hui gouverneur de la Banque centrale du Luxembourg, cité par le journaliste Bernard Thomas, définissait en 1983 dans le mensuel *Forum* cette idée : le Luxembourg ayant la « mainmise sur son cadre législatif et fiscal, il peut utiliser sa souveraineté pour attirer des facteurs de production (capital, travail...) étrangers en leur offrant des avantages réglementaires, concessionnaires, fiscaux ou autres, que seul un État peut concéder, décider ou créer. La souveraineté est donc un capital dont on peut tirer un rendement[11] ». Les raisons de cette cession commercialisée de la souveraineté nationale sont à rechercher dans la concurrence des entreprises pour être toujours plus compétitives dans l'attribution de toujours plus de dividendes aux actionnaires. Ces raisons agissent au cœur de l'oligarchie mondialisée qui se joue des intérêts des États. Que Jean-Claude Juncker ait pu être nommé à la présidence de la Commission européenne est un signal fort donné en faveur de cette commercialisation des souverainetés nationales au profit des multinationales. Le Luxembourg est en effet le seul pays à avoir bénéficié à trois reprises de la présidence de la Commission : Gaston Thorn (1981-1985) et Jacques Santer (1995-1999) ont précédé Jean-Claude Juncker. Le rôle du Luxembourg dans la construction européenne est dû également à sa position géographique au cœur de l'Europe. Les Luxembourgeois ont une langue nationale, mais, en plus, la plupart parlent couramment l'allemand et le français, l'anglais étant devenu une autre langue courante. Les tensions entre le Royaume-Uni, l'Allemagne et la France se sont aussi trouvées atténuées par la place du Luxembourg dans la construction de l'Union européenne.

Le bureau n° 6, lieu de tous les secrets

Tout près de notre hôtel se situe l'immeuble de l'administration fiscale des contributions directes du Grand-Duché, au 18 rue du Fort Wedell. Les contribuables viennent déposer leurs déclarations, demander des renseignements ou un sursis dans le règlement de leurs impôts. C'est un immeuble d'une dizaine d'années, dont les cinq étages de bureaux s'organisent entre un empilement de baies vitrées et un autre de panneaux marron. Une entrée minuscule pour l'accueil du public est aménagée dans un angle du parallélépipède. Rien de remarquable, un bâtiment administratif comme tant d'autres qui

11. Bernard THOMAS, « Les renards », *d'Lëtzeburger Land*, 2 janvier 2015.

n'attire l'attention que de ceux qui doivent s'y rendre. Dont quelques-unes des plus grandes multinationales, ou leurs représentants, qui ont rendez-vous dans le bureau n° 6 où se négocient les *tax rulings*. C'est là que Marius Kohl a signé les accords fiscaux entre le Grand-Duché et Apple, Amazon, Ikea, LVMH et tant d'autres. Marius Kohl est présenté par la presse comme le héros solitaire du bureau n° 6, alors que, selon Justin Turpel, député du parti de gauche Déi Lénk, « en réalité, Marius Kohl n'avait qu'à vérifier que les *tax rulings* proposés étaient bien conformes à la législation fiscale luxembourgeoise, avant d'apposer sa signature. Ce sont les *Big Four* qui préparent et proposent ces avantages fiscaux », comme il nous l'a précisé au cours d'un entretien à Luxembourg.

L'entrée de l'immeuble ne paie pas de mine. Quelques chaises, un chauffage efficace, de quoi réparer les méfaits du vent et de la pluie. Deux grands bacs occupent un bon tiers de cet espace. Des couvertures kaki posées à la va-vite les dissimulent, ce qui laisse l'impression fugitive d'être à l'entrée d'une morgue. Peut-être s'agit-il de dossiers confidentiels promis à une incinération prochaine ?

En ce mercredi 14 janvier 2015, au milieu de la matinée, le public est rare, de condition modeste, composé d'immigrés africains. Le seul personnage tranchant sur cette maigre foule surgit des étages comme une marionnette, portant un ordinateur visiblement lourd, grand écran plat muni de son pied. Le déménageur à la tenue élégante arbore un large sourire attestant probablement de la conclusion heureuse d'un accord fiscal lui ayant été fort agréable. Ayant rassemblé ses forces, il franchit le seuil de l'hôtel des Impôts et disparaît dans un long véhicule noir, en parfaite adéquation avec son élégance.

Le fiscaliste en chef d'Amazon de 2000 à 2011, Robert D. Comfort, a été chargé de proposer un siège européen à cette multinationale américaine ; c'est le quartier boboïsé de Clausen, au cœur de la ville de Luxembourg, qui fut choisi, et un millier d'emplois créés. « Le gouvernement luxembourgeois aime à se présenter comme *business partner* et je pense, dit ce fiscaliste dans un entretien à *d'Lëtzeburger Land*, que cette caractérisation est exacte : il aide à résoudre des problèmes [12]. » Mais il précise que « c'est bien nous qui avons contacté le Luxembourg et non l'inverse ». Robert D. Comfort euphémise la démarche d'Amazon : « Nous faisons ce que font toutes les multinationales : minimiser notre charge fiscale dans la mesure légalement prévue. » Les profits sont déclarés au Luxembourg, mais les sites de stockage et de distribution sont au Royaume-Uni, en Allemagne et en France. Lorsque ce fiscaliste a pris sa retraite en 2011, il a été tout naturellement nommé consul honoraire du Luxembourg pour la région de Seattle aux États-Unis, où Amazon a été créée en 1996. « Ce n'est pas une fonction rémunérée, mais comme retraité, cela m'amuse d'aider à expliquer à d'autres firmes que le Luxembourg est une bonne *business location.* » Ainsi se conclut cet entretien mené par Bernard Thomas. Celui-ci précise que le gouvernement luxembourgeois s'appuie, à travers le monde, sur 150 consuls honoraires et 30 conseillers au commerce extérieur.

L'optimisation fiscale d'Amazon a été accomplie au terme d'un parcours sans faute facilité par le fait que les organisations fédérant les intérêts des libraires et des maisons d'édition sont restées silencieuses. Le chantage à l'emploi est constant dans ces cadeaux fiscaux faits aux multinationales.

« La finance reste le moteur de l'emploi », titre un article du journal *Le Quotidien* du 13 janvier 2015. « Concernant le secteur juridique et des risques, de nombreuses institutions financières au Luxembourg réalisent des changements significatifs pour s'adapter aux nouvelles réglementations, notamment

12. Bernard THOMAS, « Une merveilleuse amitié », *d'Lëtzeburger Land*, 22 août 2014.

dans le domaine de l'antiblanchiment d'argent. Dans ce contexte, les institutions sont de plus en plus à la recherche de profils qualifiés dans le domaine juridique, capables de faire le lien entre leur établissement et les autorités de régulation. »

PwC, par qui le scandale des rescrits fiscaux a éclaté

Avec 33,9 milliards de dollars de chiffre d'affaires et 195 433 employés à travers le monde, le cabinet d'audit et de conseil fiscal PricewaterhouseCoopers, plus connu sous l'abréviation PwC, est le deuxième des *Big Four*, après Deloitte. Au Luxembourg, c'est le sixième employeur, avec 2 600 salariés.

L'un des collaborateurs français du cabinet PwC, Antoine Deltour, a, lors de son départ de cette société, copié et remis confidentiellement des milliers de pages d'accords fiscaux au journaliste Édouard Perrin, lequel les a exploitées pour un reportage dans le cadre de l'émission *Cash Investigation*, diffusée sur France 2 en 2012. Puis il les a confiées au Consortium international des journalistes d'investigation (ICIJ) qui regroupe quarante médias internationaux formant un réseau de surveillance des compromissions et abus principalement fiscaux. Le 6 novembre 2014 éclate donc, après Offshore Leaks en 2013, un nouveau scandale, baptisé « Lux Leaks ». En anglais, *leaks* signifie « fuites ». 28 000 pages des archives de PwC sont ainsi diffusées, mises à la disposition de la presse et des associations de lutte contre la fraude fiscale. Le rôle joué par ce cabinet de conseil est révélé pour les années 2002 à 2010. Une période durant laquelle Jean-Claude Juncker, président actuel de la Commission européenne, était à la fois le Premier ministre du Luxembourg, son ministre des Finances et le président de l'Eurogroupe. Mais c'est l'auteur présumé de cette fuite sans précédent qui a été convoqué par le parquet du Luxembourg, mis en examen pour « violation du secret des affaires » et passible de cinq ans de prison. Grâce à ce lanceur d'alerte, les 548 accords secrets sur ces « rescrits » fiscaux, ces arrangements réduisant les taux d'imposition, dont 340 concernent des multinationales, sont entre de bonnes mains. Sur les 548 accords, 58 concernent des sociétés françaises, dont le Groupe Wendel, doté d'une filiale Winvest à Luxembourg.

Les conditions de travail sont exigeantes pour les salariés de ces grands cabinets qui font l'objet d'une forte pression et d'une mise en concurrence systématique. Mais « ce que les *Big Four* omettent de mentionner, écrit Bernard Thomas, c'est que, en fin de compte, très peu de leurs nouveaux talents restent ; le *turn over* est énorme et constitue un point de vulnérabilité (notamment au niveau de la sécurité des données) [13] ».

La Cloche d'Or

Des centaines de salariés de PwC sont présents dans la zone d'activités de la Cloche d'Or, la bien nommée, accessible par le bus de la ligne 18. La circulation mêle fourgonnettes de livraison et grosses cylindrées, d'un noir briqué bon chic. Soudain, un véhicule rouge, dans le genre rase-mottes, surgit dans un vrombissement saisissant. Michel décide que c'est une Ferrari, mais un ouvrier en bleu de travail, occupé sur un chantier de voirie, détrompe l'imprudent sociologue. « Non, c'est la Lamborghini d'un PwC ! » rectifie-t-il avec une certaine jubilation. Ceux qui n'ont pas de voiture peuvent utiliser la navette PwC qui relie les bâtiments répartis en divers endroits de cette vaste zone d'activités. Une dispersion sans doute chronophage qui, bientôt, aura vécu : un énorme ensemble immobilier de bois et de verre, offrant 30 000 mètres carrés de bureaux en plein champ, baptisé Chrystal Park, a été inauguré le 24 novembre 2014 en présence du Premier ministre, du ministre des Finances, Pierre Gramegna, et du ministre du Développement durable. Des

13. *Idem.*

ex-ministres, des députés, le bourgmestre de la ville de Luxembourg, « sans oublier le *Who's Who* de l'optimisation fiscale et quelques patrons luxembourgeois. Le grand-duc héritier Guillaume s'était fait excuser, le maréchal de la Cour, Pierre Bley, le remplace », écrit Bernard Thomas dans un article intitulé « Les associés [14] ». La conclusion du discours du ministre des Finances, pourtant en pleine affaire d'arrangements fiscaux taillés à la mesure des besoins des multinationales, vaut la peine d'être citée : « Que la lumière rentre dans ce bel immeuble et nous procure ce que nous souhaitons tous, ce dont nous avons tous besoin : de la transparence ! » Une haute sculpture argentée monte vers le ciel, ancrant ses 15 tonnes d'acier dans le sol mais ouvrant majestueusement ses lamelles sur le ciel, selon l'inspiration de l'artiste français Stéphane Guiran [15].

L'implantation de ce cabinet dans cette zone d'activités à dix minutes de bus de la gare de Luxembourg est en adéquation avec cette cloche d'or de l'évasion fiscale. Le nombre de boîtes aux lettres identifiées par les noms de dizaines de sociétés partageant la même adresse est impressionnant. Le sabir anglo-saxon des *holdings, private bank, finance corporation* ajoute du mystère à cette tricherie immature. Bien entendu, il s'agit de sociétés domiciliées à Luxembourg pour les avantages fiscaux, mais dont la présence se réduit le plus souvent à leur mention sur une boîte aux lettres.

Le train de vie de PwC est proportionnel aux avantages fiscaux que ses mandataires obtiennent en faveur des sociétés multinationales qui font appel à ses services. À elle seule, la division « tax » a généré, de juillet 2013 à juillet 2014, un revenu

14. Bernard Thomas, « Les associés », *d'Lëtzeburger Land*, 5 décembre 2014.
15. *Paperjam*, décembre 2014, p. 64.

de 85 millions de dollars, en hausse de 9 % par rapport à l'année précédente. Le chiffre d'affaires de l'ensemble du cabinet s'est élevé à 315 millions pour la même période, alors qu'en 2004 celui-ci n'était que de 100 millions de dollars [16].

Le conflit d'intérêts est toujours là pour régler les problèmes du moins-disant fiscal. Un haut cadre de chez Deloitte n'a pas hésité, le 1er mai 2013, à « changer de casquette pour devenir consultant du ministère des Finances et représenter le Luxembourg à l'OCDE [...]. Une année durant, le Luxembourg a envoyé ainsi à Paris un ancien représentant des *Big Four* embauché pour discuter comment endiguer l'optimisation fiscale agressive... organisée par les *Big Four* [17] ».

Mais le sujet de l'optimisation fiscale des multinationales n'a été qu'à peine effleuré au cours de la visite, le 6 mars 2015, de François Hollande à Luxembourg où il a été reçu par le grand-duc Henri et la grande-duchesse Maria-Teresa. Il s'agissait de ne surtout pas gêner la signature de deux contrats avec Airbus Defence and Space et Arianespace.

L'affaire Lux Leaks, un tsunami au Grand-Duché

Le jeudi 6 novembre 2014, la presse dévoile les rescrits fiscaux accordés aux multinationales par le Luxembourg. C'est un jeudi noir pour les responsables politiques, mais un jeudi rouge pour les militants et les élus de la gauche de Déi Lénk. « Enfin, on va pouvoir discuter de cette niche fiscale publiquement, car les impôts doivent être payés là où la plus-value est produite, nous a affirmé Justin Turpel avec un sourire victorieux. Grâce à Antoine Deltour et au formidable travail du Consortium international des journalistes d'investigation, les rescrits fiscaux sont désormais du domaine public. Et même si l'on continue à nous dire que d'autres pays européens, comme

16. PwC, *Rapport de transparence*, publié fin octobre 2014, quelques jours avant la publication de Lux Leaks par ICIJ le 6 novembre 2014.
17. Bernard THOMAS, « Les associés », *op. cit.*

les Pays-Bas ou l'Irlande, font la même chose et qu'en plus c'est légal, pour moi, cela ne change rien, c'est du vol et de l'escroquerie, c'est tout ! » Pourtant, ce député est persuadé qu'il ne s'agit encore que de la partie émergée de l'iceberg. À la question sur les réactions des Luxembourgeois face à une telle révélation, cet élu nous a confié avoir été « surpris par le fait que de nombreux citoyens pensent que de tels avantages fiscaux ne peuvent plus continuer, se reconnaissant derrière le mot d'ordre "pas en mon nom". Mais, pour d'autres, c'est plutôt "pourquoi voulez-vous interdire quelque chose qui profite à tout le monde ?". Enfin, il en est qui n'ont pas hésité à stigmatiser cette "traîtrise envers la nation" de ceux qui osaient rendre hommage au courage d'Antoine Deltour ». Justin Turpel rappelle que les rescrits fiscaux ont été institués au Luxembourg en 1989 par une simple circulaire administrative. Or l'article 99 de la Constitution du Grand-Duché dispose qu'« un impôt au profit de l'État ne peut être établi que par une loi ». Cet article est même renforcé par l'article 101 qui stipule qu'il « ne peut être établi de privilèges en matière d'impôts. Nulle exception ou modération ne peut être établie que par une loi ». Aussi n'est-on pas surpris d'apprendre dès le 7 novembre 2014, dans un entretien au *Monde*, que le ministre des Finances luxembourgeois, Pierre Gramegna, souhaite rendre légale la pratique des *tax rulings*. « Nous avons décidé, dit-il, d'inscrire dans la loi ce qui est aujourd'hui une décision administrative » car « le maintien d'une certaine compétitivité loyale entre les États, dans le domaine fiscal, est indispensable ».

Le champ couvert par le terme « compétitivité » conçu par les entreprises s'est élargi, dans la construction néolibérale de l'Europe, aux États. Ceux-ci, sous la domination d'une « gouvernance » technocratique, favorisent le « dumping » fiscal et social, dans une terminologie anglo-saxonne venue tout droit du point nodal de l'exploitation de la force de travail, le monde de l'entreprise. La compétitivité est devenue centrale, le marché, la concurrence « libre et parfaite » trouvant leur point d'orgue dans la compétition.

Les rescrits fiscaux et les cellules de repentance de Bercy ont un point commun : il s'agit d'une relation de confiance entre une entreprise ou un particulier et l'administration fiscale. Il s'engage un débat, qui n'est pas celui d'un tribunal, où ce qui est en jeu est la manière d'appliquer la loi. Dans ces « négociations » entre l'optimiseur ou le fraudeur et l'administration, il s'agit de concilier les intérêts des deux parties, le profit de l'entreprise ou du particulier et celui de l'État. Les mécanismes d'optimisation fiscale et les taux d'imposition retenus sont juridiquement garantis dans un contrat, le plus souvent établi par un cabinet d'audit comme PwC.

Une déréglementation rampante est à l'œuvre. L'État trafique avec la compétitivité comme alibi. L'État n'est plus en mesure d'appliquer la loi de façon égale. Alors on discute, on marchande. Il ne suffit pas de jouer correctement sur le terrain. Être compétitif suppose de franchir les limites.

Les rescrits fiscaux face à la « concurrence libre et non faussée » des traités européens

Pierre Moscovici, le commissaire européen aux Affaires économiques et à la Fiscalité, ne conteste pas la légalité des rescrits fiscaux. Mais, devant la tempête médiatique des révélations de Lux Leaks, il a dû réactiver sans empressement une enquête déjà en cours pour vérifier que les rescrits fiscaux négociés au Luxembourg ne puissent pas être interprétés comme des aides de l'État, ce qui est interdit par les règles de la libre concurrence du marché européen. « Un traitement inégal ne constitue-t-il pas une aide de l'État dans le sens de l'article 108 du traité de l'Union européenne ? » a demandé le député Justin Turpel à la Commission des finances de la Chambre des députés de Luxembourg. Que devient en effet la libre concurrence quand le taux d'imposition sur les sociétés est au Luxembourg de 29 %, alors que celui des multinationales oscille entre 0,0156 % et 3 %, créant une inégalité criante entre les multinationales et les PME ?

L'image d'Amazon ayant été mise à mal par la visibilité médiatique acquise par les rescrits fiscaux, la multinationale américaine a annoncé le 26 mai 2015 sa décision de payer des impôts dans les pays où elle réalise des profits. Cela quelques jours avant la réunion des ministres des Finances du G7 (États-Unis, Canada, Japon, Allemagne, France, Royaume-Uni et Italie) consacrée en partie à l'optimisation fiscale des multinationales. Le plan d'action baptisé BEPS (*Base Erosion and Profit Shifting*), consacré au prix de transfert qui consiste à placer les bénéfices dans les paradis fiscaux, mais les coûts et les charges dans les pays où les impôts sont les plus élevés, a fait l'objet de négociations difficiles. Selon Anne Michel, les États-Unis se sont montrés « inquiets des conséquences concrètes du projet BEPS sur leurs grandes entreprises » (*Le Monde*, 30 mai 2015).

Quant à Justin Turpel, il se plaint du temps consacré à la préparation des budgets et de celui réservé aux comptes à la Chambre des députés au détriment des questions politiques de fond. « Le budget, c'est la lecture dans le marc de café, dit notre interlocuteur. Vous devez subir des heures de prévisions vagues, avec des chiffres, des pourcentages du PIB, toujours au nom de la croissance et de la compétitivité. Par contre, moi, je n'ai que cinq minutes pour donner mon avis sur les comptes et les bilans de l'État ! Du coup, pour celui de 2013, je me suis contenté d'une remarque concernant l'évolution de la part, dans les impôts directs, des sociétés et des ménages. Alors qu'en 2003 les sociétés et les ménages contribuaient pour moitié au montant total des impôts directs, la part des ménages grimpe aux deux tiers en 2013, celle des sociétés ne représentant plus qu'un tiers. J'ai conclu qu'à court terme un ratio des trois quarts à la charge des ménages et un quart pour les sociétés était fort probable. Devant l'intérêt porté à mes propos, j'ai pu ajouter que 14,16 % de la population du Luxembourg vit en dessous du seuil de pauvreté, mais que sans les transferts sociaux ce pourcentage grimperait à 49,5 %. » Le silence a été de plomb tant ces réalités sont extérieures à une Chambre qui ne compte que deux députés de gauche.

Un musée de la banque

Que restera-t-il pour la postérité de ces rescrits fiscaux, de ces holdings et autres fondations patrimoniales ? Quels sont les souvenirs objectivés du monde de la finance ?

Inauguré en 1995, le musée de la Banque et de la Caisse d'épargne de l'État (BCEE) nous apportera un début de réponse. L'entrée de ce musée, sur la place de Metz, au cœur de la capitale, est libre. Des billets de 100 francs de 1956 attestent du poids prédominant de la sidérurgie par les usines et les cheminées qui les illustrent. On peut entrer dans un impressionnant coffre-fort, dont on ressort les mains vides. Le souvenir des francs luxembourgeois est ravivé par l'utilisation artistique qui est faite des fragments des billets détruits puisque devenus obsolètes avec la naissance de l'euro. Des salles de marché, vides de traders mais pleines d'ordinateurs, de cédéroms périmés, redonnent vie à l'animation financière d'autrefois. Des graphiques exhibent des courbes toujours ascendantes, légitimant et glorifiant la place financière qu'est devenu le Luxembourg. Une médaille de 1990 commémore le centenaire de la dynastie Nassau qui règne encore sur le Grand-Duché. Une machine à compter les billets rappelle la matérialité d'antan de l'argent. Des notes de poésie émanent d'une multitude de tirelires attestant d'une belle inventivité et des reconstitutions de bureaux du début du XXe siècle occupés par des employés en cire. Une statue apparemment irrévérencieuse semble symboliser le banquier, avec une tête de cochon.

APRÈS LES MULTINATIONALES, LES ULTRARICHES SONT INVITÉS AU LUXEMBOURG

À partir du 1er janvier 2015, le secret bancaire a été entamé au Luxembourg avec l'échange automatique d'informations sur un certain nombre de produits financiers et bancaires, mais cela ne concerne que les non-résidents. L'oligarchie luxembourgeoise, toujours très mobilisée pour profiter de la manne des riches étrangers, les invite tout simplement à devenir... résidents au Luxembourg ! Les autorités font particulièrement la cour aux HNWI (*High Net Worth Individuals*) qui disposent d'actifs financiers d'au moins 1 million de dollars, mais surtout aux UHNWI (*Ultra High Net Worth Individuals*), des ultrariches aux avoirs de 30 millions de dollars ou plus, afin qu'ils établissent leur résidence au Grand-Duché. Selon l'économiste Guy Foetz, « il y aurait, fin 2014, 708 moyens riches, avec une fortune totale de 64 milliards de dollars, et 17 ultrariches, avec 61 milliards de dollars, qui résideraient au Luxembourg [18] ». Le secret bancaire étant maintenu pour les résidents, ces riches pourront dormir d'autant plus tranquilles que, suivant l'article 22 de la loi générale de l'impôt de 1931, « les fonctionnaires de l'Administration des contributions sont astreints au respect du secret fiscal », dont le non-respect entraîne des sanctions pénales avec des amendes ou des peines d'emprisonnement allant jusqu'à six mois. On peut voir dans l'ouverture, en septembre 2014, d'un port franc à Luxembourg l'une des multiples manières d'attirer ces grandes fortunes.

Un nouveau port franc dédié à l'art

Capitale financière, Luxembourg se devait aussi de montrer sa puissance dans le domaine de l'art. Culture et richesse matérielle font bon ménage et se doivent aide et soutien dans une

18. Guy Foetz, « Lux Leaks, origines et suites », www.goosh.lu/accueil/page/2/, d'après le *Wealth-X and UBS World Ultra Wealth Report 2014*.

réciprocité dont les ports francs sont peut-être la plus haute manifestation. À Luxembourg comme à Genève, la multiplicité des banques, avec leurs services de gestion privée dédiés spécifiquement à l'art, trouve un point d'orgue dans ces forts des temps modernes qui, à l'écart des villes, protègent certes des biens très matériels, tels que des lingots d'or ou des pierres précieuses, mais aussi, à leurs côtés, des biens culturels inestimables, sauf pour les spéculateurs.

Notre marche d'approche fut longue, hésitante, périlleuse parfois. Les difficultés commencèrent dans la gare routière. Les chauffeurs d'autobus consultés ne sont pas encore au courant de l'existence de ce port franc, inauguré pourtant par le grand-duc en personne en septembre 2014. Ils nous conseillent de prendre le car pour l'aéroport et de nous renseigner une fois sur place. Arrivés à destination, nous interrogeons trois automobilistes en discussion devant une station-service. Ils tombent d'accord sur le fait que le port franc doit être à 5 kilomètres, distance raisonnable mais qui se révèle infranchissable car l'accès ne peut se faire que par autoroute, ce qui exclut la marche. Nos informateurs mal informés nous précisent tout de même que le port est situé derrière le Cargo Center et qu'il est « blindé ». Il nous paraît de plus en plus que nous allons devoir l'être nous-mêmes.

Quand nous arrivons enfin devant l'aérogare, un chauffeur de taxi sollicité se montre réticent : pour lui, la course est trop courte, ce que nous comprenons parfaitement. D'autant qu'il nous apprend que la ligne d'autobus 114 « y va ». Donc nous aussi. Une fois le bus 114 localisé, son chauffeur abordé nous confirme qu'il dessert bien le Cargo Center, mais qu'il n'a jamais entendu parler d'un port quelconque dans le coin. Du coup, nous ne faisons qu'une station sous sa conduite, dans ce qui commence à ressembler à un chemin de croix, et nous nous précipitons dans un hôtel où une hôtelière compatissante nous délègue l'un de ses employés pour nous emmener au Cargo Center. Nous y constatons, avec un immense plaisir et beaucoup de perplexité quant à la circulation de l'information dans le Grand-Duché, que le rond-point où stationne un autobus « 114 » est orné d'un panneau désignant une petite route rendue peu engageante par son aspect boueux comme étant néanmoins et indubitablement la direction à prendre pour rejoindre notre objectif.

La route est en travaux, des bâtiments en construction sur la droite. Mais, petit à petit, apparaît la caverne d'Ali Baba. Dans un profond creux artificiel du terrain, réalisé de façon très régulière par des engins de chantier, les murs de pierres engrillagées, comme cela devient courant pour la construction de digues de protection, dessinent des volumes imposants, certains très hauts, sans doute ceux destinés à recevoir les œuvres les plus monumentales, qui ont tendance à se multiplier aujourd'hui. Très peu d'ouvertures, toutes étroites, sur lesquelles sont braquées des caméras de surveillance. Les différents volumes, totalisant 22 000 mètres carrés, créent un mouvement et l'ensemble échappe à la pesanteur qu'aurait eu un immeuble parallélépipédique d'un seul tenant. Des barbelés agrémentés de lames métalliques montent la garde. Ce qui laisse présager des dangers qu'affronterait un quidam trop curieux. Ce coffre-fort doré est l'un des moyens utilisés par les plus riches pour garantir du vol, du feu et du fisc leurs biens rares et précieux. On aperçoit derrière les bâtiments la piste d'atterrissage réservée aux jets privés et aux avions-cargos, appelés à transporter les richissimes amateurs d'art et les objets de leur passion.

Le promoteur du Luxembourg Freeport n'est autre qu'Yves Bouvier, qui a su s'adapter à une mondialisation très favorable aux plus riches. Mais, depuis le 2 avril 2015, en raison de ses ennuis judiciaires et de sa mise en examen pour « escroquerie » et « complicité de blanchiment », il a dû se retirer de la gouvernance de la Luxembourg Freeport Management

Company qui gère ce port franc, dont il reste l'un des administrateurs. Son remplaçant, Olivier Thomas, a été à son tour entendu par la justice française les 13 et 14 mai 2015 à la suite d'une plainte déposée par Catherine Hutin-Blay, belle-fille de Pablo Picasso, pour vol, recel de vol et escroquerie concernant des œuvres entreposées dans un box à Gennevilliers dans les Hauts-de-Seine. Le retrait d'Yves Bouvier s'est accompagné de l'arrivée de deux nouveaux administrateurs indépendants, dont Alphonse Berns, qui a été directeur chargé de 2012 à 2014 des questions de fiscalité au ministère des Finances, où, selon le journal *Paperjam*[19], il avait été engagé « pour gérer la pression croissante sur les niches fiscales du Grand-Duché au sein des enceintes internationales ».

Alors qu'il s'agit de créations artistiques – pour beaucoup des objets ici entreposés, de tableaux, de sculptures –, ces œuvres restent confinées dans un immeuble que l'on pourrait qualifier de stalinien, mais qui rappelle beaucoup plus l'élégance massive des blockhaus des fortifications de la côte de l'Atlantique. En tout cas, des réalisations qui expriment sans ménagement la volonté de tenir à distance et de marquer les hiérarchies sociales par des formules d'exclusion, de signification de la domination subie, ou exercée, c'est selon.

Fondation patrimoniale pour grandes fortunes

Un projet de loi traîne dans les tuyaux de la procédure législative depuis juillet 2013, destiné à attirer les grandes fortunes. La « Fondation patrimoniale » est une forme de *family office*, dénomination usuelle des services que les banques fournissent aux familles très fortunées. La Fondation patrimoniale gère l'ensemble des aspects d'une grande fortune, les placements financiers, les stratégies fiscales, mais aussi tout ce qui concerne les autres placements, dans les pierres précieuses ou

19. http://paperjam.lu.

les œuvres d'art, ainsi que de multiples aspects de la vie familiale. Il s'agit d'une société « orpheline », c'est-à-dire sans actionnaires, associés ou membres, qui évolue à l'ombre des instances de régulation bancaire. Selon Guy Foetz, « cette forme de société existe déjà dans d'autres pays, mais le projet luxembourgeois présente l'avantage pour des personnes physiques qui transfèrent leur résidence fiscale au Grand-Duché que les plus-values latentes sur leurs actifs ne sont pas prises en compte au Luxembourg. En effet – *via* le principe du *step-up* –, les biens concernés sont évalués à leur valeur de marché au moment du changement de résidence et cette valeur sera aussi considérée comme valeur d'acquisition d'un bien à l'occasion du calcul de la plus-value lors d'une cession future [20] ». L'identité du fondateur et les montants investis ne sont pas publics, et les comptes annuels, non publiés au registre des sociétés, constituent d'autres avantages du choix de résider au moins six mois par an au Luxembourg. Le secret et l'opacité sont donc garantis. Parmi les ultrariches, il y aurait, selon Bernard Thomas, une majorité de Français et quelques oligarques russes [21]. Les riches Français pourront profiter de la société luxembourgeoise Luxaviation, qui gère une flotte de 250 jets privés. Le Luxembourg étant frontalier avec la France, la coupure avec les habitudes prises dans le pays, qu'un très riche Français dit avoir quitté car étant « un pays ingérable, baigné dans une ambiance de guerre », ne devrait pas être trop cruelle.

Des cercles, comme le cercle Munster, accueilleront avec intérêt et plaisir les nouvelles fortunes défiscalisées du Luxembourg. Créé en 1984, il compte parmi ses 1 500 membres, « à côté du patronat industriel, une flopée d'avocats d'affaires et de managers de la place financière, les familles dominantes luxembourgeoises [22] ». Les hommes politiques de la droite libé-

20. Guy FOETZ, « Lux Leaks, origines et suites », *op. cit.*
21. Bernard THOMAS, « Ils sont parmi nous ! », *d'Lëtzeburger Land*, 6 février 2015.
22. Bernard THOMAS, « Good old boys », *d'Lëtzeburger Land*, 14 mars 2014.

rale, comme le ministre des Finances Pierre Gramegna, se sentent des affinités avec le *Who's Who* luxembourgeois. Ce que Bernard Thomas a également constaté au Golf Club grand-ducal, fondé en 1934 non loin de l'aéroport et de son nouveau port franc. Le golf se prête à la sociabilité mondaine en famille, ce qui est bon pour constituer une dynastie dont la légitimité rejaillira sur la confrérie des grandes familles et leur pays d'accueil. « Alors que le nombre d'adhérents est théoriquement limité à 950, une exception est faite pour la progéniture des membres, qui a ainsi la possibilité de se fréquenter à partir de son plus jeune âge. Ainsi naissent des réseaux de sociabilité et de familles, en cercle fermé [23]. »

Les fondations patrimoniales qui gèrent les différentes formes de richesse, économique, culturelle, sociale et symbolique, sont en symbiose avec la vie mondaine lorsque celle-ci, par le système de cooptation avec le double parrainage, assure un entre-soi purifié de tout dépareillement social. Le Luxembourg, avec cet appel à la bienvenue résidentielle des ultrariches, cherche à installer des lettres de noblesse dans un pays qui est passé de manière brutale d'un monde ouvrier fondé sur l'industrie sidérurgique à une finance établie sur le moins-disant fiscal pour les plus riches. Bref, le Grand-Duché est passé sans transition de l'enfer du fer au paradis de l'or. Le père de Jean-Claude Juncker était contremaître, et ses racines ouvrières « sont partagées par 80 % des Luxembourgeois encore aujourd'hui, nous a dit David Wagner, porte-parole du parti Déi Lénk qui est devenu lui-même député, le 29 avril 2015, à la suite de la démission, pour raisons de santé, de son prédécesseur Justin Turpel. Peut-être est-il passé trop vite à la finance défiscalisée grâce à sa situation stratégique, au centre de l'Europe ? ». Ce qui expliquerait que Jean-Claude Juncker, malgré son éviction du gouvernement en 2013 à la suite du

23. *Idem.*

scandale qui a éclaté, dévoilant la traque, par les services secrets, de nombreux Luxembourgeois dont Justin Turpel, a toujours un score de popularité de 70 % d'intentions positives à son égard. Mais l'Internationale des grandes familles, au-delà de leurs parties de golf, doit compléter cette notabilité par des stratégies intenses de lobbying et une législation *ad hoc* afin de contourner tous les obstacles liés à la contestation des mesures d'austérité et des dettes qui doivent beaucoup à l'évasion fiscale.

Notre travail, avec cette gigantesque accumulation de faits, essaie de lutter contre l'amnésie si bien entretenue par les grands médias, propriété des grands patrons et des familles fortunées. La mémoire déniée et le passé occulté empêchent la mise en perspective avec ce que nous avons à vivre aujourd'hui. Cette collecte des méfaits donne à voir une opacité savamment organisée par des hommes politiques, des financiers, de hauts fonctionnaires et des bataillons d'avocats.

Le partage du savoir que nous proposons dans une sociologie qui met en scène ses propres auteurs, a pour objet de priver l'expertise et les statistiques de leur principal objectif : exclure les plus faibles et tous ceux qui sont intimidés par cette tyrannie techno-bureaucratique.

Ces longs mois d'enquête nous ont à nouveau beaucoup appris sur le monde des dominants. Nos premières recherches sur les classes dominantes concernaient leurs beaux quartiers, leurs châteaux, leurs chasses à courre, leurs modes de vie et leurs valeurs revendiquées. Arpenter ces terrains fut infiniment plus agréable que notre plongée dans le monde de la finance, de la fiscalité et de la fraude. Il a fallu compenser notre méconnaissance de ce domaine par de nombreuses lectures rébarbatives. C'est à ce prix que l'on peut espérer pratiquer une sociologie d'investigation. Cette recherche des preuves nous a pourtant apporté des moments de bonheur inattendus, liés à une meilleure compréhension du monde dans lequel nous vivons.

LA RENAISSANCE D'UN SÉNATEUR COMMUNISTE

« Lors des premières auditions que je menais en tant que rapporteur de la mission parlementaire du Sénat sur l'évasion fiscale, nous confie Éric Bocquet au cours d'un entretien en juin 2014, je ne comprenais pas certaines des questions que je devais poser et qui m'avaient été préparées par les administrateurs du Sénat. Aujourd'hui, je suis trop content de pouvoir lire *Les Échos* et les pages saumon du *Figaro*. »

Éric Bocquet est, comme son frère Alain, député communiste, fils d'un mineur du bassin du Nord. Né en 1957 à Marquillies, il est professeur d'anglais dans un lycée du Nord, tout en étant le maire de sa commune natale depuis 1995, vice-président de l'Association des maires ruraux et conseiller communautaire à Lille Métropole, communauté urbaine depuis 2008. Il a été élu sénateur du Nord en 2011, son mandat, non renouvelable, prenant fin en 2017.

Avant sa première mission parlementaire, Éric Bocquet était donc dans l'incompréhension totale face au jargon et à l'opacité de la finance dévergondée. « Je marchais avec mon logiciel de militant, mais grâce à tous les contacts que j'ai eus au cours de cette mission, les choses se sont peu à peu mises en place et, à partir de ce qui m'apparaissait un chaos général, je suis arrivé à dégager des cohérences. J'ai maintenant un socle, j'ai une pelote et je n'ai plus qu'à tirer le fil ! » Il s'est alors lancé dans une nouvelle mission parlementaire pour comprendre et dévoiler le rôle des banquiers et des différents acteurs du monde de la finance dans l'évasion des capitaux. Ainsi, 52 nouvelles personnes sont venues se joindre aux 87 de la mission précédente.

Le fils de mineur face aux inspecteurs des Finances

À la question de la timidité sociale qu'il a pu ressentir devant certains auditionnés, Éric Bocquet répond clairement. « L'audition avec Baudoin Prot est celle qui m'a le plus marqué. Je n'étais pas à l'aise. C'est la seule personne auditionnée qui ne m'a pas dit bonjour. Il a salué Philippe Dominati [UMP], le président de la Commission, mais pas moi, rapporteur. Baudoin Prot était lui aussi très tendu. Il faut dire que cette audition du 17 avril 2012 était ouverte à la presse, et qu'il y avait beaucoup de caméras et d'appareils photo. Il est venu avec Monsieur Clamon, un collaborateur, ce qui ne se fait jamais. Baudoin Prot a lu son texte préliminaire sans lever les yeux vers les membres de la Commission. La tension était donc partagée. »

Éric Bocquet a posé la dernière question à Baudoin Prot, à propos des retraits d'argent liquide par la comptable personnelle de Liliane Bettencourt : « Dans le cadre des signalements à Tracfin, l'agence BNP Paribas de Neuilly-sur-Seine a-t-elle porté à votre connaissance des retraits importants d'espèces dans la période récente ? Si tel est le cas, à combien de reprises et pour quels montants ? » La réponse de l'auditionné est cinglante : « Compte tenu du secret bancaire, je n'apporterai pas de réponse à cette question. Je dirai simplement que, dans tous les cas, y compris celui-ci, BNP Paribas applique les règles que nous avons longuement évoquées depuis le début de cette audition. Il n'y a pas eu d'exception en la matière [1]. » La bourgeoisie sait se servir du secret et faire mine de respecter courageusement les obligations déontologiques qu'elle s'est fixées pour mieux garantir l'opacité des manipulations peu regardantes auxquelles elle se prête grâce à la loi qui, au nom de la protection de la sphère privée des individus, autorise tous les débordements.

Baudoin Prot, inspecteur des Finances, alors encore président du conseil d'administration de BNP Paribas, a été inter-

1. SÉNAT, *L'Évasion fiscale internationale, et si on arrêtait ?*, *op. cit.*, p. 563.

rogé par la sénatrice du Parti socialiste Marie-Noëlle Lienemann sur l'utilisation des trusts par la BNP. « Pouvez-vous nous affirmer, sous la foi du serment, que les entités de votre groupe ne poussent pas leurs clients à créer des trusts, notamment à Jersey et à Singapour, pour y placer leur argent et optimiser – comme on dit pudiquement – leur fiscalité ? À ma connaissance, en effet, BNP Paribas fait partie des entreprises qui encouragent le plus les placements dans les trusts, afin de bénéficier d'un phénomène de *glue* comme l'on dit en anglais, c'est-à-dire de "colle" : une fois que les clients ont investi dans un trust lié à BNP Paribas, ils se sentent pour ainsi dire obligés – et pas seulement moralement ! – de placer l'ensemble de leurs actifs dans le réseau du groupe [2]. » Baudoin Prot répond sans répondre : « Je répète que les structures de trust ne présentent aucun intérêt pour nos clients français [3]. » La sénatrice socialiste est obligée de le relancer pour obtenir cette réponse plus précise : « Nous n'assurons aucunement la promotion de ce type d'instruments auprès de nos clients français [4]. »

Quelques semaines plus tard, lors de l'audition collective du 5 juin 2012 de cinq avocats fiscalistes, Corinne Bouchoux, sénatrice écologiste du Maine-et-Loire, fait remarquer : « Certains intervenants nous ont expliqué que le problème de la fraude et de l'évasion fiscales est un épiphénomène auquel ils ne sont confrontés que de façon marginale, volontairement ou involontairement, dans le cadre de leur activité. Tel fut le sens des propos tenus par un directeur de banque dont nous prouverons le flou, voire l'inexactitude, dans les mois à venir [5]. » Mais Baudoin Prot, allusivement concerné par cette remarque, ne sera pas inquiété, alors qu'il a déposé sous serment. « Oui, il y a bien eu débat à ce sujet au sein de la Commission des finan-

2. *Ibid.*, p. 543-544.
3. *Ibid.*, p. 545.
4. *Ibid.*, p. 546.
5. *Ibid.*, p. 1193.

ces du Sénat, reconnaît Éric Bocquet. Certains ont revendiqué le droit à le poursuivre pour parjure, d'autres ne le souhaitant pas. Au final, il n'y a pas eu de décision prise et donc pas de poursuites judiciaires. C'était frustrant », conclut le sénateur avec un sourire de regret, mais une détermination décuplée.

Pourtant, BNP Paribas et trust riment positivement. Un document interne daté d'octobre 2010, titré *Trust and Financiary Services*, incitait les clients fortunés de cette banque à utiliser les trusts afin de rendre impossible pour un juge d'instruction ou le fisc de repérer les propriétaires des avoirs ainsi opacifiés [6]. « Le schéma classique, explique un expert du fisc à Anne Michel, c'est une société aux îles Vierges qui crée une société à Hong Kong, laquelle ouvre à son tour une société en Chine. Le tout avec des comptes en Suisse. Cela s'appelle un *round trip*, un tour du monde sans bouger [7]. »

Le lobbying des banques auprès des sénateurs se manifeste parfois par courrier. Un inspecteur des Finances, Frédéric Oudéa, président-directeur général de la Société Générale, a écrit le 11 octobre 2013 à Jean-Pierre Bel, alors président du Sénat, pour lui « faire part de la surprise et de l'indignation du Groupe Société Générale et de ses 150 000 salariés suite à l'audition de Monsieur Jérôme Kerviel devant la commission d'enquête du Sénat sur le rôle des banques et des acteurs financiers dans l'évasion des capitaux. Je rappelle que par le jugement du Tribunal de grande instance de Paris du 5 octobre 2010 et par l'arrêt de la cour d'appel de Paris du 24 octobre 2012, la justice de notre pays a déclaré par deux fois Monsieur Jérôme Kerviel coupable d'abus de confiance, d'introduction frauduleuse de données dans un système de traitement automatisé, de faux et usage de faux. Je rappelle aussi que les deux procès, appuyés sur des débats contradictoires approfondis et plus de

6. *Le Canard enchaîné*, 11 mai 2011.
7. *Le Monde*, 23 janvier 2014.

dix-huit mois d'instruction conduite par deux juges, ont établi les agissements frauduleux de Monsieur Jérôme Kerviel, sa responsabilité pénale et le préjudice de 4,9 milliards d'euros dont la banque a été victime. L'ampleur de ce préjudice aurait pu mettre en péril l'une des principales institutions financières françaises et entraîner des conséquences extrêmement graves pour notre pays et dramatiques pour l'ensemble des salariés du Groupe Société Générale. Je ne peux, dans ces conditions, comprendre la décision de la commission d'enquête du Sénat, sur le rôle des banques et des acteurs financiers dans l'évasion des capitaux, de procéder à l'audition formelle de Monsieur Jérôme Kerviel ».

Jean-Pierre Bel a répondu en soulignant que « les commissions d'enquête créées au sein des assemblées parlementaires disposent d'une large autonomie dans l'organisation de leurs travaux [...]. Il appartient ainsi à la commission d'enquête d'apprécier si l'audition d'une personne est souhaitable pour l'éclairer sur le sujet qui fait l'objet de ses investigations ».

La discrétion du président et du rapporteur de la commission avait pourtant été totale puisque l'audition de Jérôme Kerviel n'est pas mentionnée ni donc citée dans les procès-verbaux des auditions. Malgré cela, Frédéric Oudéa a réagi négativement devant une initiative parlementaire et légale. C'est dire si ce banquier, président de la Fédération bancaire française, ne néglige rien pour préserver le pouvoir de la finance qui dicte ses lois, ou du moins ne se sent pas tenue de respecter celles de la République. Sans doute est-ce le résultat d'une vague inquiétude devant la montée en puissance des enquêtes, face aux scandales et autres bavures d'un système inique qui profite à une toute petite minorité jouissant de fortunes vagabondes, mais craignant de plus en plus la cohabitation de ces richesses insolentes avec la pauvreté et la misère de milliards d'êtres soumis à la dictature de l'argent

« Aux armes, citoyens ! »

Éric Bocquet a bénéficié de l'aide de sept administrateurs du Sénat compétents qui ont fourni un travail considérable. Mais, ajoute-t-il, « si je devais refaire ces missions parlementaires, je serais plus exigeant dans le questionnement. Je serais moins technique et plus tenace. Le rapporteur d'une mission parlementaire a beaucoup de pouvoirs, que je regrette aujourd'hui de ne pas avoir utilisés. Le pouvoir d'un rapporteur est équivalent à celui du président de la Commission des finances de l'Assemblée nationale. On ne peut pas m'opposer le secret fiscal. J'avais six mois pour demander les documents auxquels l'accès m'était autorisé et je ne l'ai pas suffisamment fait. Ces missions m'ont beaucoup enrichi, c'est une étape importante dans ma vie, un palier que je veux maintenant dépasser pour aller plus loin ». Il note avec regret que tous les auditionnés qui s'étaient engagés à envoyer des documents complémentaires à leur audition ne l'ont pas fait, et lui ne les a pas relancés.

Éric Bocquet a souhaité s'associer avec son frère Alain pour diffuser largement, à travers un prochain ouvrage qui pourrait s'intituler *Aux armes, citoyens !*, l'expérience qu'ils ont vécue, l'un et l'autre, en recueillant tant de témoignages passionnants, dans les deux assemblées parlementaires. Sur le thème de l'évasion fiscale, la solidarité est en effet fraternelle puisque Alain Bocquet a auditionné avec le député Nicolas Dupont-Aignan, dans le cadre d'une Commission des affaires étrangères, soixante-dix-huit personnes qui ont nourri un excellent rapport d'information, titré *Lutte contre les paradis fiscaux : si l'on passait des paroles aux actes* [8]. Nous avons d'ailleurs été nous-mêmes auditionnés pour mettre en relation l'évasion fiscale avec nos connaissances sociologiques sur l'oligarchie. Le courage politique des frères Bocquet a tout de même ses

8. Assemblée nationale, *Lutte contre les paradis fiscaux : si l'on passait des paroles aux actes*, *op. cit.*

compensations, non seulement dans la transmission des savoirs acquis sous les lambris des palais de la République et restitués dans les préaux des écoles et les salles communales du bassin minier du Nord-Pas-de-Calais et de nombreuses provinces françaises, mais également dans des améliorations législatives comme celles du renforcement des sanctions pénales pour les fraudeurs fiscaux et de l'exigence de l'automaticité des échanges, pays par pays, au sujet des comptes ouverts à l'étranger, que la loi de décembre 2013 a ainsi entérinées.

L'ENTHOUSIASME DE L'IMPERTINENCE

La logique rationnelle des nécessaires transformations sociales, aussi impeccablement exposées soient-elles, n'entraîne pas de manière automatique le désir d'émancipation. Un processus d'identification, d'émotion et de convivialité doit accompagner la démonstration sociologique. L'humour et la dérision à l'égard des dominants font partie du combat contre le respect de la loi d'airain oligarchique car le rire désacralise le pouvoir.

Nous avons essayé de mettre en œuvre ce principe au cours des nombreuses rencontres-débats que nous avons animées en France, en Suisse ou en Belgique. En montrant comment nous avons vaincu notre propre timidité sociale pour pouvoir mener à bien nos enquêtes ethnologiques et sociologiques sur les modes de vie des familles les plus fortunées, nous tentons de transmettre une énergie positive, une envie d'impertinence, un besoin d'en découdre, un enthousiasme de la transgression ou tout simplement le bonheur de la dignité retrouvée.

La banque HSBC France victime d'attaques symboliques

La désacralisation des dominants peut prendre des modalités diverses, comme des manifestations dans les beaux quartiers. Nous avons ainsi participé, le 22 mai 2014, avec les responsables du parti Nouvelle Donne qui venait d'être fondé autour de la députée Isabelle Attard et de l'économiste Pierre Larrouturou, à une action devant le siège parisien de la banque HSBC, 103 avenue des Champs-Élysées. Cette banque, à laquelle Hervé Falciani a donné une visibilité dont elle se serait bien passée, dispose de multiples ramifications dans les paradis fiscaux : onze de ses filiales étrangères, sur les vingt-huit que compte cette banque, sont installées aux Bermudes, à Hong Kong, à Jersey, en Malaisie, à Malte, au Panama et, bien sûr, en Suisse, son siège social étant à Londres.

L'équipe dirigeante de HSBC France

Les deux directeurs de HSBC France ont l'un et l'autre occupé de hautes fonctions à Bercy. Jean Beunardeau, directeur général, ancien élève de Polytechnique, a commencé sa carrière à la direction du Trésor, puis il a été conseiller technique auprès d'Alain Juppé, alors Premier ministre de Jacques Chirac, en 1995. Après la dissolution de l'Assemblée nationale et la formation d'un gouvernement socialiste en 1997, il part dans le privé chez HSBC. Le directeur général délégué, Gilles Denoyel, est un ancien élève de l'ENA, inspecteur des Finances, qui rejoint en 1985 la direction du Trésor où il est chargé des restructurations industrielles, puis des marchés financiers et du secteur des assurances, avant d'avoir la responsabilité du programme des privatisations chères aux socialistes au nom du changement et de la modernité. Une formation idéale pour rejoindre en 1996 HSBC France comme directeur financier. Gilles Denoyel est également représentant permanent de HSBC au Medef et président du Groupement des banques étrangères en France. Le président du directoire des Galeries Lafayette, Philippe Houzé, est également membre du conseil d'administration de HSBC France. On retrouve d'ailleurs Jean Beunardeau aux Galeries Lafayette où il est membre du conseil de surveillance. Anne Méaux, présidente d'Image 7, connue pour ses

> bons conseils auprès de Jérôme Cahuzac ou de Dominique Strauss-Kahn, vient confirmer, avec le statut savoureux d'administrateur indépendant, la diversité de l'entre-soi oligarchique. Peter Shawyer, de nationalité britannique, qui a accompli toute sa carrière au sein du cabinet Deloitte, bénéficie lui aussi du statut d'administrateur indépendant, de même que Brigitte Taittinger, épouse de Jean-Pierre Jouyet, ancien président de l'Autorité des marchés financiers (AMF) et actuel conseiller de François Hollande à l'Élysée. Le 15 juillet 2013, les insignes de chevalier de la Légion d'honneur ont été remis à cette héritière d'un grand nom du champagne par le même François Hollande. HSBC France porte haut le drapeau d'une oligarchie qui mêle politiques de tous bords, hauts fonctionnaires, communicants et financiers.

HSBC, au sommet de sa gloire après les révélations d'Hervé Falciani, fut donc choisie pour être célébrée à la hauteur de ses talents : l'objectif de Nouvelle Donne était moins d'attirer les foules que les médias. La mise en scèen voulait que certains militants, costumés en traders, chemise blanche et cravate, se chargent de déposer à l'intérieur de la banque une vingtaine de sacs contenant chacun 50 milliards d'euros fictifs. Ces 1 000 milliards étaient censés représenter les cadeaux faits aux banques, en 2011 et 2012, par Mario Draghi, alors président de la BCE, pour leur permettre de prêter aux entreprises alors qu'elles en ont profité pour accroître plutôt leurs activités spéculatives. Ce à quoi d'autres militants, portant, eux, un tee-shirt imprimé aux couleurs de Nouvelle Donne, s'opposèrent. Les billets de banque furent distribués aux passants des Champs-Élysées qui approuvaient cette démarche à la fois impertinente et bon enfant. Le nombre de médias venus sur place confirme l'intérêt de ce genre d'action, d'autant que celle-ci avait été préparée dans l'urgence des élections européennes.

Malgré la pluie drue et glaciale, cette fois le 26 février 2015, quelque 150 militants se sont mobilisés à l'initiative du Parti communiste et du Front de gauche pour arrêter symboliquement le directeur général de HSBC, Jean Beunardeau, et procéder de manière expéditive à son jugement sur le trottoir des Champs-Élysées. Voilà de quoi réchauffer les manifestants transis. Le président de HSBC France est là, figuré en redingote, chapeau melon et cigare. L'acte d'accusation est clair : « Pour avoir organisé un système international de fraude fiscale. Pour avoir, en France, soustrait à l'impôt 5,7 milliards d'euros sur la période 2006-2007. Pour avoir détourné des masses monétaires au seul bénéfice des actionnaires. Pour avoir contribué de manière décisive à l'enrichissement sans cause des enrichis. Pour avoir mobilisé les fonds dont vous disposiez en faveur de la spéculation sur un marché financier qui tient plus du casino que des instances de financement des activités économiques. En résumé, pour avoir orienté votre politique de crédit au service de la spéculation en toute ignorance volontaire des besoins sociaux et écologiques, le tribunal vous assigne à résidence dans vos locaux en attendant votre arrestation. » Succès assuré auprès des passants, fort surpris de cette justice rendue sur le lieu du crime, sous les bourrasques d'un hiver opiniâtre.

L'opération a été soigneusement montée : les militants sont venus avec des pancartes sur le thème « Je rêve d'une banque qui... », la formule étant déclinée avec plusieurs thèmes reprenant les griefs faits à la banque britannique. Pierre Laurent pour le Parti communiste, Éric Coquerel pour le Parti de gauche, Julien Bayou pour Europe Écologie Les Verts reprennent les reproches, avancent des solutions et appellent à la généralisation de telles démonstrations en annonçant une journée de dénonciation du rôle des banques dans la fraude et l'évasion fiscales. Les banques européennes possèdent en effet en moyenne chacune 117 filiales dans les paradis fiscaux. À cet effet, la mobilisation du 18 mars 2015 organisée à Francfort par le mouvement européen Blockupy en lien avec Attac et de nombreuses autres organisations, dont certains membres de la gauche radicale grecque Syriza, à l'occasion de l'inauguration des nouvelles tours consacrées à la Banque centrale européenne, a réuni de nombreux manifestants, mais aussi des policiers en grande tenue de combat.

Quelques jours avant, le 12 février 2015, une vingtaine de militants d'une association basque, Bizi, qui lutte contre la délinquance financière de haut vol et contre les dérèglements climatiques, ont investi l'agence HSBC de Bayonne et sont repartis avec huit chaises et fauteuils qui ne seraient restitués « qu'après que HSBC aura rendu les 2,5 milliards d'euros dérobés aux recettes publiques françaises. La balle est entre les mains de la direction de HSBC », a déclaré le président de l'association, Txetx Etcheverry, à sa sortie du commissariat de Bayonne. Risquant une inculpation pour vol aggravé, il est pourtant ressorti sans charge. L'humour, la non-violence et la pédagogie peuvent adoucir les verdicts. « Avant de quitter la banque avec le mobilier saisi, a déclaré Txetx Etcheverry sous les applaudissements des passants et des ouvriers d'un chantier voisin, nos militants ont pris soin de remettre au responsable de la banque un exemplaire du *Livre noir des banques*, dont les auteurs sont des militants d'Attac et du site Basta ! [9]. » En attendant la suite de l'histoire, l'association Bizi a mis les sièges empruntés à la disposition des associations luttant contre l'évasion fiscale. Attac France en a commandé trois.

Pierre Laurent, secrétaire national du PCF, a envoyé une lettre aux personnalités françaises mentionnées sur les listes de HSBC Private Bank de Genève en y joignant un petit livre édité par le Parti communiste français, *Comment bien remplir sa feuille d'impôts sans rien oublier*, afin d'aider les adeptes des comptes en Suisse non déclarés à sortir de cette addiction en

9. ATTAC et BASTA !, *Le Livre noir des banques*, Paris, Les Liens qui libèrent, 2015.

leur ouvrant la perspective de la vie libre et heureuse du contribuable scrupuleux, en paix avec sa conscience, déclarant patrimoine et revenus et payant le cœur léger son dû avec le bonheur du citoyen apportant sa contribution au bien commun. Cet envoi était enrichi par un exemplaire du rapport du Sénat sur la fraude fiscale.

Des salariés déguisés en bourgeois devant le Medef et l'ambassade du Luxembourg

« Comment allez-vous, mon cher ? Ce chapeau melon vous va à ravir », déclare en souriant un militant communiste à son camarade « déguisé » en bourgeois, gros cigare aux lèvres, en ce 2 décembre 2014 devant le siège du Medef, avenue Bosquet dans le 7e arrondissement de Paris. Il s'agit, pour le Parti communiste français et son secrétaire général Pierre Laurent, de répliquer à l'initiative du Medef, qui a osé appeler les patrons à manifester du 1er au 5 décembre pour dire leur souffrance devant le manque de générosité du gouvernement Valls-Hollande. Un autre militant pousse un caddie de supermarché chargé de gros sacs pleins de billets de 500 euros pour les déposer dans le paradis fiscal du Luxembourg dont l'ambassade n'est pas loin, avenue Rapp, toujours dans l'aristocratique 7e arrondissement de Paris. « Monsieur, dit un chapeau melon du conseil d'administration d'Ikea à un autre chapeau melon de Radiall, vous êtes nationalisé ! » Le patron de Radiall n'est autre que Pierre Gattaz, qu'une pancarte déclare être le « premier assisté de France ». Même si le nombre de manifestants ne dépasse pas les 500, l'essentiel réside non seulement dans la présence de quelques médias dont France Inter, mais aussi dans la mobilisation de la police pour protéger le Medef et l'ambassade du Luxembourg. Cette manifestation a aussi permis à des militants d'origine modeste de fouler les belles avenues bordées d'immeubles aux architectures riches et décorées dont les lumières électriques donnaient à voir des modes de vie sans gêne. « Regarde le collier de perles ! Et dire qu'ils vont pouvoir fêter Noël ! » Les scintillements de la tour Eiffel en robe de mariée finissaient d'ajouter à la magie des lieux où tout n'est que luxe, calme et volupté. La manifestation a inquiété l'ambassade du Luxembourg : « C'est la première fois que je reçois, dit Pierre Laurent au micro avenue Rapp, un coup de fil de l'ambassade du Luxembourg, qui craignait qu'une telle manifestation puisse ternir l'image de ce si joli paradis fiscal au cœur de l'Europe néolibérale. »

Une telle préoccupation montre bien l'importance des luttes symboliques, tant la domination économique des puissants est liée à leur domination symbolique sur les peuples.

De la peur au bonheur de comprendre

L'objectif de ces initiatives est de transformer le sentiment de peur lié à la sidération qu'entraîne la situation brutale que nous vivons, avec le néolibéralisme et le cynisme des plus riches, en un sentiment d'injustice, de révolte et de contestation. Faire en sorte que tout un chacun ne dise plus « la » crise, mais « leur » crise crée une impertinence sémantique qui empêche de s'en prendre à son voisin de palier plus riche de 200 euros. Ce type de gymnastique intellectuelle et symbolique freine le déni d'une réalité difficilement supportable et permet de voir que le réel dont on cherche à se protéger a bien lieu. Vouloir s'affranchir de ce que le philosophe Alain Badiou appelle l'« impératif du réel » a quelque chose d'indécent, de fou, une opposition au monde qui paraît si inconcevable qu'elle serait irrecevable, voire qualifiable de terroriste. L'idéologie néolibérale ne peut plus connaître d'alternative, elle est un point de non-retour, qui implique la croyance dans cette nouvelle religion. L'idée du changement est devenue un péché, un crime contre le pragmatisme. Ce mot fétiche des plateaux de télévision et des puissants de ce monde est particulièrement employé dans le domaine de la fiscalité, celle-ci étant au cœur des rapports de classe qu'il s'agit, au nom du pragmatisme, d'occulter.

DÉMARCHES INDIVIDUELLES, MAIS PROTECTION COLLECTIVE : LES LANCEURS D'ALERTE

Les lanceurs d'alerte comme Hervé Falciani ou Antoine Deltour, les fonctionnaires et les syndicalistes courageux qui osent parler, ne serait-ce que sous anonymat, les journalistes d'investigation, tous, à leur façon, montrent combien le système de l'évasion fiscale est complexe. Ce système révèle la mobilisation permanente des dominants pour s'enrichir sur le dos des peuples et, en même temps, la fragilité de leurs montages frauduleux. Tous les employés et salariés du secteur de la finance sont potentiellement autant de grains de sable susceptibles d'enrayer la machinerie opaque et luxueuse de cette délinquance en col blanc. Seuls les spécialistes en informatique de haut niveau peuvent avoir accès à des données hautement confidentielles. Certains d'entre eux, un beau jour, la coupe étant trop pleine, se mettent à correspondre à des figures individuelles du héros qui dévoile, après un travail plus ou moins en solitaire, ce qui aurait dû rester secret. Si l'on ajoute à ces formes de résistance citoyenne les imprévus de conflits familiaux toujours bien placés pour dévoiler ce qui doit rester caché et donc impuni, on peut supposer que, derrière les apparences qu'il importe de toujours sauver, les plus riches doivent vivre sur le pied de guerre. Les comptes en Suisse de Liliane Bettencourt et sa maison aux îles Seychelles n'auraient jamais été connus du public s'il n'y avait pas eu un conflit, porté devant la justice, entre elle et sa fille. Les trusts des membres de la famille Wildenstein, collectionneurs et marchands d'art de haute volée, seraient restés dans le brouillard des îles de Jersey et Guernesey s'il n'y avait eu, là aussi, un grave conflit familial lié à un problème de succession. La fraude fiscale dont sont soupçonnés le baron Ernest-Antoine Seillière de Laborde et quatorze dirigeants du fonds d'investissement Wendel doit sa notoriété à la conjonction du travail de veille d'une cousine, Sophie Boegner, et de deux journalistes du *Monde*. Le fait que la visibilité de la fraude fiscale ne soit pas due aux institutions chargées de veiller à l'égalité des Français devant l'impôt, mais à des conditions hasardeuses liées au courage de certains salariés, de quelques journalistes ou à des conflits familiaux, laisse penser que la fraude fiscale est presque généralisée chez les plus riches.

La faible protection des lanceurs d'alerte

L'avocat d'Hervé Falciani et d'Antoine Deltour est un spécialiste de la protection juridique des lanceurs d'alerte. « Hervé Falciani a subi dans la presse helvétique, écrit William Bourdon, des attaques inouïes pour avoir violé le secret bancaire. Il fait toujours l'objet d'un mandat d'arrêt international délivré par les autorités suisses, sur une plainte déposée par la HSBC. [...] L'argent n'aime pas le bruit et les lanceurs d'alerte en font beaucoup. Ils s'attaquent à l'essence même de ce qui exige la fabrication de l'argent, sa multiplication : le secret [10]. »

Le secret dont parle cet avocat n'est pas seulement le secret bancaire que les banques peuvent opposer de manière systématique avant l'adoption, en 2018 pour la Suisse, des lois d'échange automatique, il s'agit aussi du cloisonnement entre les services afin que les personnels n'aient pas une vue d'ensemble du fonctionnement de la banque. Quant aux cellules conçues pour soulager les employés inquiets de telle ou telle dérive, sous couvert d'une aide psychologique il s'agit plutôt d'un miroir aux alouettes chargé de piéger le gibier. « Quand Hervé Falciani, lui, s'interroge à Genève sur les protections qu'il pouvait recevoir de ceux qui, en interne de la

10. William BOURDON, *Petit Manuel de désobéissance citoyenne. Quand l'intérêt général est menacé, devenez lanceur d'alerte*, Paris, Jean-Claude Lattès, 2014, p. 94.

banque HSBC, sont chargés d'écouter les lanceurs d'alerte, il mesure que c'est pire que de se jeter dans la gueule du loup [11] », écrit William Bourdon.

Les lanceurs d'alerte sont devenus le cauchemar des puissants. Pour y faire face, ils n'ont de cesse d'instrumentaliser de nouvelles strates de secret : après le secret fiscal, le secret bancaire, après le secret bancaire, le secret défense et, après lui, le secret des affaires dont la violation entraîne des sanctions pénales. Antoine Deltour est d'ores et déjà poursuivi par la justice luxembourgeoise pour « violation du secret des affaires », et passible de cinq ans d'emprisonnement. Un jeune homme de vingt-huit ans qui met en péril les montages fiscaux des multinationales avec le gouvernement luxembourgeois représente un danger vital pour les oligarques, pour lesquels seuls comptent *leur* argent et le pouvoir qu'il confère. Éric Alt, conseiller référendaire à la Cour de cassation, parle, à propos des lanceurs d'alerte ou des journalistes d'investigation comme Denis Robert, d'« une guerre d'attrition juridique car il ne s'agit pas de trancher un litige, mais d'étouffer l'homme ». « En matière de presse, écrit-il dans *La Semaine juridique*, la protection des auteurs est mesurée à l'aune de l'intérêt général du sujet et de la qualité de l'enquête. Parmi de nombreux arrêts récents, celui concernant Denis Robert est emblématique. » Il s'agit de l'enquête sur les comptes truqués de la chambre de compensation Clearstream. « La Cour de cassation a jugé que l'intérêt général du sujet traité et le sérieux constaté de l'enquête autorisaient le propos et les imputations litigieux pour lesquels il avait été condamné [12]. » Mais, comme le montre le film *L'Enquête*, avant d'obtenir cette reconnaissance Denis Robert a subi de nombreux procès et visites d'huissiers à son

11. *Ibid.*, p. 122.
12. Éric ALT, « Lanceurs d'alerte : un droit en tension », *La Semaine juridique*, éd. générale, 20 octobre 2014.

domicile [13]. Dépénalisation de la fraude fiscale et de tous les crimes financiers, pénalisation des travailleurs contestataires, des syndicalistes, des journalistes et des lanceurs d'alerte : la dépénalisation de la fraude fiscale et des crimes financiers a besoin de la pénalisation de ceux qui se dressent contre la délinquance en col blanc. La meilleure défense, c'est l'attaque...

L'organisation, l'opacification et la pérennisation de l'évasion et de la fraude fiscales par les grandes fortunes sont un crime collectif, au cœur des banques et des États, secrets de polichinelle pour les initiés. Elles étaient parfaitement insoupçonnées il y a peu, tant les ruses informatiques de la finance parvenaient à dissimuler la majeure partie du pillage. Il est en conséquence inadéquat de parler de délation à propos de lanceurs d'alerte qui ont le courage de révéler aux peuples victimes de cette razzia l'étendue de leur mise à sac. La démocratie est totalement pervertie par l'instrumentalisation que font les puissants de tous ces secrets pour museler les peuples.

Après le secret bancaire et le secret fiscal, pourquoi pas le secret des affaires ?

Le patronat en rêvait, la gauche a tenté de le faire en catimini : introduire dans le droit français le « secret des affaires ». Un « cavalier législatif » a été ainsi glissé, en commission, par des députés, dans le mille-feuille du paquet législatif consacré au travail du dimanche et à la réforme des professions réglementées proposé à l'Assemblée nationale par Emmanuel Macron en janvier 2015. On ne peut s'empêcher de penser à *La Stratégie du choc* de Naomi Klein [14] en constatant cette tentative de faire passer à la dérobée une pareille disposition dans une loi liberticide alors que l'attentat contre *Charlie*

13. Vincent GARENQ (réal.), *L'Enquête*, Nord Ouest Films, 2015.
14. Naomi KLEIN, *La Stratégie du choc : la montée d'un capitalisme du désastre*, Arles, Actes Sud, 2013, nouvelle édition.

Hebdo venait d'avoir lieu. Préserver le secret des affaires est présenté comme une volonté de lutter contre l'espionnage industriel, mais il s'agit surtout de pouvoir opposer le secret des affaires aux velléités d'investigation de la presse, et dissuader les tentatives courageuses des syndicalistes et des lanceurs d'alerte. « Itinéraire étonnant que celui de ce projet, porté initialement par la droite la plus cocardière, écrit Denis Cosnard, repris au vol par des socialistes sensibles à la défense des entreprises, et en passe d'être adopté dans un climat d'union nationale [15]. » Cette précipitation parlementaire n'était en réalité qu'un acte d'allégeance à la Commission européenne, dont la proposition de directive présentée en novembre 2013 « sur la protection des savoir-faire et des informations commerciales non divulgués (secrets d'affaires) », visant principalement à en interdire « l'obtention, l'utilisation et la divulgation illicites », n'avait pas encore été discutée au Parlement européen. Cette offensive s'inscrit dans un arsenal juridique qui tend à faire du code du travail, conçu pour protéger les salariés, un code protecteur des employeurs, des multinationales et du capital.

Le secret des affaires est défini, dans le projet de directive européenne, de manière floue. L'infraction est constituée dès lors que la connaissance des informations secrètes serait acquise, quelle que soit la nature de la diffusion qui en serait faite.

Comment ne pas mettre en relation ce projet de directive européenne avec l'annonce, pour la fin de l'année 2015, de la signature du Traité transatlantique de libre-échange entre les États-Unis et l'Union européenne, grâce auquel le droit des multinationales sera supérieur à celui des États-nations, lesquels pourront, en outre, être condamnés par des tribu-

15. Denis COSNARD, « Une loi pour protéger le secret des affaires », *Le Monde*, 20 janvier 2015.

naux arbitraux privés s'ils s'opposent aux profits des actionnaires.

Or cette directive, si elle était adoptée telle quelle, aboutirait à une criminalisation des lanceurs d'alerte, des syndicalistes et des journalistes. « Le secret des affaires existe au Luxembourg », a regretté devant le Parlement européen, le 1er juin 2015 à Bruxelles, Antoine Deltour, l'ancien auditeur de PwC par qui le scandale Lux Leaks est arrivé. Il s'agit en effet de finir de mettre la muselière à tous ceux qui, nombreux, sont nécessaires au fonctionnement de la machine oligarchique. « Enfin, poursuivent les représentants d'associations, de syndicats et d'ONG en colère [16], la directive européenne prévoit en cas de procédure devant les juridictions civiles ou pénales une restriction de l'accès au dossier ou aux audiences, avant, pendant ou après l'action en justice, pour "protéger le secret des affaires". Il s'agit d'une grave remise en cause de l'égalité devant la loi, l'ensemble des parties n'ayant plus accès au dossier et la liberté d'informer. » Ce projet a été soumis au Parlement européen en mai 2015 avec, pour rapporteur, l'euro-députée UMP Constance Le Grip, proche de Nicolas Sarkozy.

Contre-pouvoirs citoyens

Les actions collectives de soutien et de prise en charge des lanceurs d'alerte sont aujourd'hui plus que nécessaires. À la suite de l'affaire Swiss Leaks, *Le Monde* du 13 février 2015 a annoncé la création par quatre médias francophones, *Le Monde*, *La Libre Belgique*, *Le Soir* de Bruxelles et la RTBF (Radio Télévision belge francophone), d'un site Internet sécurisé, baptisé Source sûre [17], destiné aux lanceurs d'alerte qui souhaitent communi-

16. Ils ont signé l'article « Bruxelles vole au secours du secret des affaires », *Le Monde*, 8 avril 2015.
17. sourcesure.eu.

quer en toute sécurité avec ces médias. « Toute personne désireuse de dénoncer, preuves à l'appui, des actes illégaux perpétrés par son patron, un chef ou un responsable détenteur d'autorité, pourra y déposer des documents et des messages, tout en restant anonyme et intraçable. » Le système est hautement sécurisé par la combinaison de plusieurs outils informatiques. « Ainsi, même les journalistes recevant un document, conclut le journaliste Yves Eudes, ignoreront tout de son expéditeur, sauf s'il décide de dévoiler son identité. Tout en préservant son anonymat, le lanceur d'alerte pourra continuer à aider les journalistes dans leur enquête, en dialoguant avec eux sur une messagerie sécurisée, intégrée au site. »

Une autre plate-forme internationale des lanceurs d'alerte (PILA) a été créée en décembre 2014 par Mediapart, le Consortium international des journalistes d'investigation (ICIJ) et Sherpa. Hervé Falciani fait partie du bureau de cette plateforme, de même que son avocat William Bourdon, fondateur de Sherpa, Edwy Plenel, le directeur du quotidien en ligne Mediapart, Gérard Ryle, le président de l'ICIJ, et Stéphanie Gibaud, qui a contribué à dévoiler le démarchage illicite de la filiale française d'UBS au profit de la Suisse. « Dans un premier temps, écrit Hervé Falciani dans son livre-témoignage, Mediapart sera la porte d'entrée pour les cas français. [...] Mais l'objectif à terme est de constituer une communauté sans limites géographiques, dont chaque membre pourra en présenter d'autres, après s'être assuré que leurs pseudonymes cachent des personnes qu'il connaît. La plate-forme permettra de se mettre en relation avec des experts d'Italie, de France, du Royaume-Uni et d'ailleurs dans le plus grand secret. Il y aura un site et un numéro de téléphone protégés par des systèmes de cryptage, permettant de faire connaissance et d'échanger de manière progressive afin d'éviter tout risque. » En cas de problème, une aide juridique, financière et professionnelle sera accordée. « La communauté fera en sorte qu'ils n'aient pas à pâtir d'avoir dénoncé des affaires d'intérêt public[18]. » L'objectif de cette plate-forme est de proposer un socle collectif à des initiatives qui sont bien souvent, par nécessité, individuelles. Les secrets de l'oligarchie sont collectifs puisque ce sont ses propres membres qui font ou influencent les lois qu'ils décrètent. Les lanceurs d'alerte, syndicalistes, travailleurs, journalistes, devraient bénéficier avec ce type d'initiative d'un soutien institutionnel, collectif et garantissant leur anonymat. Afin d'aider les salariés tétanisés par la peur de se battre seuls alors qu'ils ont des informations très utiles pour la défense de l'intérêt général, la plate-forme PILA propose de lancer des *class actions* « permettant aux salariés d'unir leurs forces et de faire ce que leurs avocats n'osent pas entreprendre isolément, faute de pouvoir commenter ou échanger des informations confidentielles avec leurs collègues. En rapprochant des expériences semblables, la plate-forme aidera à la mise en place d'une action collective vouée à plus d'efficacité[19] ».

La solidarité collective des journalistes d'investigation, à l'échelle internationale avec l'ICIJ, a permis tout à la fois de soutenir les lanceurs d'alerte à l'origine du vol d'informations sur des trusts basés à Singapour et aux îles Vierges britanniques (Offshore Leaks), au Luxembourg (Lux Leaks), en Suisse (Swiss Leaks) – en attendant peut-être Art Leaks –, et de divulguer des informations sur des stratégies complexes de refus de l'impôt avec des noms de particuliers, multimillionnaires et fraudeurs, et de multinationales.

Journalistes en coordination internationale : Offshore Leaks

Deux jours après la confirmation par le ministre socialiste du Budget, Jérôme Cahuzac, de la détention d'un compte non

18. Hervé FALCIANI avec la collaboration d'Angelo MINCUZZI, *Séisme sur la planète finance*, *op. cit.*, p. 176.
19. *Ibid.*, p. 177.

déclaré en Suisse et transféré à Singapour, c'est la publication, le 4 avril 2013, du travail de 160 journalistes du Consortium international des journalistes d'investigation qui ont travaillé de manière concertée, pour 36 médias de par le monde, sur la fraude et l'optimisation fiscales à partir d'une fuite de 2,5 millions de documents provenant de Portcullis Trust Net, basé à Singapour, et Commonwealth Trust Limited, situé aux îles Vierges britanniques. La concomitance de la reconnaissance d'un compte *offshore* de la part de Jérôme Cahuzac et de la publication mondiale du travail de ces journalistes, sous la dénomination Offshore Leaks, a permis de mettre en relation, de manière visible, la corruption politique avec la fraude et l'optimisation fiscales. Ce qui a d'ailleurs fait dire à François Hollande, le 10 avril 2013, que « les paradis fiscaux doivent être éradiqués en Europe et dans le monde ». Dans les heures qui ont suivi cette déclaration, écrit Pierre Larrouturou, « les cours des actions BNP Paribas, Société Générale et Crédit Agricole ont tous trois gagné plus de 8 %. Ce qui est énorme. Le président avait tellement insisté sur la dimension européenne de son combat contre les paradis fiscaux que chacun a compris que rien ne bougerait [20] ».

Mais le fait que *Le Monde* ait révélé être en possession d'une liste de 130 Français détenteurs de sociétés dans les paradis fiscaux, dont Jean-Jacques Augier, le directeur de campagne de François Hollande pour l'élection présidentielle de 2012, a dû mettre le feu aux poudres dans les plus hautes sphères du pouvoir, car la liste des fraudeurs français n'a jamais été publiée dans son intégralité. Il est vrai que François Hollande et Jean-Jacques Augier se connaissent depuis longtemps puisqu'ils sont issus de la même promotion de l'ENA, la promotion Voltaire. Jean-Jacques Augier est actionnaire de deux

20. Pierre LARROUTUROU, *La Grande Trahison. Les élites ont abdiqué. À nous de reprendre la main*, Paris, Flammarion, 2014, p. 126.

sociétés *offshore* dans les îles Caïmans, un paradis fiscal des Antilles britanniques.

Les démarches collectives et solidaires de ces journalistes du monde entier, qui mettent leur ego de côté pour travailler et publier conjointement des données sur l'évasion fiscale aux noms faciles à retenir (Offshore Leaks, Lux Leaks et Swiss Leaks), doivent faire trembler les membres de tous les cercles de l'oligarchie mondiale. La gravité de la situation appelle un sursaut collectif et la coordination de tous les citoyens, les syndicats, les partis, les hommes politiques et les intellectuels, économistes, sociologues, philosophes, politistes, qui portent le drapeau de la lutte contre la fraude et l'évasion fiscales.

LA STRUCTURATION DES RÉSEAUX DE RÉSISTANCE

Du paradis fiscal au paradis judiciaire

Éric Alt est magistrat, conseiller référendaire à la Cour de cassation, et coauteur de deux ouvrages de référence sur la corruption [21]. Il occupe de nombreuses responsabilités au sein des organisations syndicales de magistrats en France et en Europe. Il a été membre du conseil du Syndicat de la magistrature, fondé en 1968, pendant quatre ans. Il est actuellement membre du Medel (Magistrats européens pour la démocratie et les libertés), une des organisations signataires contre la directive européenne sur le « secret des affaires ». Il est également membre actif de Nouvelle Donne et membre du conseil d'administration de Sherpa [22], cette association, présidée par William Bourdon, qui engage des procédures à l'encontre d'entreprises responsables de crimes économiques dans les pays du Sud et qui « milite vivement pour la mise en place d'un cadre juridi-

21. Éric ALT et Irène LUC, *La Lutte contre la corruption*, Paris, PUF, « Que sais-je ? », 1997, et *L'Esprit corruption*, Lormont, Le Bord de l'eau, 2012.
22. asso-sherpa.org.

que contraignant à l'endroit des entreprises transnationales ». Il est aussi vice-président de l'association Anticor. Le Syndicat de la magistrature, Sherpa et Anticor comptent parmi les dix-neuf associations regroupées dans la plate-forme « Paradis fiscaux et judiciaires »[23]. Ses connaissances juridiques bénéficient à de nombreuses associations : « Mon travail sur la délinquance des puissants et les "illégalismes de droit", chers à Michel Foucault, me permet de mettre mes compétences juridiques au service d'associations comme Attac et de toutes celles qui font partie de la plate-forme des paradis fiscaux et judiciaires. CCFD et Oxfam sont les pilotes de ce réseau intellectuel, militant et amical. » La plate-forme française « Paradis fiscaux et judiciaires » participe aux activités du Tax Justice Network, réseau mondial pour la justice fiscale qui a été constitué à la suite du Forum social européen de Florence, fin 2002, et du Forum mondial de Porto Alegre, début 2003. Le Tax Justice Network regroupe aussi bien des ONG et des syndicats que des chercheurs, des journalistes, des économistes, des experts-comptables et des avocats.

La conclusion de la plaquette *Paradis fiscaux et judiciaires : cessons le scandale !* est explicite : « Les pays riches ont le pouvoir, s'ils le veulent, de mettre fin au scandale. Ils n'ignorent pas que 80 % de la finance mondiale passe par une trentaine de banques, parfaitement identifiées. Ils savent parfaitement que l'utilisation des brèches réglementaires, fiscales ou judiciaires, des centres *offshore* s'opère depuis les grandes places financières, dont Londres et New York. » Si Éric Alt respire le bonheur

23. Membres de la plate-forme « Paradis fiscaux et judiciaires » : Les Amis de la Terre – Anticor – Attac France – CADTM Comité pour l'annulation de la dette du tiers monde – CCFD-Terre solidaire – CFDT – CGT – CRID – Droit pour la justice – Observatoire citoyen pour la transparence financière internationale – Oxam France – Justice et Paix – Réseau Foi et Justice Afrique Europe – Secours catholique Caritas France – Sherpa – Survie – Syndicat de la magistrature – Solidaires Finances publiques – Transparency International France – (www.stopparadisfiscaux.fr).

de vivre, c'est bien grâce à la cohérence entre ses connaissances juridiques pointues et ses engagements pour un monde plus juste. « Je ne suis pas un Don Quichotte, j'ai toujours espéré que les idées que je porte et que je partage avec beaucoup d'autres finiront bien par faire avancer les choses et à changer un peu le monde vers plus de justice. » Après l'affaire Cahuzac, Éric Alt a participé à des groupes de travail pour réfléchir à de nouvelles mesures législatives et aller contre la délinquance fiscale et financière, « mais les amendements que nous avons proposés se sont heurtés à une véritable chape de plomb. J'ai alors pu mesurer le poids d'un système institutionnel de type oligarchique. Tout s'est déroulé comme si un plafond de verre interdisait de porter atteinte aux intérêts de ceux qui détiennent le pouvoir politique et économique. L'indépendance de la justice est un tabou, comme le secret défense et le secret fiscal ». Anticor, dont il est le vice-président, a remis un prix d'éthique à Élise Lucet pour un reportage du magazine *Cash Investigation* consacré à l'évasion fiscale et diffusé en première partie de soirée le 11 juin 2012, ainsi qu'à Stéphanie Gibaud, cette cadre d'UBS France qui a contribué à dévoiler un système d'évasion fiscale vers la Suisse. Un cadeau double pour cette lanceuse d'alerte puisque la justice prud'homale a reconnu le 5 mars 2015 le harcèlement moral subi pour avoir refusé de détruire des documents compromettants pour la banque, qui a été condamnée à lui verser 30 000 euros de dommages et intérêts.

Ce travail collectif des associations luttant contre la fraude et l'évasion fiscales, ajouté aux dizaines d'ouvrages parus sur cette question et au travail de certains parlementaires, magistrats, journalistes, chercheurs, contribue à créer un rapport de force favorable à la contestation de l'inacceptable.

Appel contre la corruption à Paris

Au cours d'une soirée organisée par Mediapart, le 19 octobre 2014 au Théâtre de la Ville à Paris, pour lutter contre la corruption, Éric Alt et Chantal Cutajar, maître de conférences à l'université de Strasbourg, ont dénoncé le lien entre les paradis fiscaux et une corruption criminelle qui est le fait aussi bien de particuliers que des multinationales.

Le secret et l'opacité sont les points communs entre la fraude fiscale, le blanchiment de l'argent sale et tous les faits de corruption. En effet, l'opacité aggravée des nouveaux modèles de la fraude fiscale est renforcée par tous les secrets bancaires, de défense, professionnels, et autres devoirs de réserve. Ces secrets sont opposés à ceux et celles qui tentent de démonter les montages complexes de la fraude financière.

Nous, citoyens contre la corruption

« Nous, citoyens, journalistes, magistrats, juristes, avocats, policiers, criminologues, sociologues, économistes, anthropologues et philosophes constatons une généralisation de la corruption qui met l'État de droit en péril et installe une insupportable fatigue démocratique. Cette menace sur notre République se nourrit certes de la banalité des conflits d'intérêts et des petits arrangements avec la morale civique, mais aussi de la faiblesse croissante des moyens de lutte contre ce dangereux fléau pour la démocratie.

Alors que le chaos politique n'est plus une hypothèse invraisemblable dans la France d'aujourd'hui, les signataires de cette alerte, forts de leurs expériences diverses, appellent les citoyens de notre pays à une mobilisation civique pour faire sauter les verrous institutionnels, culturels, politiques et judiciaires qui empêchent l'efficacité et autorisent le pire. Il est urgent de s'opposer réellement à la corruption.

> Des solutions existent : indépendance du parquet, criminalisation de la corruption, suppression de la Cour de justice de la République, recrutement massif de magistrats, de policiers, de douaniers et d'agents du fisc, suppression du "verrou de Bercy" dans la lutte contre la fraude fiscale, réforme du système de déclassification du "secret défense", réforme de l'article 40 du code de procédure pénale pour une meilleure protection des lanceurs d'alerte dans la fonction publique, confiscation préventive des biens mal acquis et leur attribution au bien commun (associations, musées ou municipalités), vote d'une nouvelle loi bancaire instituant une séparation véritable entre les dépôts des épargnants et les fonds spéculatifs.
>
> Les signataires de cette alerte citoyenne s'engagent à développer, avec toutes celles et tous ceux qui les rejoindront, leur expertise et dénonciation communes de la corruption. Ils continueront de porter publiquement la double exigence de vérité sur les affaires et de vertu régénératrice de la République. »
>
> *Source* : « L'appel contre la corruption », 19 octobre 2014, mediapart.fr.

Cet appel à l'initiative de Mediapart, à l'occasion de la sortie simultanée de trois ouvrages traitant des turpitudes des puissants [24], a mobilisé plus de 1 000 personnes venues écouter un certain nombre de témoignages au Théâtre de la Ville à la fin de l'après-midi ensoleillé du dimanche 19 octobre 2014.

24. Ces trois ouvrages sont ceux de Fabrice ARFI, *Le Sens des affaires*, Paris, Calmann-Lévy, 2014 ; Benoît COLLOMBAT *et al.*, *Histoire secrète du patronat de 1945 à nos jours*, Paris, La Découverte, 2015, nouvelle édition ; Antoine PEILLON, *Corruption*, Paris, Seuil, 2014.

Beaucoup n'ont pu entrer dans la salle et ont dû écouter en direct les retransmissions sur Mediapart et Daily Motion.

Roberto Scarpinato, juge italien spécialisé dans la lutte contre la mafia, a rappelé que les lanceurs d'alerte sont d'autant plus menacés que les secrets qu'ils dévoilent mettent en péril la réalisation de profits plus fabuleux. « Je me considère comme un survivant car le cancer de la corruption a tué mes amis les juges Giovanni Falcone et Paolo Borsellino, déchiquetés la même année par des centaines de kilos d'explosifs en mai et juillet 1992. » C'est pour cela qu'il a fait sienne cette maxime de vie : « Vivez comme si vous deviez mourir demain, mais pensez comme si vous étiez éternels. » Sa vie professionnelle lui a pris beaucoup de sa vie personnelle. Mais « en échange elle m'a fait comprendre la logique du pouvoir. En effet, au début de ma carrière, je pensais qu'il existait une frontière entre les criminels et les honnêtes gens. Mais j'ai bien dû accepter qu'ils ne cessent de communiquer les uns avec les autres ». La corruption généralisée aboutit à un État italien « qui appauvrit son propre peuple ». Mais il conclut, alors que Christiane Taubira est au premier rang du public, que « si l'Italie est un véritable laboratoire du néolibéralisme et que l'on pense que c'est un pays plus corrompu que la France ou d'autres pays européens, c'est uniquement parce que les magistrats sont plus indépendants, la presse plus libre et les citoyens plus vigilants. Car, en France aussi, on tue des juges, François Renaud en 1975, le juge Pierre Michel en 1981 et Bernard Borrel, assassiné à Djibouti en 1995 ».

Le témoignage de Paul Jorion, qui a passé dix-huit ans dans la finance, dont douze aux États-Unis, confirme une corruption au cœur du système. « Je suis entré dans la finance par le bas, avec de simples opérations de codage. Puis, peu à peu, j'ai été associé à des réunions où la fraude était abordée en tant que telle. Je restais silencieux. Ce qui était en jeu, c'était la tolérance des salariés à la fraude, condition pour passer le plafond de verre. On me l'a fait comprendre en me reprochant de ne pas faire preuve d'esprit d'équipe. Plus tard, j'ai été employé par une banque pour des calculs de risque. Or je repère très vite qu'il y avait des erreurs de calcul dans ce qui m'était donné à évaluer. Je refuse tout net de continuer. Et j'ai eu droit de la part d'un des hauts responsables de cette banque à : "Vous êtes un emmerdeur !" »

Cette soirée a démontré la force d'une initiative collective pour fédérer les actions individuelles. Qu'il s'agisse de salariés dans l'univers de la finance où règne la spéculation financière, pour lesquels le terme « lanceur d'alerte » convient très bien, ou d'intellectuels, sociologues, anthropologues, philosophes ou économistes, dont les travaux permettent d'éclairer tel ou tel aspect de la corruption et que l'on pourrait appeler des lanceurs de conscience. Cette qualification nous semble présenter au moins les deux mérites suivants : d'une part, contourner le discrédit des bourgeoisistes qui qualifient volontiers de militant tout sociologue ou économiste critique et, d'autre part, présenter l'avantage d'être plus médiatique car elle est plus en phase avec le système néolibéral qui valorise l'individualisme contre le collectivisme. Il y a du héros dans l'éveilleur de conscience ou le lanceur d'alerte et donc un processus d'identification possible pour attirer des lecteurs, des auditeurs et des téléspectateurs à prendre conscience de la réalité d'une guerre menée par les plus riches contre les peuples.

NOTRE CONCLUSION

Nous n'avons aucune raison de respecter ceux qui ne nous respectent pas, ceux qui, tout en bénéficiant de leur position sociale élevée, sont honorés et loués alors que par ailleurs tout leur est bon pour arrondir leur cagnotte. Cette respectabilité de façade vole en éclats quand le dessous des cartes révèle, non pas seulement des individus fraudeurs, mais une classe sociale mobilisée dans la prédation à son profit.

Il faut donc mettre de côté sa timidité sociale, dédaigner la violence symbolique que savent si bien manipuler les dominants. Le cynisme de leur cupidité est révoltant : révoltons-nous. Cela est arrivé en Grèce et en Espagne. Les partis politiques Syriza et Podemos ont affirmé qu'ils pouvaient, et ils l'ont fait. Les générations à venir ne nous pardonneraient pas notre consentement implicite et notre manque de courage devant un monde où quatre-vingt-cinq Crésus concentrent en richesses autant que la moitié la plus pauvre de l'humanité. Aucun talent, aucun courage, aucun génie, ne mérite de telles inégalités en sa faveur.

Que faire ? Commencer par informer. Diffuser les informations durement obtenues. Défendre les lanceurs d'alerte contre les élites qui disposent de tous les moyens pour contourner les lois et organiser le droit, l'économie, la finance dans le sens de leurs intérêts.

Et se garder des apparences : la vérité de l'évasion et de la fraude fiscales n'est pas à rechercher dans les listes de paradis fiscaux changeantes et inépuisables, où l'un des plus opaques n'est autre que les États-Unis, où les affaires sont les affaires, que diable ! *Money is money* au Delaware, et cet État américain ne figure sur aucune liste de l'OCDE ou d'autres organismes aux ordres. Il faut chercher du côté des classes dominantes, soudées par l'appât du gain. Du côté des banques, y compris celles où vous avez votre compte courant, et des salles de marché, où sévissent les traders inventifs. Les gestionnaires de fortune, les magouilleurs de toutes envergures pullulent, il est vrai. Mais, finalement, ils sont très peu nombreux en regard des multitudes qui ne peuvent plus se projeter dans l'avenir et luttent parfois pour leur simple survie. Combien de ministres, combien de ducs, combien de généraux, combien d'évêques du bon côté, celui où les comptes fleurissent, qui ne sont pas des contes pour enfants mais n'en enchantent pas moins leurs détenteurs ? Du côté où Podemos a commencé à faire le ménage, on trouve quelques perles corrompues ayant grande allure.

Rodrigo Rato : du Pinçon-Charlot sans peine

Rodrigo Rato, né en 1949, militant du Parti populaire, principale formation de la droite espagnole, fut vice-président du gouvernement espagnol et ministre de l'Économie et des Finances de 1996 à 2004. Puis il eut une carrière à l'international : directeur général du Fonds monétaire international (FMI) de 2004 à 2007, poste auquel Dominique Strauss-Kahn lui succédera. Il se retrouve alors chargé de responsabilités internationales à la banque Lazard de Londres, puis il prend la direction de Bankia, un regroupement de sept Caisses d'épargne espagnoles mises en difficulté par la crise immobilière de 2008. Il quittera ce navire en perdition en 2012.

La même année, Rodrigo Rato a recours à la loi d'amnistie fiscale promulguée par le gouvernement du Parti populaire de Mariano Rajoy pour régulariser ses comptes non déclarés détenus à l'étranger. Cette occasion lui a été offerte par le ministre des Finances, Cristobal Montoro, qui fut son secrétaire d'État à l'Économie lorsqu'il était lui-même ministre. Mais ce Cahuzac espagnol est suspecté d'avoir profité de cette amnistie pour blanchir des fonds. Il a été entendu par la police espagnole le 16 avril 2015, après plus de trois heures de perquisition à son domicile. L'ancien directeur général du FMI est donc soupçonné de fraude fiscale et de blanchiment de capitaux.

Tous les ingrédients oligarchiques sont présents dans cette tambouille nauséeuse. « Bonne » naissance issue de deux riches lignées des Asturies, études chez les jésuites, licence en droit, master à Berkeley, poste de député conservateur, de ministre des Finances chargé de la lutte contre l'évasion fiscale, de responsable et conseiller du FMI, de la Banque mondiale, de la Banque interaméricaine de développement, de la Banque européenne pour la reconstruction et le développement (BERD) et de la Banque européenne d'investissement (BEI), de Lazard Londres enfin.

La vérité de la fraude fiscale est à rechercher au cœur des classes dominantes soudées en une oligarchie internationale dont le moteur trouve son carburant dans les banques et la haute finance spéculative. Cette oligarchie fonctionne avec des stratégies dont l'opacité crée une violence symbolique qui masque un ordre immémorial, celui des rapports sociaux de domination et d'exploitation.

Tentative d'évasion (fiscale)

La fraude fiscale est un révélateur de la réalité des classes sociales et de la contradiction de leurs intérêts. Les plus puis sants et les plus riches refusent aujourd'hui, à l'échelle internationale, la solidarité des peuples. Ce sont des responsables politiques français, européens qui organisent en toute connaissance de cause l'impunité des riches fraudeurs. Ce qui est bien naturel : ce sont souvent des camarades de classe, au sens scolaire, mais surtout au sens social. À tous les niveaux de l'oligarchie mobilisée : complicité et solidarité mafieuse dans l'illégalité et l'impunité. Quand serons-nous capables d'être à ce point organisés, structurés, décidés ? La survie de l'humanité est en grande partie entre nos mains : l'accumulation des richesses est ruineuse en biens irrécupérables pour l'équilibre écologique de notre terre. L'objectif semble si lointain qu'il paraît inaccessible. Et, pourtant, si les dominos sont orientés dans le sens des intérêts des nantis, nous sommes tellement plus nombreux qu'eux que nous pouvons faire basculer les rapports de force entre les classes sociales. La marée humaine peut effacer les châteaux de sable des délinquants en col blanc.

BIBLIOGRAPHIE

ALT Éric et LUC Irène, *L'Esprit corruption*, Lormont, Le Bord de l'eau, 2012.

– *La Lutte contre la corruption*, Paris, PUF, « Que sais-je ? », 1997.

ARFI Fabrice, avec la rédaction de MEDIAPART, *L'Affaire Cahuzac, en bloc et en détail*, Paris, Don Quichotte/Seuil, 2013.

– *Le Sens des affaires*, Paris, Calmann-Lévy, 2014.

ASSEMBLÉE NATIONALE, *Le Traitement par l'administration fiscale des informations contenues dans la liste reçue d'un ancien salarié d'une banque étrangère*, rapport d'information n° 1235, Christian Eckert, rapporteur général, Paris, Commission des finances, de l'économie générale et du contrôle budgétaire, 2013 (assemblee-nationale.fr/14/rap-info/i1235.asp).

– *Lutte contre les paradis fiscaux : si l'on passait des paroles aux actes*, rapport d'information n° 1423, Alain Bocquet et Nicolas Dupont-Aignan, rapporteurs, Paris, Commission des affaires étrangères, 2013 (assemblee-nationale.fr/14/rap-info).

ATTAC, *Les Paradis fiscaux*, Paris, Mille et une Nuits, 2000.

ATTAC et BASTA !, *Le Livre noir des banques*, Paris, Les Liens qui libèrent, 2015.

AUBUSSON DE CAVARLAY Bruno, « Hommes, peines et infractions : la légalité de l'inégalité », *L'Année sociologique*, vol. 35, n° 2, 1985.

BALANYÁ Belén, DOHERTY Ann, HOEDEMAN Olivier, MA'ANIT Adam et WESSELIUS Erik, *Europe Inc. Comment les multinationales construisent l'Europe et l'économie mondiale*, Marseille, Agone, 2005.

BESSON Sylvain, *L'Argent secret des paradis fiscaux*, Paris, Seuil, 2002.

BIHR Alain et PFEFFERKORN Roland, *Dictionnaire des inégalités*, Paris, Armand Colin, 2014.

BOURDIEU Pierre, *La Noblesse d'État. Grandes écoles et esprit de corps*, Paris, Minuit, « Le Sens commun », 1989.

BOURDON William, *Petit Manuel de désobéissance citoyenne. Quand l'intérêt général est menacé, devenez lanceur d'alerte*, Paris, Jean-Claude Lattès, 2014.

Le Canard enchaîné, *Exil fiscal, les clefs du paradis*, dossier n° 127, avril 2013.

– *Ces très chers banquiers*, dossier n° 135, avril 2015.

CHARPIER Frédéric, COLLOMBAT Benoît, ORANGE Martine et SERVENAY David (dir.), *Histoire secrète du patronat de 1945 à nos jours. Le vrai visage du capitalisme français*, Paris, La Découverte, « Cahiers libres », 2015, nouvelle édition.

CHAVAGNEUX Christian et PALAN Ronen, *Les Paradis fiscaux*, Paris, La Découverte, « Repères », 2012, 3e édition.

CHAVAGNEUX Christian et PHILIPONNAT Thierry, *La Capture. Où l'on verra comment les intérêts financiers ont pris le pas sur l'intérêt général et comment mettre fin à cette situation*, Paris, La Découverte, « Cahiers libres », 2014.

COIGNARD Sophie et GUBERT Romain, *Ces chers cousins. Les Wendel, pouvoirs et secrets*, Paris, Plon, 2015.

COUR DES COMPTES, *Rapport public annuel* 2012, février 2012.

DAVET Gérard et LHOMME Fabrice, *La Clef. Révélations sur la fraude fiscale du siècle*, Paris, Stock, 2015.

DELOIRE Christophe et DUBOIS Christophe, *Circus politicus*, Paris, Albin Michel, 2012.

DREZET Vincent et HOANG-NGOC Liêm, *Il faut faire payer les riches*, Paris, Seuil, « Non conforme », 2010.

DUMONT-BEGHI Claude, *L'Affaire Wildenstein. Histoire d'une spoliation*, Paris, L'Archipel, 2012.

DUPONT-AIGNAN Nicolas, *Les Voleurs de la République*, Paris, Fayard, 2013.

FALCIANI Hervé, avec la collaboration de MINCUZZI Angelo, *Séisme sur la planète finance. Au cœur du scandale HSBC*, Paris, La Découverte, 2015.

FILIPPI Charles-Henri, *L'Argent sans maître*, Paris, Descartes & Cie, 2009.

FOUCAULT Michel, *Surveiller et Punir*, Paris, Gallimard, 1975.

FOUMDJEM Célestin, *Blanchiment de capitaux et fraude fiscale*, Paris, L'Harmattan, 2011.

GALUT Yann, *Le Pillage de l'État. Un député sur la piste des évadés fiscaux*, Paris, Flammarion, 2013.

GARAPON Antoine et SERVAN-SCHREIBER Pierre, *Deals de justice*, Paris, PUF, 2013.

GAULEJAC Vincent DE et HANIQUE Fabienne, *Le Capitalisme paradoxant. Un système qui rend fou*, Paris, Seuil, « Économie humaine », 2015.

GAYRAUD Jean-François, *Le Nouveau Capitalisme criminel*, Paris, Odile Jacob, 2014.

GEORGE Susan, *Les Usurpateurs. Comment les entreprises transnationales prennent le pouvoir*, Paris, Seuil, « Documents », 2014.

GEUENS Geoffrey, *La Finance imaginaire. Anatomie du capitalisme : des marchés financiers à l'oligarchie*, Bruxelles, Aden, 2011.

GIBAUD Stéphanie, *La femme qui en savait vraiment trop. Les coulisses de l'évasion fiscale en Suisse*, Paris, Le Cherche-Midi, 2014.

GODEFROY Thierry et LASCOUMES Pierre, *Le Capitalisme clandestin. L'illusoire régulation des places offshore*, Paris, La Découverte, 2004.

HALIMI Serge, LAMBERT Renaud et LORDON Frédéric, *Économistes à gages*, Paris, *Le Monde diplomatique*/Les Liens qui libèrent, 2012.

HAMEL Ian, *Et si la Suisse ne servait plus à rien ?*, Paris, Larousse, « À dire vrai », 2010.

HAREL Xavier, *La Grande Évasion. Le vrai scandale des paradis fiscaux*, Arles, Actes Sud, « Babel », 2012.

HARTMANN Florence, *Lanceurs d'alerte. Ils risquent leur vie pour protéger la nôtre*, Paris, Don Quichotte, 2014.

JOLY Eva, avec MALAGARDIS Maria, *Des héros ordinaires*, Paris, Les Arènes, 2009.

JORION Paul, *Comprendre les temps qui sont les nôtres, 2007-2013*, Paris, Odile Jacob, 2014.

– *Le Capitalisme à l'agonie*, Paris, Fayard, 2011.

KLEIN Naomi, *La Stratégie du choc : la montée d'un capitalisme du désastre*, Arles, Actes Sud, 2013, nouvelle édition.

LARROUTUROU Pierre, *La Grande Trahison. Les élites ont abdiqué. À nous de reprendre la main*, Paris, Flammarion, 2014.

LASCOUMES Pierre et NAGELS Carla, *Sociologie des élites délinquantes. De la criminalité en col blanc à la corruption politique*, Paris, Armand Colin, 2014.

LAURENS Sylvain, *Les Courtiers du capitalisme. Milieux d'affaires et bureaucrates à Bruxelles*, Marseille, Agone, 2015.

LORDON Frédéric, *Capitalisme, désir et servitude. Marx et Spinoza*, Paris, La Fabrique, 2010.

MAILLARD Jean DE, *Le marché fait sa loi. De l'usage du crime par la mondialisation*, Paris, Mille et une Nuits, 2001.

MOYSE Laurent, MEIERS Claude et MAQUIL Michel, *Les Artisans de l'industrie financière. Témoignage sur l'origine et le développement de la place financière de Luxembourg*, Luxembourg, Saint-Paul, 2014.

PEILLON Antoine, *Ces 600 milliards qui manquent à la France. Enquête au cœur de l'évasion fiscale*, Paris, Seuil, 2012.

– *Corruption. Nous sommes tous responsables*, Paris, Seuil, 2014.

PINÇON Michel et PINÇON-CHARLOT Monique, *Grandes Fortunes. Dynasties familiales et formes de richesse en France*, Paris, Payot, « Petite bibliothèque Payot », 2006.

– *Le Président des riches. Enquête sur l'oligarchie dans la France de Nicolas Sarkozy*, Paris, Zones, 2010 (Paris, La Découverte, « Poche/Essais », 2011, nouvelle édition).

PONCELET Bruno, *Europe : une biographie non autorisée. De la « paix américaine » à la « civilisation poubelle »*, Bruxelles, Aden, 2014.

PONS Noël, *La Corruption des élites. Expertise, lobbying, conflits d'intérêts*, Paris, Odile Jacob, 2012.

ROBERT Denis, *Pendant les « affaires », les affaires continuent*, Paris, Stock, 1996 (Le Livre de Poche, 1998).

– *Tout Clearstream*, Paris, Les Arènes, 2011.

ROCHE Marc, *Les Banksters. Voyage chez mes amis capitalistes*, Paris, Albin Michel, 2014.

SCARPINATO Roberto, *Le Dernier des juges : entretien avec Anna Rizzello*, Paris, La Contre Allée, 2011.

SÉNAT, *Évasion des capitaux et finance : mieux connaître pour mieux combattre*, rapport d'information n° 87, tome I : rapport, tome II : auditions, François Pillet, président, Éric Bocquet, rapporteur, Paris, Commission d'enquête sur le rôle des banques et acteurs financiers dans l'évasion des capitaux, 2013-2014 (librairie.senat.fr).

– *L'Évasion fiscale internationale, et si on arrêtait ?*, rapport d'information n° 673, tome I : rapport, tome II, procès-verbaux des auditions, Philippe Dominati, président, Éric Bocquet, rapporteur, Paris, Commission d'enquête sur l'évasion des capitaux et des actifs hors de France et ses incidences fiscales, 2011-2012 (librairie.senat.fr).

SHAXSON Nicolas, *Les Paradis fiscaux. Enquête sur les ravages de la finance néolibérale*, Waterloo, André Versaille, 2012.

TRICORNOT Adrien DE, THÉPOT Mathias et DEDIEU Franck, *Mon amie, c'est la finance ! Comment Hollande a plié devant les banquiers*, Paris, Bayard, 2014.

VERNIER Éric, *Fraude fiscale et paradis fiscaux. Décrypter les pratiques pour mieux les combattre*, Paris, Dunod, 2014.

– *Techniques de blanchiment et moyens de lutte*, Paris, Dunod, 2013.

WOODS Paolo et GALIMBERTI Gabriele, *Les Paradis*, Paris, Delpire, 2015.

ZAKI Myret, *Le secret bancaire est mort, vive l'évasion fiscale*, Lausanne, Favre, 2010.

ZIEGLER Jean, *Une Suisse au-dessus de tout soupçon*, Paris, Seuil, « Combats », 1976.

– *Retournez les fusils ! Choisir son camp*, Paris, Seuil, « Documents », 2014 (1re édition 1980, avec pour sous-titre *Manuel de sociologie d'opposition*).
– *La Suisse lave plus blanc*, Paris, Seuil, « Essais », 1990.
– *La Suisse, l'or et les morts*, Paris, Seuil, « Points », 1997 et 2008.
ZUCMAN Gabriel, *La Richesse cachée des nations. Enquête sur les paradis fiscaux*, Paris, Seuil, « La République des idées », 2013.

Documentaires

BALBASTRE Gilles et KERGOAT Yannick, *Les Nouveaux Chiens de garde*, JEM productions, disponible en DVD (éditions Épicentre films), 2012.
BENQUET Patrick, *La Grande Évasion fiscale*, Nilaya Productions, documentaire en 3 épisodes, diffusé en novembre 2013 sur France 5 et accessible sur YouTube.
– *Du fer à la finance, l'empire Wendel*, Compagnie Phares et balises, diffusé sur France 2 le 3 mars 2015.
CROOKS Harold, *Le Prix à payer*, ARP Sélection, 2015.
HAREL Xavier et BURKEL Rémy, *Évasion fiscale, le hold-up du siècle*, Maha Productions/Arte France, 2013, disponible en DVD et VOD.
ROUX Antoine, *Au bonheur des riches*, première partie, *Voyage en grande fortune*, seconde partie, *Les Riches et nous* (écrits en collaboration avec Monique PINÇON-CHARLOT et Michel PINÇON), France Télévisions Distribution, 2013.

TABLE

INVITATION AU VOYAGE 7

1. DÉPART EN SUISSE 11

Ouvrir un compte en Suisse ? 12

Une sociabilité mondaine et ancienne 17

Des listes de riches Français en Suisse 26

Un sociologue suisse qui « donne de l'urticaire aux bourgeois » 41

Le pactole de l'évasion fiscale, objet de toutes les convoitises 46

2. LE PAQUEBOT DE BERCY SOUS PAVILLON DE COMPLAISANCE 49

L'irrecevabilité de l'affaire Wildenstein 50

Le « verrou » de Bercy 53

Les cellules de repentance de Bercy 61

Le blanchiment de fraude fiscale 70

Bercy se donne-t-il les moyens de lutter contre la fraude fiscale ? 76

Qui sont les tout-puissants ministres du Budget ? 92

Bercy, toujours au service des puissants et des nantis 100

Tentative d'évasion (fiscale)

3. LE FONCTIONNEMENT OLIGARCHIQUE DE L'ÉVASION FISCALE 107

Fraude ou optimisation fiscale ? 108

La solidarité corruptrice des oligarques 117

Les cuisiniers en chef de la tambouille fiscale 130

Comptables, mais pas coupables : l'impunité des politiques 141

4. LES BANQUES AU CŒUR DE L'ÉVASION FISCALE 149

La banque UBS fait son marché en France 149

HSBC Genève fait son marché dans le monde entier 152

L'affaire Swiss Leaks 160

L'impertinence des palmarès 167

La fraude fiscale, Internationale des riches 170

Des sanctions... pour la forme ? 175

5. L'ÉVASION FISCALE AU CŒUR DE L'EUROPE : ENQUÊTE AU LUXEMBOURG 185

Promenade sociologique dans le « quartier européen » de Luxembourg 186

Du sur-mesure fiscal pour les multinationales 194

Après les multinationales, les ultrariches sont invités au Luxembourg 206

6. LUTTER CONTRE L'OPACITÉ FISCALE ? 213

La renaissance d'un sénateur communiste 214

L'enthousiasme de l'impertinence 220

Démarches individuelles, mais protection collective : les lanceurs d'alerte 227

La structuration des réseaux de résistance 236

NOTRE CONCLUSION **243**

BIBLIOGRAPHIE **247**

Composition Facompo, Lisieux
Achevé d'imprimer en août 2015
par CPI Firmin-Didot
à Mesnil-sur-l'Estrée.
Dépôt légal : septembre 2015
Numéro d'imprimeur : 130366

Imprimé en France